U0823448

中央财经大学“财经人·济世路”思政育人项目系列丛书

“百县千村”高校赋能乡村振兴实践报告

（2020—2025年）

马海涛　等编

中国财经出版传媒集团
中国财政经济出版社
·北京·

图书在版编目（CIP）数据

“百县千村”高校赋能乡村振兴实践报告：2020—2025年 / 马海涛等编．-- 北京：中国财政经济出版社，2025.8（2025.10重印）．--（中央财经大学“财经人 · 济世路”思政育人项目系列丛书）．-- ISBN 978-7-5223-4062-3

Ⅰ. F320.3

中国国家版本馆CIP数据核字第20259CQ951号

责任编辑：张晓丽　　责任校对：胡永立
封面设计：孙俪铭　　责任印制：史大鹏

“百县千村”高校赋能乡村振兴实践报告（2020—2025年）
“BAIXIAN QIANCUN” GAOXIAO FUNENG XIANGCUN ZHENXING SHIJIAN BAOGAO（2020—2025NIAN）

中国财政经济出版社 出版
URL：http：//www.cfeph.cn
E-mail：cfeph @cfemg.cn
（版权所有　翻印必究）
社址：北京市海淀区阜成路甲28号　邮政编码：100142
营销中心电话：010-88191522
天猫网店：中国财政经济出版社旗舰店
网址：https：//zgczjjcbs.tmall.com
涿州汇美亿浓印刷有限公司印刷　各地新华书店经销
成品尺寸：185mm × 260mm　16开　23.5印张　410 000字
2025年8月第1版　2025年10月河北第2次印刷
定价：108.00元
ISBN 978-7-5223-4062-3
（图书出现印装问题，本社负责调换，电话：010-88190548）
本社图书质量投诉电话：010-88190744
打击盗版举报热线：010-88191661　QQ：2242791300

本书编委会

主　　编：马海涛

副 主 编：李　涛

编　　委：白彦锋　张学勇　陈运森　徐振东　肖　鹏　白　丹
祝维龙　肖土盛　孙双双　赵克法

参编人员：李有卓　贺金山　马文洁　董奎麟　罗　扬　阳佳莉
张一行　陈　昕　张　煦　任　刚

PREFACE
前　言

习近平总书记曾引用古语“农，天下之本，务莫大焉”“务农重本，国之大纲”告诫广大干部群众，“三农”工作在新征程上仍然极端重要，须臾不可放松，全面建设社会主义现代化国家，实现中华民族伟大复兴，最艰巨最繁重的任务依然在农村，最广泛最深厚的基础依然在农村。

铿锵话语，语重心长。

实施乡村振兴战略，是以习近平同志为核心的党中央着眼党和国家事业全局作出的重大决策，是新时代新征程“三农”工作的总抓手。推进中国式现代化，必须全面推进乡村振兴。高校充分发挥教育、科技、人才三位一体优势，是扎实推进乡村全面振兴、为推进中国式现代化提供基础支撑的题中应有之义。习近平总书记在《加快建设教育强国》一文中指出：“扎根中国大地办教育是由我国历史、文化、国情决定的”，只有深刻理解了“三农”问题，才能更好地理解我们这个党、这个国家、这个民族。

中央财经大学自成立以来，始终秉持着“为国而生，与国同行”的使命和担当，坚持扎根中国大地办大学。党的十八大以来，在乡村振兴的伟大事业中，中央财经大学始终站在讲政治的高度，深入贯彻落实党中央、教育部各项决策部署，高举旗帜，围绕中心，在把握大势大局中担当作为、不辱使命。自教育部部署直属高校定点帮扶工作以来，在定点帮扶宕昌的工作中，全校尽锐出战，以挂职干部等为代表的中财大人“舍小家为大家”，坚定信心、锐意进取，用心用情助力乡村振兴。

近年来，中央财经大学认真学习贯彻习近平总书记关于实施乡村振兴战略作出的重要指示批示精神，读懂国家发展需要，不断拓展实践育人的空间。2020 年起，以“财经人·济世路”乡村振兴研究生服务站来实现校地双方精准对接、通力协作，强基础、搭平台、共奋斗，动员千余名广大师生和党员干部积极投身乡村振兴伟大实践，走访近千家村和社区、企业等基层单位，与各地政府共同建立77个“中央财经大学乡村振兴研究生服务站”。这些师生团队汇集起来，在乡村振兴的新机遇、新挑战面前“自找苦吃”，以“财经智慧助力乡村振兴高质量发展”为目标，充分利用中央财经大学在科研创新、人才培养、对口帮扶、成果转化等方面的特色和优势，从学校到田间地头、从理论到实践、从“象牙塔”到“人世间”，将专业素养和乡村调研紧密结合，切实帮助各地服务站解决乡村振兴工作中存在的问题，共同完成了中央财经大学服务国家战略，赋能乡村振兴的这篇大文章，在实际行动中践行“立德树人 财经报国”的使命担当。这既是深入贯彻落实习近平总书记关于实施乡村振兴战略相关论述的重要举措，也是推动乡村振兴取得更大成效，扎实做好有效衔接的必然要求。

纸上得来终觉浅，绝知此事要躬行。中央财经大学“财经人·济世路”乡村振兴研究生服务站项目自实施以来，大量工作人员以及学校师生先后加入乡村振兴这一伟大事业之中，受到广泛关注和认可。随着服务站数量的不断增加，社会影响力以及实践育人成效也在不断扩大。截至2025年1月，乡村振兴研究生服务站各团队紧紧围绕全面推进乡村振兴战略部署，注重运用新时代伟大变革成功案例，从基层的实际需求出发，总结学习好“千万工程”经验启示，在走过“百县千村”访谈近万人后，形成了326篇具有政策价值和社会影响的研究报告，为乡村的发展带来思路，调研成果获教育部、农业农村部、江西省委领导批示，获得24份地方政府和相关单位感谢信，调研纪实报道103篇，调研过程获中央广播电视总台、学习强国、经济日报、中国新闻网、中青校园等媒体报道310余次。

能看到多远的过去，就能抵达多远的未来。本书结合扎实推进乡村产业、人才、文化、生态、组织“五个振兴”和乡村振兴战略实施新形势下的若干问题，挑选收录35篇调研报告，全书分为总报告以及五个振兴版块，每个振兴独立成篇，其中产业篇收录17份报告，人才篇收录2份报告，文化篇收录8份报告，生态篇收录4份报告，组织篇收录4份报告，为高校赋能乡村振兴及做好实践育人提供经验参考。

理论是灰色的，而中央财经大学乡村振兴的故事色彩斑斓。我们编写《“百县千村”高校赋能乡村振兴实践报告（2020—2025年）》一书，由于水平所限，还存在许多不足之处。但正如习近平总书记在《摆脱贫困》一书的跋中所说，“我们今天讲的话、著的文、做的事绝不会十全十美。在这本书中，我只提供一份我在闽东实践、思考的记录，这对于闽东脱贫事业和其他事业之宏伟大厦或可成为一石一木，对于后来者或许也有些微意义——若留下探索，后人总结；若留下经验，后人咀嚼；若留下教训，后人借鉴；若留下失误，后人避免。”期望本书的出版能为各大高校师生以及更多为乡村振兴事业奋斗的人们，提供一些观点参考和助力，把高校赋能乡村振兴的中国故事变得更加丰富多彩，并在此基础上书写更加精彩的中国式现代化故事。敬请广大专家和读者批评指正。

本书是中央财经大学将思政教育融入研究生拔尖创新人才培养的标志性成果，能够出版是多年来很多师生无私付出的成果，感谢中央财经大学5年来先后前往77个服务站进行实践的151支调研团队师生，感谢每年为实践调研提供鼎力支持的各地政府，感谢为实践调研顺利开展进行幕后工作的五届“财经人·济世路”项目中心成员。

本书编委会

2025年6月

CONTENTS

目 录

第四篇 生态振兴 /261

农村"绿水青山"的致富之路

总论

高校赋能乡村振兴

理论指导及实践路径

乡村振兴

2021 年 7 月，举办“财经人 · 济世路”乡村振兴研究生服务站出征仪式

2024 年 7 月，举办第三届乡村振兴调研大赛决赛暨 2024 年乡村振兴主题调研实践启动仪式

2023年7月，江西省赣州市章贡区服务站建站挂牌

2021年7月，江西省赣州市南康区建站挂牌

我国乡村振兴战略规划

乡村振兴战略是党的十九大提出的一项重大战略，党中央将乡村振兴战略作为新时代“三农”工作总抓手，国务院及相关部门相继出台系列政策文件，构建起以《乡村振兴战略规划（2018—2022年）》为统领，覆盖产业发展、人才培育、生态保护等领域的政策体系。2025年中央一号文件《关于进一步深化农村改革扎实推进乡村全面振兴的意见》进一步强调，要“完善乡村人才培育和发展机制”。在这一系列政策背景之下，高等院校和青年学生正成为推动乡村振兴战略实施的重要力量。

（一）政策引领与高校赋能的合力机制

1. 顶层制度设计

2025年1月，国务院发布《乡村全面振兴规划（2024—2027年）》，明确“扎实推进乡村产业、人才、文化、生态、组织‘五个振兴’，加快农业农村现代化，推动农业全面升级、农村全面进步、农民全面发展，为全面建设社会主义现代化国家提供坚强支撑”的要求，为乡村振兴提供了全面的行动指南。2022年7月，科技部等七部门联合印发的《科技支撑国家乡村振兴重点帮扶县巩固拓展脱贫攻坚成果助力乡村振兴三年行动方案》明确了科技创新驱动乡村振兴的具体路径，强调科技在农业现代化中的核心作用。2021年12月，农业农村部发布《“十四五”全国农业农村科技发展规划》提出，到2025年农业科技进步贡献率提高到64%，这为农业科技创新设定了明确的目标。

2. 人才培育机制创新

2018年12月，教育部印发的《高等学校乡村振兴科技创新行动计划（2018—2022年）》中明确提到，服务乡村振兴战略要发挥高校优势，通过科技创新引领，全面服务乡村产业振兴、人才振兴、文化振兴、生态振兴、组织振兴，实施高校服务乡村振兴科学研究支撑行动、技术创新攻关行动、能力建设提升行动、人才培养提质行动、成果推广转化行动、脱贫攻坚助力行动、国际合作提升行动。

2021年2月，中共中央办公厅、国务院办公厅印发的《关于加快推进乡村人才振兴的意见》中明确，要把乡村人力资本开发放在首要位置，大力培养本土人才，引导城市人才下乡，推动专业人才服务乡村，吸引各类人才在乡村振兴中建功立业，培养造就一支懂农业、爱农村、爱农民的“三农”工作队伍。人力资源和社会保障部实施的“专家服务基层行动计划”每年组织2万名高层次专家深入乡村开展技术服务，为乡村发展提供了强大的智力支持。科技部推行的“科技特派员制度”累计选派28.98万名科技特派员进驻乡村，为乡村科技创新和产业发展提供了有力保障。

2021年5月，教育部等四部门发布《关于实现巩固拓展教育脱贫攻坚成果同乡村振兴有效衔接的意见》。该文件旨在巩固拓展教育脱贫攻坚成果，有效衔接乡村振兴战略，内容涵盖重大意义、总体要求、重点任务和保障措施等方面；强调教育脱贫攻坚取得的显著成效及对乡村振兴的重要性，提出在全面建设社会主义现代化国家新征程中，要从政治高度认识两者有效衔接的重要性，发挥制度优势，统筹推进教育在乡村振兴中的作用。总体要求包括以习近平新时代中国特色社会主义思想为指导，明确到2025年的工作目标和基本原则。重点任务涉及建立健全巩固拓展义务教育有保障成果长效机制、建立健全农村家庭经济困难学生教育帮扶机制、做好巩固拓展教育脱贫攻坚成果同乡村振兴有效衔接重点工作以及延续完善巩固拓展脱贫攻坚成果与乡村振兴有效衔接的对口帮扶工作机制。保障措施则从组织领导、政策保障、考核评估和社会参与等方面为实现目标提供支撑。

（二）政策保障与高校支撑的协同创新

1. 完善科研成果转化保障体系

根据科技部统计，2022年全国涉农高校和科研院所累计转化农业科技成果1.2万项，技术合同成交额突破300亿元。中国农业大学组建的“乡村振兴研究院”建立了覆盖31省区市的“科技小院”网络，累计培训农民50万人次，为乡村振兴提供了强大的科技支撑。财政部设立乡村振兴专项资金，2025年预算安排1593亿元，为乡村振兴提供了坚实的财政支持。国家开发银行设立的“乡村振兴科技创新贷款”专项支持涉农高校科研成果转化，为科技创新提供了金融保障。

2.构建高校协同科技创新平台

科技部批准建设的109个国家农业科技园区构建了“高校+园区+企业+农户”创新联合体，为乡村振兴提供了协同创新的平台。南京农业大学与地方政府共建的“乡村振兴工作站”形成了“科技研发—成果转化—产业培育”的完整链条，为乡村振兴提供了创新实践的范例。

3.打造双向人才共育长效机制

高校逐渐成为科技创新策源地，承担人才输送主渠道作用。农业农村部数据显示，近三年高校毕业生返乡创业人数年均增长12.7%，2022年达82万人。西北农林科技大学实施的“乡村振兴硕士专项计划”定向培养懂农业、爱农村的新型管理人才，为乡村振兴提供了坚实的人才基础。

中组部牵头实施的“大学生村官计划”累计选聘60余万名高校毕业生到村任职，为乡村振兴提供了人才储备。农业农村部建立的乡村振兴实践导师制度遴选5000名农业专家结对指导青年学生，为乡村振兴提供了长期的人才支持。

新时代乡村振兴战略的深入实施，为高校育人模式创新和青年成长成才提供了广阔舞台。要持续完善政策支持体系，强化部门协同联动，推动形成“政府引导、高校支撑、社会参与、学生主体”的乡村振兴实践新格局，为全面建设社会主义现代化国家培育更多知农爱农新型人才。通过政策保障、高校参与、学生实践等多方面的协同努力，乡村振兴战略必将取得更大的成就，为实现农业农村现代化奠定坚实基础。

4.开展实践育人活动初见成效

共青团中央“三下乡”社会实践活动每年组织约50万大学生深入乡村，为乡村发展注入了青春活力。浙江大学构建的“田野课堂”实践模式将学分制社会实践课程纳入培养方案，学生驻村实践时间累计超100万小时，为乡村振兴培养了实践型人才。此外创新创业服务机制也让青春力量更好地深入乡村振兴领域。国家发展和改革委等15部门联合印发的《关于深入实施创业带动就业示范行动的通知》支持高校建设乡村振兴创新创业基地。华中农业大学建立的“乡村振兴创客空间”孵化涉农创业项目127个，带动就业2300余人，为乡村振兴提供了创新动力。

国内外高校实践经验

国内各高校在服务乡村振兴战略中积极行动，发挥自身优势，探索出多样且具针对性的实践路径。从北京大学以“五高”思维培育乡村领军人才，到北京科技大学多领域、多要素、多举措推进甘肃秦安脱贫攻坚，再到华中科技大学以“三个在地”扎根边疆开展乡村治理帮扶，以及中国农业大学构建社会服务体系、创新人才培养模式，这些高校通过教育、科技、人才等多方面支持，为乡村地区经济发展、治理能力提升、人才培养等注入强劲动力，助力乡村振兴战略有效实施，为乡村地区带来新变化与新希望。国外高校在助力乡村发展方面同样积累了丰富经验，这些国际实践为我国高校服务乡村振兴提供了跨文化视角的经验参考。

（一）国内高校乡村振兴实践经验

1.北京大学：以“五高”思维持续为乡村培育领军人才

北京大学以“五高”思维为引领，充分发挥自身优势，通过“乡村振兴千万带头人培养计划”，为乡村培育领军人才，助力乡村振兴战略实施。“五高”思维具体包括：

高起点谋划培养方案：学校联合教育部、农业农村部共同审定培养计划，协调光华管理学院、汇丰商学院和继续教育学院提供智力支持，并成立专项工作组推进工作，从项目伊始便奠定了高规格、全方位的实施基础。

高水平选拔师资团队：精心挑选由院士、知名学者和企业代表组成的师资队伍，将理论与实践相结合，为学员传授前沿知识与实用方法，如张平文院士、海闻教授等带来的乡村产业发展理念，以及字节跳动、京东生鲜企业代表分享的农村电商实战经验，切实提升了培训的高端性与实用性。

高质量筛选培训课程：四期培训分别聚焦不同主题，涵盖国家政策、宏观经济、城乡规划等多方面内容，精选多所高校的精品课程，并充分征集各单位和定点帮扶县的意见，邀请相关人员参与培训课程设计和组织工作，确保课程内容高质量、贴合实际需求。

高标准管理服务学员：为教育系统帮扶县开设绿色通道，引入线上培训，动员和规范审核各类人群参与培训，利用“钉钉”平台和“北京大学光华管理学院小程序”为学员提供全方位的学习支持和关怀，以高标准的服务保障学员的学习效果。

高精度对接落地需求：依托定点帮扶单位建立挂职学员学习情况跟踪指导机制，鼓励学员将课堂所学与生产实践相结合，并提供相应支持，通过分享定点帮扶县如云南弥渡县、河北威县的实践经验，吸引人气、凝聚合力，推动培训成果精准落地转化。

通过“五高”思维，北京大学的“乡村振兴千万带头人培养计划”取得了显著成效，为乡村培养了大批领军人才，推动了乡村教育、产业、治理等方面的振兴，为服务国家乡村振兴战略作出了重要贡献。

2. 北京科技大学：多领域、多要素、多举措推进甘肃秦安决战决胜脱贫攻坚

北京科技大学深入贯彻习近平总书记关于扶贫工作的重要论述，在定点扶贫的甘肃省秦安县工作中，把握不同阶段特点，将近期举措与长远规划相结合，提高帮扶精准性。在空间布局上，注重“全县、包抓镇、派驻村”三级结合，把扶贫样本先行先试与全面铺开统一起来，提高帮扶科学性。在帮扶举措上，加强“人才、资金、技术”的资源统筹，根据帮扶对象和任务的不同需求，凝聚帮扶合力，提高帮扶实效。通过以上政策与理论指导，北京科技大学充分发挥教育和学科优势，助力秦安县实现脱贫摘帽。

3. 华中科技大学：以“三个在地”扎根边疆开展乡村治理帮扶

华中科技大学以“三个在地”为特色，积极开展乡村治理帮扶工作。

机构在地方面，华中科技大学乡村振兴研究院团队与云南省临沧市临翔区紧密协同，搭建蚂蚁堆村社会工作服务室综合服务平台、乡村振兴研究院教授工作站智库平台、农村基层社会治理研究基地理论试验平台，“三位一体”开展综合服务与研究。建立“乡—村—组”三级社会工作服务体系，有效发挥“乡社会工作站—村社会工作服务室—组社会工作服务点”治理功能，推动乡村治理一线问题在一线解决。

人员在地方面，学校2名专家教授、8名博士生、6名硕士生驻村400余天，与村民同吃、同住、同商量，深入了解民情，从“外来帮扶者”成为“乡村内部人”。建设由高校督导团队、本地持证社会工作者、乡村民政协理员构成的专业

社会工作服务力量，推进乡镇社工站规范化、专业化、职业化运行。连续两年为临翔区开展民政服务及基层治理能力建设系列培训活动，累计投入人力成本与教辅资源合计约53万元，培训5500余人次，推动临翔区专业持证社会工作者人数在两年内增长6倍，显著提升基层治理专业化水平。

服务在地方面，团队走村入户、深度访谈，梳理需求清单，围绕乡村“一老一幼”“社区参与”“心理健康”“民俗文化”等需求，持续开展“老幼同养”周末课堂、“向善向美小积分”“蚂蚁育苗”乡村留守青少年成长帮扶服务、火塘宣讲、群众服装秀等活动，为留守老人构建坚实的社会关爱支持网络、为青少年创造充满活力的成长环境，并为村民集体提供情感交流与社会参与的平台。截至2024年10月，为临沧市开展社会服务活动50余场，累计服务村民3600余人次。

此外，华中科技大学通过“引进来”和“推出去”，不断为“三个在地”帮扶模式拓展支持力量、注入发展资源。通过引进校内外多学科专家力量，促进多方协作，以智库建设拓展帮扶支持力量。通过将治理经验、研究成果推出去，提升“在地帮扶”社会影响。团队指导蚂蚁堆乡创建云南省乡镇社会工作服务示范站等省级示范点4个，帮扶点蚂蚁堆村入选澜沧江—湄公河六国国际合作交流项目典型示范村，六国代表深入村庄交流中国减贫经验，帮扶经验受到社会各界高度认可。

4. 中国农业大学：践行初心使命服务国家乡村振兴战略

中国农业大学充分发挥农业科学优势，构建了“三院两站一体系”的社会服务体系，涵盖乡村振兴研究院、地方产业研究院、科技小院、教授工作站等，覆盖全国31个省市区的1000余个县及百余家企事业单位。在人才培养方面，学校首创“科技小院”模式，培养知农爱农新型人才，并探索“一乡（镇）一名研究生”订单式乡村振兴专项研究生培育模式。在科技创新上，学校坚持“四个面向”，打造服务国家农业战略科技力量，如参与盐碱地治理、推广农业高效用水模式等。具体实践中，学校在云南镇康县定点帮扶，通过多种举措被当地称为“一支永不走的扶贫工作队”，并连续多年入选教育部直属高校精准扶贫精准脱贫十大典型项目。此外，学校还打造了如曲周科技小院集群化发展新格局等创新实践，为乡村振兴注入强劲动力。

（二）国外高校乡村“振兴”实践经验

1. 美国“农村发展”模式

美国的“农村发展”模式以立法为基石，通过出台各类系统性政策，搭建全面的农业科技服务体系和研发协同体系，这一模式的起源和发展与美国一系列法案的出台密不可分。

立法保证农业科研人才。19世纪美国工业化加速发展，而农业技术落后，为了培养拥有专业技术的农业人才，美国于1862年颁布《莫里尔法案》。该法案要求，各州利用联邦政府分配的公共土地有偿出售，并将其土地转让资金用于资助成立工农学院，要求学院教授区别于当时传统大学古典学科的新兴学科，如农业技术等。在该法案出台之后，美国农业高级教育机构如雨后春笋般发展起来，孕育了麻省理工学院、康奈尔大学、威斯康星大学等一批知名的赠地学院，成为美国农业科研和人才培养的核心机构。该法案成为美国农业教育发展的一大里程碑，为后续农业立法奠定了基础。

打造农业学术推广应用体系。1887年，美国颁布《哈奇法案》，该法案规定，联邦政府向各赠地学院设立“农业实验站”，鼓励高校开展作物育种、土壤改良、病虫害防治等应用研究，并要求实验站走到田地与农民合作，定期发布农业研究成果和农业技术使用指南。该法案有力地推动了农业科技成果转化。

1914年，美国颁布《史密斯—利弗法案》，该法案规定，联邦政府与各工农学院合作建立农业技术推广服务机构，打造覆盖全国的县级科技服务推广体系，该法案要求各州设立专职农业推广员，直接与农民对接，提供技术指导、示范农村管理、作物改良等技术服务，为推广农业科学技术，普及农民农业知识技术。这系列法案为美国农业农村现代化提供了强大支持。

完善现代农业发展制度。1937年，面对大萧条下受到重创的美国农业经济，美国颁布《班克黑德—琼斯法案》，该法案规定，联邦政府向贫困农民和小型农场主提供用于购买土地、改善农田设施的贷款，并扩大《莫里尔法案》所建立的赠地学院的拨款，用于支持农业实验站和应用技术研发，并要求赠地学院与地方政府合作，通过实地示范、培训项目等方式向农民普及新技术，该法案推动了美国农业从传统小农经济向现代农业的转型。至此，《莫里尔法案》《史密斯—利弗法案》和《班克黑德-琼斯法案》等形成农业政策网络，构成了美国“科研—教育—推广”三位一体的农业发展体系，成为现代农业发展的制度框架，该框架至今仍在持续完善。

2. 日本“造村运动”

日本的“造村运动”始于20世纪70年代。第二次世界大战之后，日本着力于重建战后经济，由于大量工业和人口被投入到城市建设之中，造成农村人口的“空心化”问题和乡村产业的衰弱。面对严峻的城乡差距，日本展开了一系列有关振兴乡村的“造村”运动。

“造物”先“造人”。“造村”不能停留在物质层面的“造物”，更重要的是精神层面的“造人”。日本为了培养既具备扎实技能知识又拥有实践能力的农业人才，以无偿的方式聘请高校专家为农民开展各类现代知识讲习课程，农民可以根据自身需要选择包括但不限于农业技术、商业运营、企业管理等课程，提升农业技能和现代企业经营能力。

发挥地方高校作用。地方高校是日本“造村运动”的重要智库。地方高校会开设关于当地实际需要的专业课程，并充分利用地理位置优势将理论知识与下乡实践相结合，为当地农业发展提供理论和技术支持。例如，岩手大学整合农业科学、区域经济学和社会学等学科资源，开设“地域创生学部”，该学部旨在培养能够扎根地方、推动可持续发展的复合型人才，并利用地理信息系统和农业大数据分析，为当地农村提供自然灾害预警和种植建议，推动高校科研成果向农村转化。

地域振兴协力队。“地域振兴协力队”是日本为应对乡村人口流失和地域衰退问题，于2009年设立的全国性地方乡村振兴支援组织。该组织通过从外部引进人才激活地方资源，成为日本乡村从“输血”到“造血”转型的重要抓手。该组织成员的选拔更注重“在地适应力”，主要由具备专业技能的城市青年和返乡青年组成，任期一般为1—3年。“地域振兴协力队”在打破乡村封闭思维，引入新兴技术，培育当地品牌和提升农民组织力，激发乡村产业活力等方面发挥了重要作用。

3. 英国的“田园诗景”生态农业新模式

20世纪70年代，随着欧洲的一体化进程加快，英国粮食问题得到缓解。英国政府逐步减轻农村领域的粮食生产压力，将城市的工业生产力和人口向乡村地区转移，英国乡村的环境承载力受到挑战。为此，英国以平衡自然环境和乡村社区生活质量为目标，打造绿色环保的有机农业。有机农业强调自然循环和减少人工干预，而是利用有机肥料和自然方法来维持土壤肥力和农业生产，着力研究农业生态系统的可持续性。在改造传统农业的历史进程中，英国高校发挥了至关重要的作用。

以纽卡斯尔大学、雷丁大学和埃克塞特大学为代表的学术机构，建立可持续农业研究中心，通过跨学科合作攻克生态农业技术难题。例如，纽卡斯尔大学开展“Nafferton农场”实验项目，验证了有机种植在提高土壤碳汇和生物多样性方面的显著优势，为欧盟有机认证标准提供了科学依据。雷丁大学开发的气候智能型农业模型，结合遥感技术与生态数据，帮助农民优化资源利用并降低环境足迹。另外，英国高校通过创建“知识转移合作伙伴计划（Knowledge Transfer Partnership）”，将科研成果转化为实用技术，如剑桥大学与小型农场合作推广生物防治技术，格拉斯哥大学则设计出基于区块链的农产品溯源系统，强化了生态农业的供应链透明度。

中央财经大学定点帮扶工作经验

中央财经大学党委坚持以习近平新时代中国特色社会主义思想为指导，深入学习贯彻全国教育大会精神和习近平总书记关于教育、三农工作的重要论述，坚决落实党中央和上级关于乡村振兴的部署安排，进一步强化过渡期内政治担当和“四个不摘”责任落实，凝聚师生力量，厚植家国情怀，以高站位、实举措、强担当奋力谱写乡村振兴新篇章。2021年，中央财经大学将扶贫工作领导小组调整为定点帮扶工作领导小组，援派挂职干部，中央财经大学与定点帮扶地区、定点支援高校持续推进长期合作，从产业振兴、人才振兴、文化振兴、生态振兴、组织振兴五个方面全面发力，助力帮扶地区实现高质量发展。同年，中央财经大学启动“财经人•济世路”乡村振兴研究生服务站项目建设，引领推动广大研究生积极投身服务乡村振兴战略；此外，中央财经大学目前连续开展26届研究生支教团工作，已成为中央财经大学服务西部地区的标志性工作。

（一）国家乡村振兴战略的积极落实

中央财经大学立足财经学科优势与智库资源，扎根祖国大地，响应国家战略需求，通过构建校地企三方协同的服务站平台，持续助力乡村振兴，在具体实践中落实上级乡村振兴行动规划及指导意见。

表1　中央财经大学乡村振兴相关工作政策

年份	政策名称	主要内容
2020	《关于成立扶贫工作领导小组的通知》	以校领导为组长，各有关单位参与成立扶贫工作领导小组，负责全面推进定点扶贫工作，确定定点扶贫工作方向和战略，定期召开定点扶贫工作小组会议，监督定点扶贫各项工作的进展和落实，研究深化扶贫工作的各项措施。

续表

年份	政策名称	主要内容
2021	《关于将扶贫工作领导小组调整为定点帮扶工作领导小组的通知》	以校领导为组长，各有关单位参与成立定点帮扶工作领导小组，负责全面推进定点帮扶工作，确定定点帮扶工作方向和战略，定期召开定点帮扶工作小组会议，监督定点帮扶各项工作的进展和落实，研究深化帮扶工作的各项措施。
2020	《关于印发中央财经大学援派挂职干部人才工作生活保障实施办法的通知》	贯彻落实党中央关于援派挂职工作的新精神新要求，充分体现中央财经大学对援派挂职干部人才的关心关爱，帮助解决援派挂职期间的生活困难，加强与挂职受援单位的沟通联系，及时掌握援派干部人才的工作情况，利用学校在教学、科研、人才、智力资源集中等方面的优势，提供必要积极支持援派干部人才在受援地开展工作，帮助其顺利完成援派任务。
2021	《关于建立“财经人·济世路”乡村振兴研究生服务站的通知》	为贯彻落实党的十九届五中全会和全国研究生教育大会精神，助力脱贫攻坚向乡村振兴有效衔接，中央财经大学拟在各地建立“财经人·济世路”乡村振兴研究生服务站，旨在引导广大研究生投身乡村振兴事业，切实助力基层发展，以青春建功的实际行动为祖国发展贡献青春力量。
2021	《关于国家自然科学基金应急管理项目〈全面推进乡村振兴实现共同富裕的机制、路径与政策研究〉申报工作的通知》	项目将根据推动共同富裕要鼓励勤劳创新致富、坚持基本经济制度、尽力而为量力而行、坚持循序渐进的基本原则，根据推进乡村振兴要坚持农业农村优先发展、城乡融合发展的基本原则，拟围绕全面推进乡村振兴实现共同富裕的内涵、理论、机制、制度、政策等方面进行综合研究，在理论创新基础上为国家有关部门制定相关政策提供支持。
2021	《关于举办“百年征程风华时，乡村振兴在路上”第一届中央财经大学乡村振兴调研大赛的通知》	大赛将依托中央财经大学乡村振兴研究生服务站设题，旨在为当代青年提供参与乡村振兴、拓宽研究视野的平台，让更多的青年学子为乡村振兴、国家发展建言献策，真正做到将论文写在祖国大地上。
2021	《关于开展“财经人·济世路——乡村行”主题实践活动的通知》	为响应国家号召，深入学习贯彻习近平新时代中国特色社会主义思想和党的十九届六中全会精神，聚焦实施乡村振兴战略，引导广大研究生发挥中央财经大学人才优势和专业优势，在实践中知乡村、助乡村、讲乡村，在实践中了解国情、增长才干，中央财经大学将以“财经人·济世路——乡村行”为主题开展寒假实践活动。
2022	《关于做好乡村振兴挂职干部轮换工作的通知》	挂职副县长一般从具有副处级工作经历的人员中选派，具有一定管理工作经历的专任教师特别优秀的可放宽至任副高级专业技术职务满2年； 驻村第一书记要求是中共党员并具有一定的党务工作经历；一般从副科级以上干部或中级以上专业技术职务人员中选派，特别优秀的可放宽至科员或初级专业技术职务人员。
2021	《关于进一步规范赴宕昌考察调研助力乡村振兴工作的通知》	各单位、部门赴宕昌考察调研应本着依规、务实、节约、安全的原则，做到行前有报备、安全有保障、工作有成果。要事先与中央财经大学派驻宕昌挂职干部以及宕昌当地有关单位充分沟通考察调研的必要性、可行性；要切实围绕中央财经大学帮扶责任和宕昌乡村振兴的现实需要，充分发挥调研团队的专业特色和工作优势；要有明确的工作目标，能够产生实实在在的帮扶成果；要制定详细的行程方案及安全预案并按规定报备。

表2　　中央财经大学落实乡村振兴工作相关情况

年份	国家政策	主要做法
2018	《乡村振兴战略规划（2018—2022年）》	规划明确提出"构建乡村振兴人才支撑体系"，强调推进产学研协同创新。中央财经大学在多地建立乡村振兴服务站，通过科教融合成果转化，解民生难题，研治理学问，有效促进农村创新创业主体多元化发展。
2024	《2024年数字乡村发展工作要点》	文件强调发展乡村数字经济，支持高校参与农村电商平台建设。在贵州省施秉县实践中，中央财经大学团队协助搭建电商平台，引入现代农业技术与管理体系，推动特色农产品品牌建设，为数字化赋能乡村振兴提供了实践路径。
2023	《关于开展文化产业赋能乡村振兴试点的通知》	文件强调开展文化产业赋能乡村振兴试点工作，探索实施文化产业赋能乡村振兴新路径，促进乡村文化和旅游融合发展，形成可复制可推广的典型经验做法在全国推广，推动建设宜居宜业宜游和美乡村。在内蒙古察哈尔右翼后旗，团队通过深度调研提出特色IP开发、智慧旅游系统建设、传统工艺品牌化发展等建议，探索文化资源转化新范式。
2017	《高校思想政治工作质量提升工程实施纲要》	纲要强调"实践育人"与"服务国家战略"。中央财经大学以"财经报国"为使命，推动专业实践与乡村发展深度融合，构建起学术研究与社会需求对接机制，切实践行"将论文写在祖国大地上"的教育理念。
2024	《金融加力支持全面推进乡村振兴》	文件强调建立完善多层次、广覆盖、可持续的现代农村金融服务体系，增强金融服务能力，助力全面推进乡村振兴。在甘肃省白银市会宁县，团队创新应用"保险+期货"金融模式，有效规避农产品价格波动风险，切实保障农户收益，提升乡村金融服务效能。
2023	《关于推进体育助力乡村振兴工作的指导意见》	政策明确体育赋能乡村发展路径。在北京喇叭沟门地区，团队依托满族文化资源，推动"体育+文旅"产业融合，设计特色体育IP，创新品牌宣传新路径，助力乡村产业升级。
2024	《农业农村部关于加快农业发展全面绿色转型促进乡村生态振兴的指导意见》	文件强调绿色发展经验总结推广。中央财经大学师生团队在内蒙古自治区巴彦淖尔市开展调研，通过实地走访与深度访谈当地政府官员、村集体等产业参与主体，深入了解当地林果产业链条的特点与问题，梳理总结当地林果经济发展中的政府与社会资本合作、多元化产业结构构建、绿色标准化和品牌建设、科技创新带动产业转型升级、完善基础设施和持续政策支持等多项宝贵经验。
2023	《乡村振兴标准化行动方案》	着力构建现代农业全产业链标准体系。在赣州章贡区食用菌产业专项调研中，团队从产业链整合、质量追溯体系建设、产业联盟构建等方面提出系统化建议，推动特色农业标准化发展。

（二）高校定点帮扶的县域实践

定点帮扶是党中央赋予中央财经大学的重大政治任务。按照国务院扶贫办和教育部要求，2019年8月中央财经大学成为定点扶贫帮扶高校，定点帮扶甘肃省宕昌县。中央财经大学党委从讲政治的高度，将巩固拓展脱贫攻坚成果同乡村振兴有效衔接摆在突出位置、列为重要议事日程，准确把握乡村振兴新形势、新规律、新要求，将定点帮扶郑重写入学校《"十四五"教育事业发展规划》，作为服务国家重大战略的新战场、展示办学成就的大舞台、落实立德树人根本任务的大课堂，与宕昌人民一道，同题共答、同向发力，做好“五个振兴”，全力帮助宕昌县实现更宽领域、更深层次、更高质量发展。五年来，累计向宕昌县投入、引进各类资金1.06亿元，直接购买和帮助销售脱贫地区农产品3500余万元，为宕昌县培训各类人才近65000人次。中央财经大学也在国家乡村振兴局和教育部定点帮扶工作考核中，连续四年获最高等次评价。

1.培育内生动力，带动产业振兴

中央财经大学坚持把产业振兴作为增强宕昌县域发展内生动力的重要抓手，逐步探索形成以产业振兴带动乡村振兴、群众增收致富的特色帮扶路径。一是因地制宜开发当地农特资源，通过一系列产业帮扶举措带动玉岗村产业布局优化、群众稳岗就业增收。二是打造重点项目与优势品牌，探索乡村产业振兴产销新路径，提升产业“含金量”。三是擦亮品牌底色，帮助打造品牌形象。带货直播助力甘肃中药材走向世界。组织专家对宕昌电子商务从业人员进行培训，帮助宕昌县培养直播人才，打造专业化直播团队。

2.发挥优势资源，助力人才振兴

中央财经大学积极发挥学科、人才、智力、区位优势，整合各类资源，依托乡村振兴（宕昌）研究基地、中央财经大学宕昌干部培训基地、中央财经大学宕昌继续教育中心等在宕平台，结合宕昌地区发展实际需求，邀请校内外专家、学者等，开展包括学习贯彻习近平新时代中国特色社会主义思想培训班、二十届三中全会精神培训班、数字素养数字政府建设能力培训班、农村基层组织专题培训班等各类培训班。截至2024年底，共为宕昌培训基层干部、专业技术人才和乡村振兴带头人近7万人次，为强巩固、促振兴提供“带不走”的人才支撑。

3.协同智志双扶，赋能文化振兴

中央财经大学聚焦教育基础设施建设、信息化建设、师资能力提升、困难学生资助等短板项目、关键环节和重点群体，以靶向发力的方式营造尊师重教文化氛围，深化宕昌文化振兴。一是加大对宕昌教育的直接支持。先后选派6名定点帮扶干部长期驻宕；选派28名支教团骨干成员，在初、高中承担教学任务。申请甘肃省教育厅备案同意，在宕昌县职业中专设立“中央财经大学甘肃省远程函授站”，在宕昌职业中专挂牌“中央财经大学宕昌继续教育中心”，打通“中专—大专—本科”成人学历通道，支持职业中专师资培养和学科发展，助力宕昌财经管理类人才培养。二是发挥人才智力优势，在宕昌建立“财经人·济世路”乡村振兴研究生服务站，引导千余名学子前往宕昌开展科普教育、专家报告、心理辅导等活动，每年组织研究生团队在线上线下和挂职调研的形式在哈达铺镇玉岗村开展多次社会实践活动。三是发挥相关科研平台作用，组织研究团队以宕昌县入户调查数据为基础，将乡村振兴实践与理论政策研究相结合，形成《合作社参与与农户内生动力》《农户个人社交网络与基层政府信任》《村庄宗族结构与基层组织信任》等各类研究报告，切实将论文写在祖国大地上。

4. 创新绿色发展，实施生态振兴

中央财经大学助力挖掘当地旅游资源，开辟和美乡村建设新路径与乡村示范建设新局面。一是帮助宕昌县完善基础设施建设，整合优化旅游资源，发挥红色党建教育、绿色山水生态优势，通过培育红色文化研学、生态文旅、农事体验、民宿度假等新产品、新业态，持续助力哈达铺镇“红色大旅游”发展。二是开展生态保护教育，实践团队通过心理健康教育工作室这一平台，带领宕昌学生在实践活动中直观感受生物多样性的重要作用，培养学生环境保护意识与可持续发展理念。三是帮助解决当地生态环境面临的问题，投入建设玉岗村南部迎宾路及沿线基础设施便民工程，以及哈达铺火车站迎宾大道“生态长廊”建设项目，完成玉岗村登山步道建设项目，实现地区经济社会效益和生态环境效益的双重收获。四是通过直接投入与帮助引进的方式完成“两不愁三保障”生态环境目标任务，持续推进完善饮用水水源地改造项目。

5. 坚持党建推动，突出组织振兴

中央财经大学坚持党建引领，抓党建促振兴，不断把党的组织优势转化为帮扶优势，把党建活力转化为发展动能，助推宕昌组织振兴。一是健全常态化政治教育培训机制，为宕昌县干部开展培训、报告，提升党员队伍政治素养。二是加强基层党建，加强对村两委的帮扶帮带，通过抓党建促乡村振兴，指导帮助干部认真履职尽责，切实发挥作用。三是实施“组织引领临时党支部党建赋能聚力乡村振兴”项目，并入选北京高校党建工作“党建引领实践创新示范项目”，促进发挥先进基层党组织的示范引领、辐射带动作用。四是推进校地党支部结对共建，持续落实好《基层党组织与宕昌县基层党组织“1+1”结对共建活动实施方案》，推动党建资源向定点帮扶地区聚集。五是开展党建联建共建活动，与国际经济与贸易学院、玉岗村、尚家湾村等党支部召开学习交流会、培训会等，以有特色、针对性强的活动推动党建工作取得实效。

（三）跨区域协同的校际联动

党的十八大以来，习近平总书记着眼治国理政战略全局，提出“治国必治

边”“兴边富民、稳边固边”等一系列重要论断，坚持和完善区域协调发展战略、区域重大战略，中央财经大学党委深入学习贯彻习近平总书记关于教育的重要论述、关于民族工作的重要论述，主动对接国家重大战略需求，积极投身对口支援高等教育事业。按照教育部工作安排，中央财经大学对口支援新疆财经大学、中国石油大学（北京）克拉玛依校区、西藏大学、贵州财经大学、兰州财经大学5所高校，同时，面向中国石油大学（北京）克拉玛依校区、新疆天山职业技术大学和图木舒克职业技术学院选派“银龄计划”教师。长期以来，中央财经大学将对口支援作为服务国家战略的重要战场，积极发挥学科人才优势，推动受援高校教育高质量发展，助力民族地区经济社会发展和民族团结进步。

1.高位推动，确保对口支援工作有序开展

中央财经大学高度重视对口支援工作，不断优化“主要领导统筹抓、分管领导亲自抓、牵头部门具体抓、援派人员一线干、部门单位促落实”的对口支援大格局，党委常委会定期听取汇报、研究部署相关工作。落实校内对口支援工作制度，将对口支援西部高校纳入中央财经大学“十四五”规划和年度工作要点，设立专项经费，做好服务保障工作。根据受援高校发展需要，签订对口支援协议，在学科建设、人才培养、师资队伍建设、科学研究等方面提供支持，强化校内各单位在对口支援工作中的主体作用，务实深化推动相关工作。

2.谋远做实，以人才培养撬动地区发展

坚持选拔标准，结合学科优势和专业特色，选派干部教师赴受援高校开展支援工作，助力受援高校在教育教学、科研研究、学科建设等方面取得长足进展。援派教师除完成授课任务之外，还参与学科建设、培养方案制定、师资队伍建设、学生科研实践指导、青年教师科研指导等工作，为受援高校各方面事业发展添砖加瓦、贡献力量。

聚焦师资发展，不断探索为民族地区打造高素质专业化教师队伍的实践路径，通过接收青年教师到校攻读定向培养硕博士研究生，接收干部教师到校进行挂职进修等方式，助力受援高校打造高素质专业化的师资队伍。在对他们进行生活关怀和工作指导的同时，有意识地加强教学过程管理服务，完善培养管理制度，确保干部教师们阔眼界、取真经。

紧贴受援高校人才培养需求，通过接收学生来中央财经大学联合培养的方式，为民族地区培养急需人才。近年，累计接收400余名联合培养学生来校交流学习。中央财经大学为来校交流师生提供优质的教育教学资源、友好的成长发展环境和完备的后勤服务保障，帮助学生厚植爱党爱国情怀。

3. 深化交流，以资源共享推动援边工作提质增效

以学科建设为牵引，赋能受援高校高质量发展，结合受援高校和地方发展实际，为受援高校学科水平提升，提供经验指导、资源引导和力量支持。以资源共享为纽带，为边疆地区注入发展动力，加强资源共享，不断完善立体化深度合作体系，实施全口径援建机制，共同探索民族地区特色科研项目，推动受援高校科研项目向实际成果转化，更好地服务当地经济社会发展。

（四）青年支教服务的西部答卷

2000—2025年，中央财经大学连续派遣了26批研究生支教团，前往西部地区接力开展支教服务。研究生支教团成员扎根甘肃宕昌、西藏拉萨、山西石楼和山西灵丘三省四地，以教育教学为重心，扎根三尺讲台默默奉献，教学成绩优异；以课后拓展为辅助，培养学生综合素质，开创多样活动培育时代新人。灵丘分团开展党史知识竞赛活动，带领学生走出课堂，在实践中体悟前行的力量。石楼分团参与社区文化建设、青少年心理健康科普，在支教地弘扬志愿精神。西藏分团组织学生排演红色歌舞，牵头共建“雪域龙马”实践基地，编写完成两本红色读物，让中财红和红小红交相辉映。宕昌分团开展冬奥志愿经历分享会、牵头设立“青马”书架，为哈达铺小学开设红色校本课程，让知识的光芒在乡村振兴的道路上照亮前行。中央财经大学研究生支教团用实际行动传承优良传统，已成为中财大学子志愿服务、扎根西部的一面旗帜，赢得了支教地和社会各界的广泛好评，践行“财经报国，财青强国”的青春誓言。

中央财经大学研究生乡村振兴实践路径

（一）“财经人 · 济世路”乡村振兴研究生服务站工作模式

中央财经大学“财经人 · 济世路”乡村振兴研究生服务站项目自2020年启动，至今历经三个发展阶段，生动诠释了新时代高校服务国家战略的使命担当。在初创探索阶段，通过“1-3-3-1”工程搭建起“出题—解题—落地”的闭环逻辑，让高校智慧真正扎根乡土；在成长发展阶段，以“1+2+3+N”协同体系打通产学研用链条，使财经智慧与民生需求深度契合；在提质创优阶段，以“国家战略—学科建设—人才培养”三位一体的服务模式，将服务站升级为服务新时代乡村振兴的“战略前哨”，在边疆振兴、老区发展、共同富裕等国家重大战略实施中刻下中财印记。

1. 初创探索阶段：启动“1-3-3-1”工程，建设服务站点

2020年，中央财经大学组织研究生团队前往甘肃省宕昌县探索建立乡村振兴研究生服务站。2021年4月，中央财经大学党委研究生工作部发布《关于建立“财经人 · 济世路”乡村振兴研究生服务站的通知》，正式启动乡村振兴研究生服务站项目建设，立足“党建+”模式，提出助力乡村振兴“1331”工程，即“一站”“三维”“三阶”“一特色”。打造“乡村出题—服务站解题—成果落地”的完整闭环服务链。其核心目标在于破解传统校地合作中存在的“供需错配、资源分散、成果虚化”难题，探索出一条既能发挥财经学科优势、又能深度融入乡村实践的创新路径。

“一站”，即建立一批乡村振兴研究生服务站。以“党建+区域”为主线，依托校地共建和组织共建等形式，在各地建立服务站，凝聚工作合力。通过理论引导、实践调研、案例分析、政策宣讲、优势挖掘等方式，创新校地合作机制，探索青年学生助力乡村振兴的新模式。将服务站打造成有中财大特色的思想引领

站、数据收集站、知识传输站、案例分析站、调查研究站和宣传推广站。

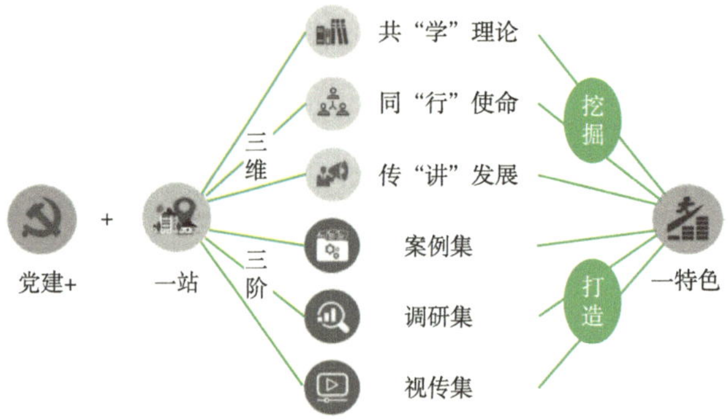

图1 “1-3-3-1”工程体系模式

“三维”，即建立“共学”“同行”“传讲”三维助力体系。以“党建+”为主线，“共学”理论。研究生党员与基层干部通过“线上+线下”党课联学机制实现双向赋能，既让青年学子理解基层治理逻辑，又为乡村干部注入现代管理理念。例如，在广西富川瑶族自治县开展的“乡村振兴大讲堂”，由研究生团队讲授财务管理与风险防控课程，帮助当地优化集体经济组织运营模式。以“党建+专业”为主线，“同行”使命。服务站创新“短期调研+长期挂职”的实践模式，组织研究生开展集中调研形成决策参考报告，同时选派优秀人才赴地方政府挂职，推动“问题清单”转化为“行动方案”。北京市平谷区刘家店镇的“生态桥”项目碳排放核算研究，正是通过这种“知行转换”机制，将学术成果直接写入地方生态治理规划。以“党建+宣讲”为主线，“传讲”发展。研究生宣讲团通过入户讲解、田间课堂等形式，将国家政策、财经知识转化为村民听得懂的“乡土语言”，同时借助新媒体传播美丽乡村故事，形成内外联动的品牌效应，打通知识传播的“最后一公里”。

“三阶”，即建立“案例集”“调研集”“视传集”三阶支撑体系。研究生案例大赛聚焦乡村旅游、电商平台等热点议题，形成的案例库成为地方决策的“智慧锦囊”；乡村振兴调研大赛立足田野调查数据，以定量模型揭示乡村发展规律；视传文化成果集则通过短视频、直播等现代传播手段，让学术成果走出象牙塔，转化为社会影响力。

“一特色”，即建立一乡村一特色品牌项目。以“党建+典型”为主线，立足乡村本土资源禀赋和独特优势，以乡村需求为基点，以解决问题为导向，通过三维助力体系与三阶支撑体系，挖掘和打造乡村特色，形成一乡村一特色品牌项目。

2. 成长发展阶段：打造“1+2+3+N”协同体系，铺开服务网络

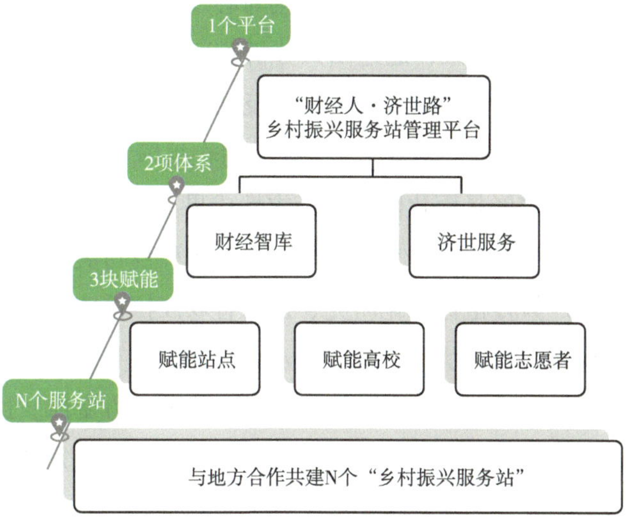

图2 “1+2+3+N”协同模式

2023年，新建35个乡村振兴服务站，是新建站最多的一年，服务站规模的大幅拓展，标志着服务站整体建设转入深化阶段。在这一阶段，以“内外双循环”为核心理念，推动服务站项目建设从运作单一站点逐步升级为打造服务网络，形成“1+2+3+N”协同体系，主要在以下三个方面作出优化创新：一是构建“财经智库+济世服务”双轨驱动的专业赋能矩阵，二是建立“站点提质—高校创新—志愿者成长”的互补机制，三是打造覆盖全国的乡村振兴服务网络。

服务平台的全局拓展是深化阶段的重要突破。通过建设“财经人·济世路”乡村振兴服务站管理平台，实现了校地资源整合、需求动态匹配和成果长期追踪。这种“线上对接+线下落地”的协同机制，使得服务站从物理空间延伸为虚拟服务生态，显著提升了资源调配效率。

双轨驱动体系的形成凸显财经高校的学科特色。在“财经智库”轨道，服务站构建起“调研咨询—赛事论坛—实习挂职”三位一体的智力输出体系。举办乡村振兴调研大赛，推动研究生提交调研报告、设计乡村赋能方案。在“济世服务”轨道，党建服务、文创设计和公益教培等模块则强化了服务民生的导向。北京市延庆区沙塘沟村通过研究生团队打造“党建互联互动”示范样板，将红色教育基地与香椿种植产业深度融合，打造出“研学+农创”复合业态。这种“硬智库+软服务”的结合，既破解了乡村发展的技术瓶颈，又激活了文化内生动力。

三项赋能机制的设计体现服务模式的优化升级。在站点提质方面，河北省任丘市麻家坞镇通过建立“党建+产业链”协同发展路径，将电缆线缆产业集群纳

入高校供应链金融研究范畴，形成产学研良性互动。在高校创新方面，跨学科团队联合攻关成为常态，例如经济学院、社会与心理学院联合团队在甘肃省宕昌县构建“定量+定性”分析框架，通过回归分析验证党员身份在公共品供给中的关键作用。志愿者成长通道的打通让服务实践反哺人才培养，推动乡村调研成果转化，支持课题论文研究，真正实现了“把论文写在祖国大地上”。

全国服务网络的扩展是深化阶段的标志性成果。通过与地方政府共建N个服务站，中央财经大学构建起横跨东中西部、覆盖多种乡村类型的实践矩阵。山东省禹城市辛店镇的芦笋种植标准化研究、云南省双江拉祜族佤族布朗族傣族自治县的少数民族集体经济模式优化、福建省永定区的烟草支农路径探索等差异化案例，既验证了服务模式的普适性，又积累了特色化解决方案库。这种“标准化框架+个性化创新”的张力，最终推动实现高校智力资源与地方发展需求的精准对接与价值共创。

3. 提质创优阶段：构建“三位一体”服务模式，走向百县千村

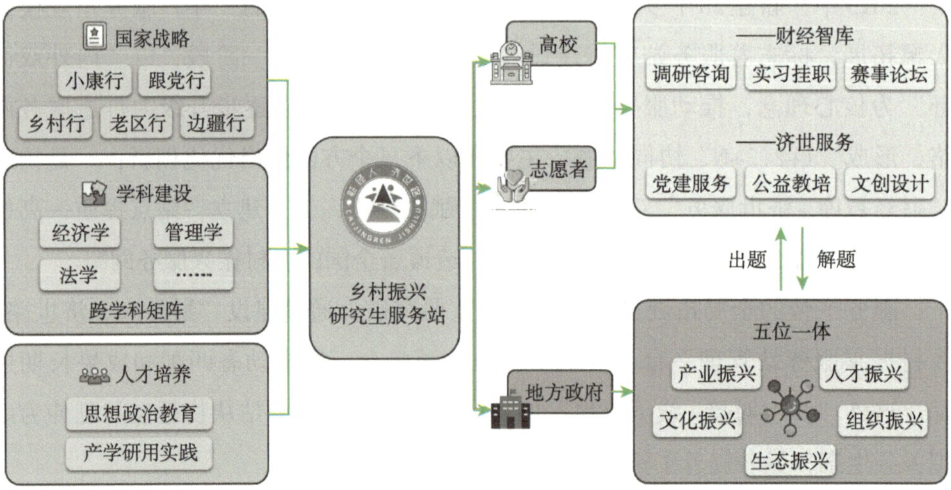

图3 “国家战略—学科建设—人才培养”三位一体模式

经过2—3年的建设周期，各服务站点已基本健全“调研—反馈—优化”的闭环管理运行模式。在这一阶段，中央财经大学着力构建“国家战略—学科建设—人才培养”三位一体服务模式，推动孵化高质量的调研成果，组织年度主题实践调研活动，将服务站打造为服务新时代乡村振兴战略的先锋阵地，主要在以下三个维度深下功夫：与国家重大战略的深度嵌合，跨学科研究范式的系统构建，红色基因传承的实践转化。

年度主题实践调研活动的设计彰显了服务国家战略的自觉担当。从2020年

"小康行"聚焦脱贫攻坚收官，到2024年"边疆行"服务兴边富民行动，服务站始终与国家战略同频共振。在2023年"老区行"中，42支团队奔赴15个省份的革命老区，既通过产业链数字化转型研究助力江西兴国特色农业升级，又依托红色资源开发沉浸式党史教育课程。这种"战略导向型"实践模式，使高校服务从被动响应转变为主动谋划，显著提升了服务供给与乡村振兴战略需求的匹配精度，为构建"顶天立地"的新发展格局提供了可复制、可推广的高校方案样本。

跨学科方阵的组建重构乡村研究范式。服务站打破学科壁垒，推动经济学、社会学、公共管理、信息技术等多学科交叉融合。在福建省龙岩市永定区培丰镇的实践中，农业经济团队深入烟草作物种植基地与红色文化园，探索"一二三产融合"发展路径，数字金融团队设计农产品溯源区块链系统，传播学团队策划主题短视频传播矩阵，最终形成"技术—产业—文化"协同振兴方案。这种"学科拼图"式攻关，不仅解决了乡村复杂系统问题，更催生出诸多标志性成果，其中多篇获省部级领导批示并转化为政策文件。

红色基因传承工程赋予服务实践以精神内核。通过"重走革命路—解码红色基因—传承奋斗精神"的红色文化浸润机制，将思政教育有机融入乡村振兴实践。在甘肃省宕昌县，师生团队深入研判红色旅游产业的竞合关系，为玉岗村红色旅游的战略发展定位、产业空间布局等内容提供发展建议；在江西省赣州市兴国县，师生团队依托当地厚重的红色文化资源，在实践调研中探索出了一条红色旅游路线，在实践中传承红色经典，赓续红色血脉，从党的初心和使命中汲取奋进的不竭动力。这种"红色资源赋能—文化价值转化—精神动能激发"的转化逻辑，让服务站真正成为传承红色基因、赓续红色血脉的沃土。

中央财经大学"财经人·济世路"乡村振兴研究生服务站项目历经三个阶段的深入推进，探索出一条财经类高校"顶天立地，经世济民"的特色路径：以经济学、管理学等学科优势"顶"接国家战略需求，以田野实践"立"足乡村发展实际，始终秉持"把论文写在祖国大地上"的初心，让研究生在脱贫攻坚向乡村振兴的历史性转折中锤炼本领，在红色基因与乡土文化的浸润中厚植情怀，在学科交叉与校地协同的创新中开拓视野。如今，截至2025年，全国77个服务站、超6500小时服务时长、100余万字调研成果的数字背后，是"财经报国"精神的具象化表达，更是高等教育"四个服务"根本要求的生动实践。

站在全面推进乡村振兴的新起点，项目将持续深化"战略导向—学科融合—数字赋能"的创新逻辑，以更开放的姿态融入新发展格局。未来，服务站将聚焦县域经济、数字乡村、银发经济等前沿领域，推动服务网络向边疆地区、民族地区纵深拓展，在破解城乡二元结构、促进共同富裕的征程中，书写高校服务中国式农业农村现代化的新篇章，以实际行动践行中央财经大学“财经报国”的使命担当。

（二）“财经人·济世路”乡村振兴研究生服务站的运行保障机制

“财经人·济世路”乡村振兴服务站的建立旨在全面贯彻习近平新时代中国特色社会主义思想，为乡村振兴事业持续培养、输送高水平、专业化的实践型人才。项目以乡村振兴服务站为平台依托，在加强对青年学生思想引领的基础上，持续引导广大青年学生积极投身乡村振兴伟业，深度参与实地调研、智库献策、发展帮扶、政策宣讲、公益服务等实践活动，帮助青年学生深化对国情民情的认知，积累基层治理建设的经验能力，培养务实求真、实干报国的理想精神。

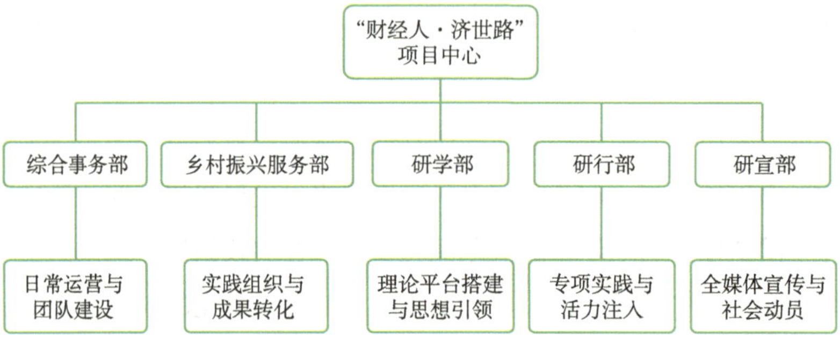

图4 “财经人·济世路”项目中心组织架构

1. 组织架构

2020年，中央财经大学党委研究生工作部成立“财经人·济世路”项目中心（以下简称“项目中心”），作为研究生理论研习和社会实践组织，目前下设五个二级部门：综合事务部、乡村振兴服务部、研学部、研行部、研宣部（新媒体中心），并协同管理研究生宣讲团。项目中心现有成员近100名，由来自全校各专业的硕士、博士研究生组成，紧密围绕乡村振兴服务站的建设开展相关工作。

2. 配套体系

（1）人员招募选拔体系。“财经人·济世路”项目中心于每年5月和9月开启招募工作，从知识储备、实践能力、团队协作等多维度考量，选拔优秀研究生骨干加入中心，聘期一年。

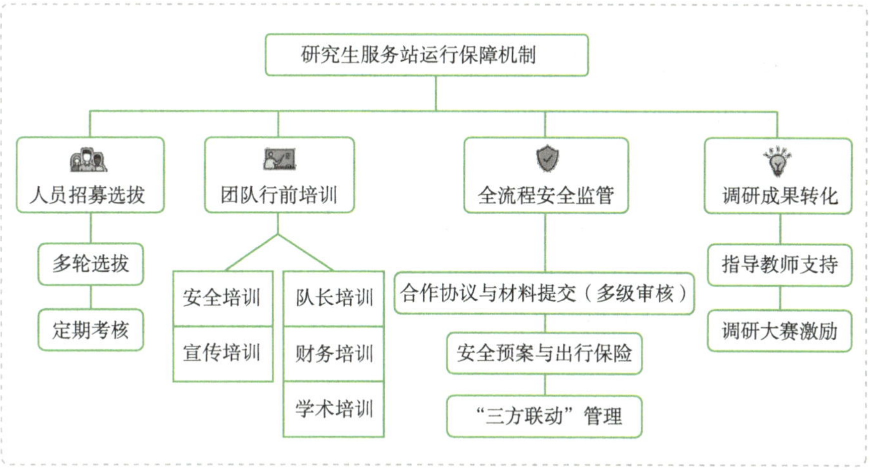

图5　研究生服务站运行保障机制

成员任职期间，每学期需完成述职考核报告。学期中开展专题读书会研读《乡土中国》等经典文献提升理论水平。同时，为各站点与出行团队配备骨干成员，完善各类台账，保障团队出行，发挥中央财经大学学科优势助力项目运作。

（2）团队行前培训体系。每年团队出行前，项目中心开展队长培训、财务培训、学术培训、宣传培训、安全培训等，要求所有出行团队成员参加培训，有效提升成员专业素养与实践能力，为服务站规范化运行提供坚实保障。

队长培训主要强调团队管理、联系老师、资源整合和应急协调，确保每个站点的队长都是“好领队”，都能“领好队”。

财务培训主要针对项目经费介绍，特别是报销流程等方面进行实操培训，规范出行票据的保存与使用，保证出行团队在调研期间的合理开销“实报实销”。

学术培训主要聚焦调研方法和报告撰写，为大家提供调研思路，保证学术调研的目的性和可行性；同时，对调研报告的内容和格式作出规范要求，助力产出高质量调研成果。

宣传培训主要聚焦宣传报道要点，着重说明调研全程记录的重要性，系统讲解调研各阶段的宣传与报道策略，培训学生运用新媒体平台，如微信公众号，进行项目运营与新闻采编等实用技能。

安全培训主要强化出行成员的风险防范意识。服务站建立“行前报备—过程跟踪—返程核查”全流程安全管理机制，确保每位调研同学的出行安全。

（3）全流程安全监管体系。项目团队需与目标乡镇完成合作意向对接，签订站点合作协议；同步提交《中央财经大学乡村振兴研究生服务站建设成果提交清单指南》《关于规范宣传报道及成果转化形式的承诺书》《安全责任书》《知情同意书》《学术诚信承诺书》等必备材料，经带队导师初审、院系复审、研工部终审三级审批；同时建议各队制定涵盖行程安排、交通方式、住宿地点等要素的详细计划，并提交包含自然灾害应对、突发疾病处理等风险的专项安全预案。

在实践进行阶段，构建“研究生院—院系—团队”三级安全管理体系：研工部为出行学生统一免费办理保险。调研过程中，各团队每日需撰写实践日志，实时更新出行台账，每日上报安全信息至相关负责人，保证各成员安全情况的动态更新。

（4）调研成果转化体系。服务站为所有出行团队配备专业学术指导老师，为每支出行团队配备专业学术指导老师。各指导老师均具备深厚学术造诣与丰富实践经验，全程为团队提供一对一的调研辅导与学术指导，从选题方向的精准把控，到调研方法的科学运用，再到数据分析的严谨实施，全方位助力团队攻克学术难题，确保调研工作有序推进。

中央财经大学贯彻“以赛促学”理念，连续举办三届乡村振兴主题调研大赛，并设置相应奖项，以此激发同学们探索乡村发展路径、助力乡村振兴的热情与潜能。鼓励各参赛团队将调研成果积极发表于各类学术刊物、行业杂志或参与各类相关比赛，以此检验成果成色，拓展学术视野，提升团队影响力。中央财经大学对优秀调研报告进行筛选汇编，形成具有较高学术价值与实践指导意义的文集，为后续调研工作树立了标杆与范例，激励更多学子投身乡村调研事业，在实践中成长成才，为乡村振兴注入源源不断的青春力量。

（三）“财经人 · 济世路”乡村振兴研究生服务站项目总体运行情况

1.2020年小康行

2020年是全面建成小康社会目标实现之年，也是脱贫攻坚收官之年。在党中央“决胜脱贫攻坚”战略部署引领下，中央财经大学深度践行“宕昌所需，中财所为”帮扶理念，由研究生工作部部长、研究生院院长带队，师生一行31人赴宕昌县及哈达铺镇玉岗村进行为期8天的实践调研。11月创新举办脱贫攻坚主题分享会，集结5大调研报告，发布《在全面小康路上奋力奔跑》实践成果集，形成“干部驻村+学生实践+智库服务”三维帮扶矩阵，生动诠释了财经高校服务国家战略的使命担当。2020年11月，调研团队获“全国优秀实践团队”，调研报告获得教育部、农业农村部相关领导的批示肯定，

2020年8月，中央财经大学组建“宕昌行”实践调研团队深入甘肃省宕昌县，形成《财经人·济世路——“宕昌行”实践调研报告》。报告围绕农村党支部作用、产业扶贫“宕昌经验”、乡村治理协同机制等六大主题展开系统性研究，总结提炼出玉岗村“党建+扶贫”模式、集体经济组织创新等典型经验。调研成果最终编纂为《财经人·济世路——在全面小康路上奋力奔跑》书册，成为脱贫攻坚向乡村振兴过渡的重要参考文献。

11月21日，中央财经大学举办“财经人·济世路——决胜脱贫攻坚，在全面小康路上奋力奔跑”主题分享会，校领导以“有幸、有责、有力”为关键词，系统总结了中央财经大学在脱贫攻坚中的实践与思考。分享会通过“初心承诺”“使命担当”“梦圆花开”三大篇章，生动呈现了师生扎根基层的实践成果。

2.2021年跟党行

2021年是中国共产党百年诞辰，也是“十四五”开局之年。在党中央“巩固拓展脱贫攻坚成果同乡村振兴有效衔接”战略部署下，研究生工作部联合12个学院协同共建18个服务站，组织百名师生赴江西赣州、河南安阳等10省15市开展实践调研。制作30余条短视频，发布18条原创推送，活动内容获国家级、省市级、县乡级等媒体报道共计23次。依托实践成果，中央财经大学举办首届乡村振兴主题调研大赛，吸引16个学院194名学生参与。

在河北省任丘市麻家坞镇，师生团队聚焦基层党建与小微企业发展，通过走访南马庄村困难家庭、调研电缆线缆产业，系统梳理了乡村扶贫成效与企业财税政策落地痛点，提出“党建+产业链”协同发展路径。北京市平谷区刘家店镇服务站围绕“双碳”目标，完成《“生态桥”项目碳排放与经济成本核算报告》，创新性引入全生命周期评价理论，为农业废弃物资源化利用提供了科学依据，相关成果获地方政府高度认可并纳入区域生态治理规划。江西省赣州市南康区服务站以家居产业为切入点，通过建立研究生社会实践基地，推动校地企三方在技术创新、财税政策优化等领域深度合作，助力“中国家具之都”产业升级。广西富川瑶族自治县新华乡服务站通过举办“乡村振兴大讲堂”，面向基层干部讲授乡村治理、财务风险防控等专题，并组织研究生挂职锻炼，推动民族团结与集体经济融合发展，探索出“党组织+合作社+农户”的瑶乡特色振兴模式。

中央财经大学始终将红色教育融入乡村振兴实践全过程。湖北省宜昌市远安县茅坪场镇服务站组织师生重走瓦仓起义革命足迹，在傅家祠堂开展沉浸式党史学习，将红色精神融入“瓦仓大米”品牌建设，协助企业优化电商营销策略；北京市延庆区沙塘沟村作为“平北红色第一村”，服务站通过捐赠党史书籍、共建红色教育基地，打造“党建互联互动”示范样板，助力香椿种植与民宿经济协同发展。山东省禹城市辛店镇服务站深入调研芦笋种植与蒙天乳业万头牧场，挖掘沙质土壤资源优势，形成产业转移承接与营商环境优化方案，并在大秦村开展“伟大建党精神”专题党课，推动基层党员理论学习与实务能力双提升。

中央财经大学坚持以赓续文化根脉、守护生态底色为主线贯穿乡村振兴行动各环节。河北省廊坊市燕郊镇服务站立足“全国民主法治示范村”西柳河屯村，调研土地确权与法治公园建设经验，为乡村治理注入法治动能；北京市密云区冯家店镇服务站聚焦“中华蜜蜂小镇”品牌，通过实地考察崖壁蜂场与特色民宿，提出“生态+文旅”产业链延伸建议，助力“绿水青山”向“金山银山”转化。福建省龙岩市永定区培丰镇服务站深入烟草种植基地与红色文化园，探索“一二三产融合”发展路径，形成《烟草产业助农实践调研报告》，为革命老区振兴提供智库支持。

中央财经大学通过乡村振兴研究生服务站建设，构建起“调研—服务—育人”三位一体长效机制。研究生在实践中深化了对国情社情的认知，将财税金融、公共管理、法律等专业知识转化为服务乡村的实效，累计为地方培训基层干部600余人次，捐赠图书500余册，形成产学研合作项目12项。南康家居小镇、刘家店“生态桥”、瓦仓大米等案例入选教育部“乡村振兴创新实践优秀成果”，推动校地合作从“单向帮扶”向“双向赋能”升级，聚焦数字乡村、低碳经济等前沿领域，引导更多研究生把论文写在祖国大地上，为全面推进乡村振兴贡献中财大智慧与力量。

3.2022年乡村行

2022年，中央财经大学依托8个核心乡村振兴研究生服务站，深入开展乡村振兴实践调研活动。发布15条原创推送，调研成果获国家级、省市级、县乡级等媒体报道共计49次。举办中央财经大学第二届乡村振兴主题调研大赛，来自19个学院的213名学生组成了34支调研队伍参赛。3支研究生团队成功入选首都高校师生服务乡村振兴行动计划。

在甘肃省宕昌县服务站，师生团队立足当前全国发展红色旅游产业的宏观背景，深入哈达铺镇玉岗村在发展红色旅游产业的竞合关系及客源市场做综合研判，形成《宕昌哈达铺镇玉岗村红色旅游产业发展规划》报告，为玉岗村红色旅游的战略发展定位、产业空间布局、项目策划、线路组织规划、要素规划和营销规划等内容提供智力支持；在江西省赣州市兴国县服务站，师生团队依托当地厚重的红色文化资源，在实践调研中探索出了一条红色旅游路线，在实践中传承红色经典，赓续红色血脉，从党的初心和使命中汲取奋进的不竭动力。在云南省临沧市双江拉祜族佤族布朗族傣族自治县服务站，师生团队深刻研究乡村集体经济在乡村经济发展的重要纽带作用，形成《云南少数民族地区农业集体经济发展模式优化研究——基于临沧市沙河乡双江县的调研》报告，优化了沙河乡农村集体经济发展模式，探讨了新时期乡村振兴战略实施下边境地区村集体经济发展的意义。在福建省龙岩市永定区服务站，师生团队深入考察永定区“三农”发展现状，剖析当地城乡二元结构下的产业发展难题，形成《福建省龙岩市永定区烟草支农的路径研究》报告，提出“产业稳定、产业升级、产业融合”和“保障农民、发展农民、丰富农民收入来源”两条思路，为地方数字经济赋能和强化乡村治理提供思路参考。

另外，山东省荣成市寻山街道、江西省赣州市南康区、河南省林州市五龙镇和山东省济宁市马坡镇四个服务站点也取得了显著的调研成果。在这些站点，实践团队结合当地实际情况，从金融支持产业升级、村企共建共同富裕、乡村文旅创意开发等多个角度出发，提出了切实可行的乡村振兴方案。

4.2023年老区行

2023年，中央财经大学围绕“财经智慧赋能革命老区乡村振兴”主题，派出42支师生团队开展调研活动，覆盖江西赣州、福建龙岩、甘肃陇南、山东临沂等革命老区。选派20名研究生进行为期1个月的实习锻炼。举办中央财经大学第三届乡村振兴主题调研大赛，256人次参与。与地方政府签订9份长期共建协议。调研成果获得江西省委领导批示，以及17份地方政府和相关单位批示及感谢信。

实践团队奔赴15个省（自治区、直辖市）、29个地级单位、42个县区，累计行程50万千米。各调研团队深入基层，通过座谈、研讨、问卷调查等方式，与130余位企业负责人、260余位基层单位人员以及近600位居民村民进行了深入交流，服务总时长超6500小时，惠及超3300人次。调研主题涵盖乡村文旅创意开发、金融支持产业升级、乡村治理创新机制、党建引领农业合作、村企共建共同富裕等诸多领域。

本年度共产出调研报告46篇，总计超过67万字。江西赣县站的实践成果《“村庄变景区、离乡变返乡”：革命老区城乡融合实现的路径与制度研究》获《中国农村经济》《中国农村观察》编辑部优秀提名论文，并在第二届“中国革命老区乡村发展论坛”上宣读。

本年度发布调研纪实系列推送41篇，活动内容获中央广播电视总台、学习强国、经济日报、中国新闻网、中国发展网、中青校园等媒体报道150余次。

5.2024年边疆行

2024年，中央财经大学聚焦“服务边疆”“老区振兴”“共同富裕”三大主题，实践调研活动围绕党建领航、文旅交融、现代农业、产业升级、文化传承、帮扶协作以及和美乡村建设7个维度展开，精准对接乡村发展的实际痛点。新建内蒙古巴彦淖尔、河南新郑等17个服务站点，与13个基层单位挂牌合作，签订了9份长期协作协议。

革命老区既是存史资政育人的重要阵地，也是开展红色教育、厚植爱国情怀最生动的“第二课堂”。调研团队深入革命老区，在内蒙古自治区巴彦淖尔市、重庆市涪陵区、甘肃省白银市会宁县等地，师生们通过追寻习近平总书记调研足迹、参观红色革命遗址、开展主题党日活动等形式，传承红色基因，为乡村振兴注入了新的动力。

以文旅深度融合赋能经济发展以提升民生福祉，是乡村振兴的重要途径。调研团队深入内蒙古、河北、北京、四川、山西、西藏等多地，以文旅深度融合为核心策略，挖掘地方特色文化资源，积极探索乡村振兴的新路径。聚焦文旅产业对乡村全面振兴的关键作用，依托特色民俗、产业协同、文化传承、网络宣传等方式，结合专业优势深挖文旅经济潜力，为地方的文旅融合发展提供宝贵的经验借鉴。

在乡村振兴的宏伟蓝图中，“三农”问题始终被置于全党工作的战略要地。在“三农向好，全局主动”的时代强音下，调研团队聚焦乡村产业所面临的实际难题，运用财经智慧提出因地制宜地发展建议。在山东省泰安市宁阳县、内蒙古自治区通辽市、河南省新郑市等地，团队深入田间地头，考察农业生产现状，探索土地制度改革、经营模式创新、农业新技术应用等路径，为推动农业绿色发展、绘制乡村振兴宏伟蓝图贡献力量。

产业升级是乡村振兴的关键一环和驱动全局的关键枢纽。在湖南省岳阳市岳阳县、河北省张家口市赤城县、甘肃省陇南市宕昌县、北京市昌平区十三陵镇等地，调研团队深入乡村，走访当地农民，开展各样座谈会。结合访谈收获，立足实际情况，各团队探索和提出了“一村一品”产业格局优化、农旅融合发展、电商产业升级、数字贸易赋能等一系列发展策略。通过整合资源、创新模式，实现农村经济的全面提升，为乡村产业转型升级提供了有益参考。

文化为民族之魂，需要赋予时代内涵并通过创新传播。为推动中华优秀传统文化创新性发展，调研队伍发挥中央财经大学应用经济学等学科优势，深入乡村一线调研经济发展。在山西省昔阳县、山东省临沂市河东区、青海省西宁市二十里铺镇等地，团队围绕弘扬地方特色文化、推进革命文物研究与红色基因传承等方面展开工作，探究乡镇文化产业发展与宣传的途径，形成了一系列富有创意和实践价值的调研报告，助力乡村振兴战略下乡镇经济的发展。

帮扶协作是促进区域经济协调发展、带动乡村经济进步的重要抓手。在山东省聊城市、河北省邢台市威县、河南省鹤壁市淇县等地，调研团队通过实地考察、座谈会和访谈等方式，深入了解地方发展特点，充分挖掘当地资源与文化，有针对性地提出构建公平透明的利益分配机制、打造乡村振兴服务基地、加强农村养老服务体系建设等建议，为乡村特色产业创新发展提供了有力支持。

和美乡村建设是打造居业协同、人才集聚、多元融合新乡村的应有之义。在江西省遂川县、贵州省黔东南苗族侗族自治州施秉县，调研团队依托中央财经大学农业经济管理、区域发展等学科专长，为“一老一小幸福院”规划发展蓝图、助力当地构建电商平台发展特色农产品品牌，为和美乡村的全面发展注入了“财经活水”。

258名师生奔赴全国29个服务站开展实践调研，调研团队足迹遍布16个省级行政区，29个基层村镇，开展座谈会、研讨会90余场，访问企业负责人130余人次，访问基层单位人员250余人次、居民近230人次，发放问卷数量共计979份，服务总时长超过2400小时，活动累计服务人次超1500人次。产出了32篇调研报告，累计71万字。

2024年发布调研纪实系列推送29篇，获国家级、省市级、县乡级等媒体报道共计90余次。中央财经大学及项目团队获“我是中国研究生，美丽中国研思行”主题活动贡献单位及“优秀媒体作品奖·优秀音视频提名奖”、首都高校师生服务乡村振兴行动计划优秀奖、“时代新人强国行”首都大学生主题社会实践优秀案例等多项荣誉。

（四）“财经人·济世路”乡村振兴研究生服务站调研数据统计

1. 年度实践调研团队及参与师生数量统计

自2020年，中央财经大学派出首支由31名师生组成的“财经人·济世路——宕昌行”研究生实践调研团队起，截至2024年，在五年间合计派出147支团队，参与师生千余名，其中教师140余人次、学生近900人次。2021年，派出线上、线下调研团队共计42支，2022年、2023年、2024年，均为线下调研团队。

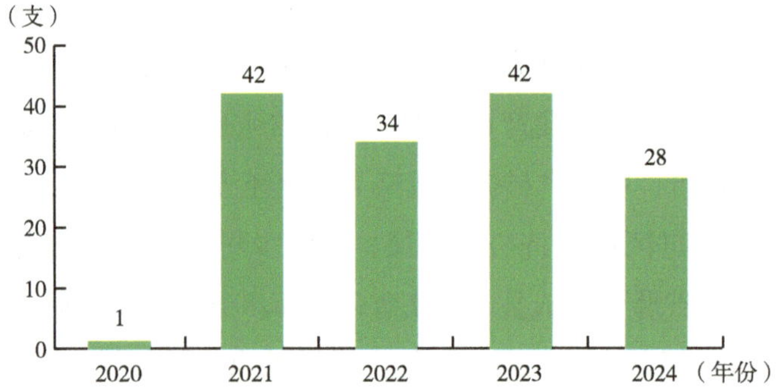

图6　2020—2024年实践调研团队数量

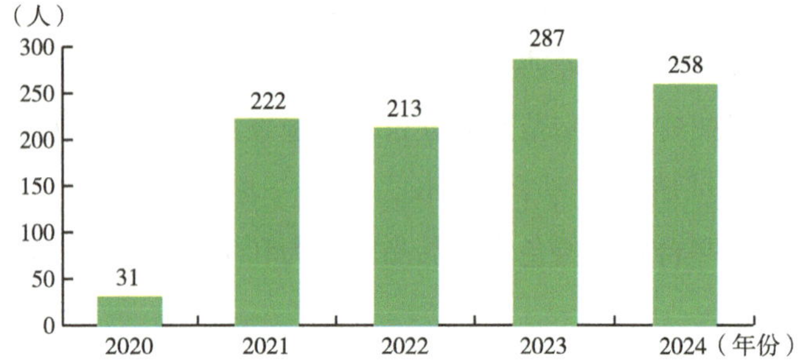

图7　2020—2024年参与人数

2. 年度建站数量统计

2020年，中央财经大学在甘肃省陇南市宕昌县哈达铺镇玉岗村建立了首个乡村振兴研究生服务站。2021—2024年，新建站点数量分别为17个、7个、35个、17个，截至2024年底，共计建站77个，不断优化布局，稳步提升建站质量和覆盖范围。

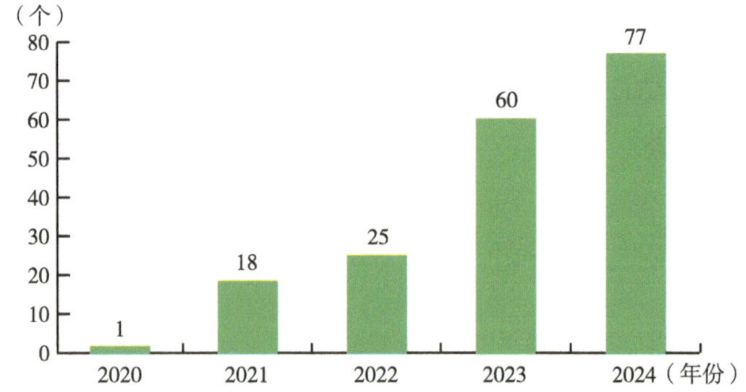

图8　2020—2024年服务站数量

3. 年度实践调研覆盖区域统计

2021—2024年，师生团队实践调研覆盖省份及城市调研区域不断扩大、调研活动逐年深入，足迹遍布全国20个省级行政区，55个地级市（区、自治州）。

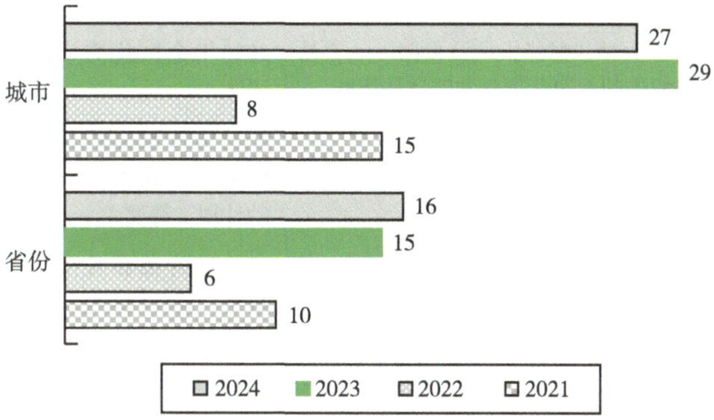

图9　2021—2024年团队覆盖省份及城市

除开展团队调研外，研究生工作部于2020年、2021年、2022年分别以“小康行”“跟党行”“乡村行”为主题组织了3期规模较大的研究生个人实践调研，参与研究生人数分别为395人、267人、169人。

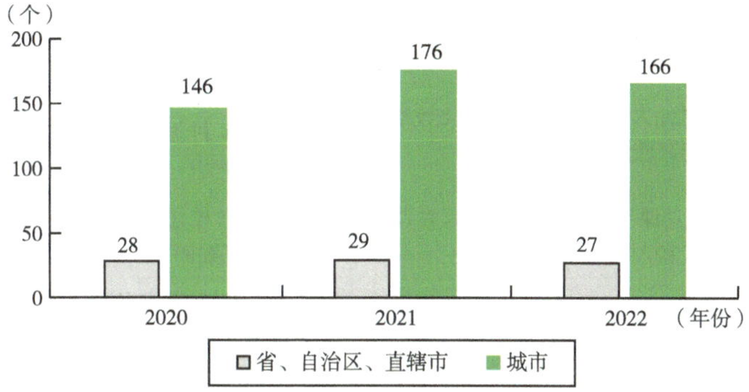

图10　2020—2022年个人实践覆盖省份及城市

4. 项目成果统计

五年间，“财经人·济世路”共建设77个服务站点，共有教师140余人次、学生近900人次前往基层调研挂职，队伍足迹遍布全国20个省级行政区，55个地级市（区、自治州）。实践团队产出调研报告326篇，总计超过338万字；与地方政府签订22份长期共建协议。调研成果获教育部、农业农村部、江西省委领导批示，以及24份地方政府和相关单位感谢信。“财经人·济世路”乡村振兴研究生服务站调研纪实发布系列推送103篇，活动内容获中央广播电视总台、学习强国、经济日报、中国新闻网、中青校园等媒体报道310余次。众多参与项目的毕业生积极投身基层工作，将专业所学运用到实际工作中，近四年来，中央财经大学1000多名毕业生在基层单位任职，为推动基层经济社会发展贡献着中财大人的力量。

表3　项目获省部级荣誉统计

获奖日期	项目主题/内容	奖项名称	授奖单位
2020年11月	中央财经大学“财经人·济世路——宕昌行”研究生助力脱贫攻坚实践调研团队	2020年全国优秀实践团队	中国青年报
2022年9月	中央财经大学数字技术赋能乡村产业振兴团队	2022年首都高校师生服务“乡村振兴”行动计划二等奖	中共北京市委教育工作委员会
2022年9月	中央财经大学汇聚数字智力，赋能红色雁翅团队	2022年首都高校师生服务“乡村振兴”行动计划三等奖	中共北京市委教育工作委员会
2022年9月	中央财经大学“合”衷共济：农村专业合作社激发脱贫内生动力的调研实践团队	2022年首都高校师生服务“乡村振兴”行动计划优秀奖	中共北京市委教育工作委员会
2023年8月	财“赋”乡村：国内首创财经智慧助力乡村振兴的实践者	2023年中国国际“互联网+”大学生创新创业大赛北京赛区复赛三等奖	北京市教育委员会
2023年10月	中央财经大学财经赋能乡镇经济励志筑梦青年成长团队	2023年首都高校师生服务乡村振兴行动计划三等奖	中共北京市委教育工作委员会
2023年10月	中央财经大学以产业链数字化转型推动特色农业高质量发展团队	2023年首都高校师生服务乡村振兴行动计划二等奖	中共北京市委教育工作委员会
2023年12月	“百堂党课”“百场宣讲”“百村调研”铸魂时代新人	北京高校思政工作创新示范案例	中共北京市委教育工作委员会
2024年10月	金融赋能地方特色文化产业发展——以白音察干镇为例	2024年首都高校师生服务乡村振兴行动计划优秀奖	中共北京市委教育工作委员会
2024年11月	中央财经大学“财经人·济世路”乡村振兴研究生服务站育人项目	首都大学生主题社会实践优秀案例	中共北京市委教育工作委员会
2024年12月	财经人·济世路2024丨⑲河北威县：财经助力改革先锋，共创乡村振兴新格局	优秀媒体作品奖·优秀音视频提名奖	2024年中国研究生媒体联席会议组委会
2024年12月	“我是中国研究生，美丽中国研思行”	主题活动贡献单位	《中国研究生》编辑部
2025年4月	为国而生 与国同行——立足新时代伟大变革进程，贯通卓越财经人才全流程培养的实践探索	2025年度高校思想政治工作质量提升综合改革与精品建设项目（新时代伟大变革融入高校思想政治教育典型案例）	教育部

表4 各调研团队收到政府企事业单位感谢信

队伍序号	服务地区	感谢单位	报告名称	政策建议
1	甘肃省会宁县、甘肃省静宁县、贵州省施秉县、青海省循化县	中国投资有限责任公司办公室	《山川绘梦，水土织诗——甘肃会宁、甘肃静宁、贵州施秉、青海循化四县15年经济发展动态比较分析》	
2	甘肃省平凉市县	中国银河证券股份有限公司	《苹果全产业链融合升级赋能乡村振兴——以甘肃省静宁县为例》	《苹果全产业链融合升级赋能乡村振兴（政策建议）》《基层党建嵌入乡村治理的组织路径创新（政策建议）》
3	江西省赣州市	中共南康区委员会、南康区人民政府	《构建乡村振兴新格局，探索乡村产业发展新模式——基于赣州市南康区8大乡镇的调研》《创新产业振兴发展新格局，探索金融科技服务小微企业融资新模式——基于赣州南康家具产业的调研分析》	
4	江西省赣州市	中共章贡区委员会、章贡区人民政府	《休闲农业助力乡村振兴——以江西省章贡区为例》	
5	江西省赣州市	中共赣县区委员会、赣县区人民政府	《深化农村集体经营性建设用地入市试点改革：赣县实践》	
6	甘肃省平凉市	中共静宁县委员会	《苹果全产业链融合升级赋能乡村振兴（调研报告）》《基层党建嵌入乡村治理的组织路径创新（调研报告）》	《苹果全产业链融合升级赋能乡村振兴（政策建议）》《基层党建嵌入乡村治理的组织路径创新（政策建议）》
7	贵州省黔东南苗族侗族自治州	施秉县人民政府	《乡村振兴背景下产业结构发展现状与对策研究——以贵州黔东南苗族自治州施秉县白垛村“三色”产业为例》	
8	江西省赣州市	兴国县人民政府	《以产业链数字化助力特色农业高质量发展》	
9	江西省赣州市	赣州市人民政府金融工作办公室	《创新金融工具 优化小微企业融资渠道》	
10	黑龙江省大庆市	大庆市农牧局	《关于农村地区产业竞争力与收入风险问题的对策研究——以林甸县卫星村奶业为例》	

续表

队伍序号	服务地区	感谢单位	报告名称	政策建议
11	江西省赣州市	宁都县人民政府办公室	《岁月山村情，红旅韵律中：龙马学子乡村梦的宁都征程》	
12	江西省赣州市	会昌县人民政府办公室	《壮大村级集体经济，共筑乡村振兴幸福梦新型农村集体经济实践的优势经验与制约因素--来自江西赣州会昌的案例总结》	
13	江西省抚州市	广昌县人民政府办公室	《关于广昌县金融助力林下经济产业转型升级的策略建议》	《关于广昌县金融助力林下经济产业转型升级的策略建议》
14	江西省赣州市	中共龙南市委人才工作领导小组办公室	《乡村治理中的公共服务供需研究》	《构建乡村治理新格局，探索公共服务供给新模式》
15	江西省赣州市	章贡区农业农村局	《食用菌产业发展助力乡村振兴——以江西省赣州市章贡区为例》	
16	甘肃省白银市	会宁县乡村振兴局	《金融支持乡村特色产业发展的路径研究》	
17	江西省赣州静宁市	兴国县乡村振兴局	《数字赋予红色文化新动能，激发乡村红色旅游新活力》	《多元主体协同治理的机制调研与体系构建——基于兴国乡村治理调研的政策建议》
18	江西省吉安市	遂川县乡村振兴局	《茶文旅融合助力乡村振兴的实践与启示》	
19	甘肃省陇南市宕昌县哈达铺镇	宕昌县哈达铺镇人民政府	《玉岗村2.5km迷你长征活动策划》	
20	山东省泰安市东平县	彭集街道党工委、办事处	《设施农业发展规划（产业振兴）》	
21	山东省泰安市东平县	彭集街道党工委、办事处	《山东省东平县乡村电商平台调研》	
22	福建省龙岩市	龙岩市静坪村委会	《因地制宜：特色产业如何赋能乡村振兴？》	
23	青海省西宁市	青海省三江源民族中学	《财经赋能乡镇经济，乡村建设中的机遇与挑战——青海省西宁市城北区二十里铺镇调研报告》	
24	青海省西宁市	青海省三江源民族中学	《乡村振兴战略下地方文化产业发展与宣传的实践研究——以西宁市二十里铺镇为例》	

（五）调研发现问题

自2021年乡村振兴服务站建站以来，中央财经大学组织师生团队围绕产业振兴、人才振兴、文化振兴、生态振兴、组织振兴开展实践调研，汇总四年以来各调研团队撰写的87份调研报告，梳理出当前乡村普遍存在以下问题。

1.发展方式粗放，资源利用率低下

在土地资源方面，东部地区平原广阔耕地丰富，但由于农村人口结构的老龄化现象加剧，农村大量耕地闲置。河北省张家口市赤城县“经济发展水平较低，就业机会有限”使得“大量年轻人外出务工”，进一步导致当地人口呈现“哑铃型”人口结构，大量耕地闲置问题突出。广大的中西部地区受制于山地丘陵为主的地形，普遍存在耕地细碎化及机械化推广困境。福建省龙岩市永定区的“种植田块散落在群山环绕的洼地、低谷处，田块面积小、不完整”造成“大型机器难以作业”“土地分散经营”等问题，严重制约烟稻轮作下的农业规模化发展；重庆市涪陵区受山地地形限制，“土地细碎化程度高，流转成本过高，阻碍榨菜产业的规模化经营”。农村土地流转不畅，土地的集约化利用率不足。江西省赣州市章贡区食用菌种植基地受制于当地“耕地稀缺且分布零散”“土地流转不畅，现有种植模式仍以分散经营为主”等因素，难以实现食用菌产业集约化发展。

在金融资源方面，县域经济的农村企业规模较小，融资难、融资贵问题突出。江西省赣州市南康区在发展家具产业的过程中，“企业贷款普遍存在信贷门槛高、贷款额度低等问题”，使得“企业经营者通常优先使用自有资金，再通过银行贷款作为补充性资金，对其他社会资本投资存在排斥或不适应现象”。另外，由于农业生产的季节性等原因，部分乡村产品缺乏配套的金融保险产品保障，抗风险能力不足。内蒙古自治区巴彦淖尔市乌拉特前旗的“商业保险仅覆盖林下小麦等传统主粮作物种植而不涉及果树”，缺乏商业保险力量的支持。湖南省岳阳市岳阳县黄沙街镇的茶园产业生产方式“仍以原始生产为主，自然灾害的影响较大”，缺乏相关保险产品的支持。

在技术资源方面，部分农村对现代信息技术资源的重视度不足。河南五龙镇旅游产业存在“网络信息服务缺失、在线旅游服务平台未得到足够重视、旅游交通信息不通畅、旅游导示信息服务不到位”等问题，农业存在“销售渠道较少，营销方法单一”等问题；江西赣州兴国县“芦笋产品的网络营销渠道较窄，与网络电商融合程度较低，并且没有建立有效的网络电商平台”。许多农产品缺乏自

主产权的关键技术，设备较为原始。甘肃静宁县的苹果产业基本上以人工+小型机械的种植手段，“生产加工线智能化水平低”，缺乏“深层次的产品开发能力”。

在文化资源方面，农村地区的文化资源开发深度不足，呈现形式流于表面。甘肃省宕昌县的“红色资源开发模式相对粗放落后，旅游场馆仅作简单罗列”，缺乏对红色文化的生动深刻表达；许多潜力较大的文化旅游资源缺乏前瞻性规划，资源开发不合理。西藏自治区拉萨市的非遗手工藏毯“由于高质量的原材料和精湛的手工艺”，生产成本较高，但资金来源有限且“政府支持力度不足，限制了扩展规模和市场应变能力”，转型发展举步维艰。

在生态资源方面，许多乡村地区绿色生态资源丰富，但其资源开发较为分散，缺乏旅游资源之间的联动协同。甘肃宕昌县虽然“拥有官鹅沟国家森林公园等优质资源”，但旅游项目缺乏创新性与差异化，且未能形成绿色旅游资源与红色旅游资源的优势互补格局，导致“无法为游客提供全方位、多层次的旅游体验”。部分农村生态环境脆弱，产业发展与生态保护的矛盾突出。内蒙古巴彦淖尔市乌拉特前旗的降水量难以满足果树经济的发展需求，必须依靠“引黄灌溉”和“开采地下水”的方式解决水源问题，致使当地的地下水位快速下降，盐碱化问题突出，可持续化发展压力巨大；在内蒙古通辽市科尔沁左翼后旗，“传统放牧方式与草场承载力之间的失衡问题长期存在”，部分草场出现植被退化、生态功能减弱等现象，草原生态系统的脆弱性与经济发展需求矛盾突出。

乡村产业结构发展单一化，挤占了其他新兴产业的发展空间。河北赤城县龙门所镇“过度依赖传统农业和有限的矿业，新兴产业发展缓慢，产业结构单一且落后”；内蒙古察右后旗虽然通过独特的旅游资源和民族文化，在乡村振兴战略中展现较大潜力，但其“经济结构过于依赖乌兰哈达火山地质公园”，“整个旅游业尚未形成产业链条，关联行业的发展明显滞后”，产业发展单一化，难以抵御游客的季节性变化压力和复杂的外部环境，抗风险能力明显不足；甘肃宕昌哈达铺镇玉岗村的红色文旅产业化开发程度不足，“不成熟的游览线路、缺乏具有深度参与感和体验感的娱乐项目、缺少使游客产生购买意愿的文创产品”等“吃住行游购旅”要素支撑体系的不完善制约着红色旅游的进一步发展。

2.农业农村改革有待深化

在激励机制方面，农民作为乡村主体共享乡村振兴事业成果的机制不够清晰。重庆涪陵的榨菜产业由于“难以完全掌握农户的种养环节”，缺乏面向小农户的利益联结机制，导致农户无法充分分享产业发展的成果；内蒙古通辽市科尔沁左翼后旗“循环农业模式推广面临技术成本和接受度的双重阻碍，清洁能源应用与低碳产业链构建仍处于探索阶段”，且牧民群体在“增收与护绿之间缺乏有效的利益联结机制”，外部的引进人才激励机制缺位；河北威县虽然依托“百校入威”政策取得初步成绩，但是由于“政府主导模式未能有效融合市场机制，导致平台缺乏可持续性的造血能力”，而高校人才平台公益化运营与市场需求的结构性错位、市场化激励机制不完善、高校科研团队与企业参与度不高等问题也使得“专业人才储备不足与入驻主体规模有限形成恶性循环。”

在基层组织方面，一些村集体经济的组织效能较为低下。江西赣州章贡区“村股份经济合作社普遍存在空壳化问题”，现有专业合作社多“依附于龙头企业”，未能有效整合农户资源，“村委会与合作社职能混同，村干部缺乏专业经营能力，导致资产运营效率低下”。部分地区基层党组织动员能力不足，江西省兴国县“部分领导班子在公共产品供给、矛盾纠纷处理等民生事务上投入精力不足”，进而导致“村干部在群众中的信任度下降”，影响对群众的组织效果。乡村事业的各部门和主体之间缺乏有效协作机制。江西省遂川县的“一老一小幸福院”养老托育模式打造过程中，由于“组织协作机制不完善”，使得资源整合效率不足，部分幸福院在社会组织的帮助下与其他幸福院的发展差距拉大。部分合作社没有充分发挥联合农民的“纽带作用”。重庆涪陵部分合作社没有按章程运作，更没有以合作社的名义开展农业生产经营活动，以个人为单位的农村生产集体规模较小，扩展市场的能力不足，投资风险较大。

3. 农村人才队伍薄弱

农民的劳动力素质不足。甘肃静宁县由于信息技术快速迭代，当地“果农无法第一时间接受高质量技能培训”，加之“部分单位存在培训流于形式、培训内容单一和监管力度不足等问题”，果农的平均素质难以跟上农业现代化步伐，农村的各类专精特精人才不足；内蒙古巴彦淖尔市由于“人才结构与基层需求的不匹配”，难以满足大量集体经济项目运营、产业技术升级等需求，大量合作社“因缺乏专业管理人才导致项目推进缓慢”。缺乏完善的人才培养体系。河南五龙镇的产业转型过程中缺少大量数字化人才，自身又缺乏对外地人才的吸引力，导致转型陷入困境；河北张家口市赤城县拥有大量文化资源，但是“由于教育资源匮乏导致人才培养困难”，使得当地的文化产业几乎空白，新兴产业发展缓慢。基层人才断层，公共服务专业化水平低。在甘肃宕昌玉岗村的“体育+红色文旅”的经济模式推广中，当地基层体育人才极为短缺，“体育老师多由其他科目教师兼任，社会体育指导员数量为零”，存在严重的供需不匹配问题。

4.农业产品竞争力不足

在产业链方面，乡村产业链供应链的稳定性、自主性和柔韧性不足。江西南康的家具产业虽然规模庞大，却存在产业“大而不强”、企业“多而不优”、链条“长而不善”等问题，在研发设计投入、产品制造水平和支撑要素层次上存在短板；河南省新郑市梨河镇草莓和红枣产业链条不完整，产业“主要局限于种植环节，缺乏冷链物流、深加工及电商配套，产品附加值低产业过度依赖初级加工，营收结构单一，衍生品开发滞后，抗市场波动能力弱”；科左后旗虽然自然禀赋突出，但产业发展长期停留于初级生产阶段，“大量农牧产品以原材料或简单加工形态流向市场，缺乏精细化分类、品牌化包装及附加值转化”。乡村产业基础设施建设薄弱，阻碍一体化产业链体系的发展。江西兴国县在芦笋产业的发展过程中，主要存在“种植品种分散、依赖人工操作、深加工产品占比和利用率较低、配套设施不完善，大部分种植基地仍依赖人工采收和分拣芦笋，缺乏标准化的采收分拣体系”等问题。

在品牌建设方面，部分乡村产业对品牌建设的投入力度明显不足。兴国芦笋产品仍“主要以线下超市零售，加之没有建立有效的网络电商平台，其品牌的知名度极其有限”。部分地方的乡村产业品牌营销步调缺乏统一。江西南康的家具产业虽已获批“南康家具”集体商标，但由于当地龙头企业的匮乏，当地企业在市场竞争中“孤军奋战的局面未得到实质性改变”。乡村产品的品牌文化挖掘缺乏深度，品牌宣传质量不足。江西赣州安远县作为红军“赣南三整”的开端，红色文化氛围浓厚，但当地“天心整军”文化宣传普遍存在符号“辨识度不足、精神内核一般化程度不高、宣传手段缺乏丰富度、影响力相对较弱”的问题，导致其在传播范围和吸引力上都比较有限；甘肃宕昌的中药材产品在宣传思路上“缺乏对宕昌县风土人情、产业沿革和产品优势的深入介绍，优秀宣传案例匮乏”，其宣传对外销的助力较为有限；贵州施秉县的红色旅游产品在红色文化资源挖掘深度上较为有限，“对于红色文化背后深刻的历史文化和精神内涵缺乏深入挖掘和解读”，没有充分展现红色文化的独特魅力和教育价值。

在产品品类方面，部分乡村产品同质化问题严重。江西南康家具由于“占主流的小微企业仍依赖于手工或半自动化生产”，对技术工人的需求度大，产品差异化程度低，同质化竞争严重，拉低了产业技术的平均值；内蒙古察哈尔右翼后旗以金融支持文化产业发展，但其“金融产品同质化问题严重”，“缺乏针对文化产业特性和乡村振兴需求的定制化金融产品”；内蒙古科尔沁左翼后旗虽然蕴含丰富的科尔沁文化、马文化和非物质遗产，但由于文化资源的开发仍处于浅层，文创产品开发同质化严重，面临着“有资源缺产品、有故事缺载体”的文化产业困境；甘肃宕昌哈达铺镇旅游产业面临挑战，虽然当地旅游资源丰富，但“缺乏具有吸引力的特色IP，宣传力度不足，旅游产品的同质化现象比较突出”。

针对以上问题，各调研团队奔赴各地乡村振兴服务站开展实地调研，给出了具体的政策建议，为新时代乡村振兴提供了可操作、可复制的实践方案。

第一篇　产业振兴

农业农村现代化的高校智慧

乡村要振兴，产业必先行。习近平总书记反复强调，产业振兴“是乡村振兴的重中之重”“是乡村振兴的基础和关键”“是解决农村一切问题的前提”。自党的十九大提出乡村振兴战略以来，促进乡村产业兴旺始终是乡村振兴的首要任务，位列乡村“五大振兴”之首。乡村产业是根植于乡村，以农业农村资源为依托，以农民为主体，以一二三产业融合发展为路径，地域特色鲜明、承载乡村价值、创新创业活跃、利益联结紧密的产业体系。要想农民富起来，给农村注入生机和活力，必须依靠产业振兴。习近平总书记强调，“产业兴旺，是解决农村一切问题的前提”，要“紧紧围绕发展现代农业，围绕农村一二三产业融合发展，构想农村产业体系，实现产业兴旺”。

近年来，为贯彻习近平总书记关于乡村产业发展的相关要求，国家一系列规划政策有序落地，如《乡村全面振兴规划（2024—2027年）》《中共中央、国务院关于进一步深化农村改革扎实推进乡村全面振兴的意见》《中华人民共和国乡村振兴促进法》《“十四五”推进农业农村现代化规划》等，都对促进产业融合发展、发展特色产业、农业数字化转型、培育农业全产业链发展提出明确要求。

中央财经大学“财经人·济世路”项目立足乡村振兴服务站，持续输送专业化师生调研团队至基层一线，立足实地调查、深入访谈、案例分析、文献研究等方法，发挥“财经智慧”，总结乡村产业振兴成功案例、破解乡村产业发展难点痛点、因地制宜为基层产业发展建言献策，产出了丰厚的理论实践成果。本章节选取16篇代表性的调查研究报告，从产业链升级与农业现代化、财政金融政策支持、数字化转型与智慧农业、特色产业培育与发展四个维度回应产业振兴的时代之问，为高校赋能乡村振兴提供经验借鉴。

2020年8月，甘肃宕昌服务站制作的直播带货活动宣传海报

2023年7月，中央广播电视总台经济之声栏目组《共同富裕中国行》
随调研团队赴江西兴国服务站调研报道

2023年7月，甘肃静宁服务站调研团队与兰州财经大学研究生调研团队开展联合调研果树种植产业

产业振兴

产业链升级引领乡村发展新路径

产业链升级引领乡村发展新路径

当前，我国乡村产业正处在从传统农业向现代产业体系转型的攻坚期，产业链的延链、补链、强链成为激发产业振兴活力、实现共同富裕的重要抓手。尤其在数字技术深度渗透、绿色转型加速推进的背景下，以更为宏观的全产业链思维重构农业农村产业链、价值链，已经成为破解乡村产业“低端锁定”，推动乡村振兴高质量发展的必由之路。

中央财经大学调研团队深入甘肃省静宁县、江西省南康区等地调研发现，乡村农业产业链升级普遍面临三大共性问题：其一，产业链现代化水平不足，表现为生产环节的机械化率不足、精深加工滞后、数字化渗透薄弱；其二，生产要素保障体系存在短板，包括技术人才短缺、资金来源单一、基础设施薄弱、抗风险能力不足；其三，多元主体协同效率有待提升，各个主体包括农户、企业、政府、科研机构、高校等主体之间尚未形成创新合力。

针对上述问题，调研团队提出三种应对思路：一是，全链提质与数智赋能并举；二是，要素整合与机制创新协同；三是，品牌增值与业态融合共进。

甘肃静宁县：苹果全产业链融合升级赋能乡村振兴

指导老师：于爱芝

团队成员：刘青华、马燕来、常雅洁、韩一丹、刘孟郊、牟思蓓、项弘吉、吴 琼、左鸿滔、熊言亦佳

支持单位：中共静宁县委办公室、甘肃省平凉市静宁县人民政府、甘肃省平凉市静宁县乡村振兴局、甘肃省平凉市静宁县金融办、甘肃省平凉市静宁县人保财险公司、静宁县吴庙村村民委员会、静宁县继红村村民委员会、静宁县李堡村村民委员会、静宁县杨咀村村民委员会、静宁县兴坪村村民委员会、静宁县剪岔村村民委员会、兰州财经大学、中国投资有限公司帮扶办、中国银河证券股份有限公司帮扶办、静宁县红六福果业公司、静宁县城川镇现代果业示范基地暨静宁苹果良种苗木组培繁育中心、静宁苹果保鲜加工产业园、德美地缘现代有机苹果示范园

报告主题

本次调研以甘肃省静宁县为调研对象，调研主题为“苹果产业链融合升级赋能乡村振兴”，从产业链、林业碳汇、金融产品、文化品牌、电商服务等角度，总结以静宁苹果为核心的“数字—品牌—零碳—文旅—保险—期货”全产业链运作模式，推广“静宁模式”，以实现静宁经验赋能全国乡村振兴建设。

（一）现状描述

民族要复兴，乡村必振兴。习近平总书记指出，脱贫攻坚取得胜利后，要全面推进乡村振兴，这是“三农”工作重心的历史性转移，同时“十四五”时期是我国迈向新征程、向第二个百年奋斗目标进军的重要阶段。《“十四五”规划和2035年远景目标纲要》提出，要打造数字经济新优势，促使数据虚拟化和应用场景实体化相结合，促进数字技术赋能传统产业，鼓励发展第三方大数据服务产业，加快发展智慧农业，将农业生产经营和管理服务进一步进行数字化改造。在数字经济视域下，国家政策大力扶持乡村数字化建设，以数字化助推城乡发展，农村直播电商成为农村经济发展的新探索和新进程。

《“十四五”规划和2035年远景目标纲要》明确指出，要壮大乡村旅游、民宿经济等特色产业，提升乡村旅游等服务品质。此外，还提出“发展县域经济，推进农村一二三产业融合发展，延长农业产业链条，发展各具特色的现代乡村富民产业”等，为新形势下乡村旅游提质升级提供了难得的发展机遇，也赋予乡村旅游更为重要的任务和使命。农旅融合是指将农业和旅游业相结合，通过开展农业旅游、农村旅游等形式，将农业资源、农村风貌、农民生活等特色元素融入旅游产品和服务中，以促进农业发展、提升农民收入和改善农村环境。这种融合可以实现农业的多元化发展，推动农村经济的转型升级，同时也能满足城市居民对于乡村休闲、体验农耕生活的需求。2020年9月，习近平总书记提出我国的“双碳”目标，包含实现零碳经济、零碳生产、零碳生活。零碳经济在我国发展起来后，所涉及范围包含许多方面：零碳金融、零碳经济、零碳产品等。各方都在为实现“双碳”目标作出努力。

静宁县位于甘肃中部、平凉市西部，总面积2193平方千米，是一座西部内陆县城，海拔较高、四季分明、气候温和、光照充足、降水夏季较多、冬春季节较少，这使红富士、瑞雪等品种的苹果能够得到很好的生长。同时由于该县城处于内陆地区，交通相对欠发达，信息流通相对滞后，导致整个经济水平也相对落后，农业和畜牧业依然是静宁县最主要的经济支柱。如今，静宁县以“南果北牛”的产业布局逐步形成了自己特色的产业建构体系，北部以平凉红牛为支撑，南部则以静宁苹果为品牌。由于独特的地理条件，静宁种植出的苹果脆甜多汁、色泽鲜艳，在全国苹果产业中占据一席之地，并开发了自有品种“静宁1号”。自从2006年国家质检总局批准对“静宁苹果”实施地理标志产品保护之后，静宁县便在企业的发力和政府的助推下，成为百万亩优质苹果生产大县和甘肃省果品直接出口创汇第一县。2020年，静宁苹果被列为欧盟地理标志保护，同年挂牌新三板。目前静宁全县果园总面积稳定在百万亩以上，农民人均果品收入占农村居民人均可支配收入的70%以上，农民已经基本上实现“吃饱饭”的愿望。

在过去的六年中，“保险+期货”项目在静宁县的成功实施为国家在欠发达地区推广类似模式提供了可靠借鉴。截至目前，静宁苹果产业深入开展“十大转型提质”行动，改造老果园2万亩，建成千亩示范点10个，开展技术培训120场次约2.5万人（次），开工建设乡村振兴物流园等项目23个，完成投资5.28亿元，并先后荣获8张国家级名片和17项大奖，2022年果品总产量98.6万吨、产值60亿元，区域品牌价值在2023年达到161.3亿元。

（二）问题研判

1.苹果产业全链亟待升级，运转模式有待转变

在调研中发现，静宁苹果产区主要分布于县南部地区如李店镇、贾河镇等，整体种植区域分布较散，相隔较远且交通不便，多以一家一户的分散经营为主，虽然已经有规模较大的德美集团，但其育苗和种植总面积仅1300亩，呈现出“大产业、小果园，大市场、小农户”的规模局面，单一的贮销型仍占据绝大部分。同时，果园操作机械化程度较低，基本上以粗放型人工+小型机械为主要种植手段，生产设施如苹果棚室设计有改进空间，难以抵御自然灾害，加上农业险赔率低，果农购买该险种以降低损失的意愿较低。除此之外，静宁县目前引入的加工生产线仅果醋、果汁饮品和苹果脆片各1条，年商品化处理苹果2万吨，苹果深加工规模小，品类单一，缺乏具有自主产权的关键技术，且设备较为原始，苹果加工生产线信息化智能化水平低，亟须全面提升。滞后的深层次开发能力，影响产业效益的进一步提升。

高校作为科研单位，可以发挥其综合性科研能力、跨学科资源整合优势，以及人才培养平台作用，与企业共建基地，试点推广新技术、新设备，推动科研成果转化，同时整合电商、物流、设计等资源，构建区域公共品牌体系，搭建产学研销对接平台，联合企业拓展高端市场，系统性助力静宁县苹果产业全

链升级。

2. 林业投资资金来源单一，碳汇交易专业性不足

根据实地调研发现甘肃静宁苹果产业的资金来源主要为政府投资，虽然形式在不断创新，例如近几年热度以及认可度均较高的“保险+期货”模式，但由于其兴起时间较短，对当地有该方面需求的果农覆盖面较小，所提供的资金数额也较少，资金来源单一。同时，碳排放权交易启动不久，对于甘肃这样一个以传统经济模式发展的资源大省来说，相关部门以及研究人员对该项政策了解较少。碳排放权交易运行下的林业碳汇交易工作，需要注意从林业碳汇项目建设的实施细则到具体要求等关键点，林业碳汇项目从备案到最后的碳汇项目资金管理的各项程序均需要相关技术和专业技术人才的支撑，而甘肃缺乏相关的技术人才。

高校可以整合各领域资源，优化现有“保险+期货”模式，设计覆盖更多果农的差异化产品，协助地方政府对接绿色债券、ESG基金等融资渠道，吸引社会资本参与苹果产业和碳汇项目投资。同时，高校科研团队还可与当地企业合作，建立碳汇项目数据库，争取资金和技术支持。

3. 农村电商复合人才稀缺，缺乏高质量专业培训

静宁县曾长期属于国家级贫困县，经济发展较为落后，优质劳动力和专业技术人才流失严重。静宁县当地超过80%的农村电商创业团队中没有专业化分工，一个人身兼数职的现象十分普遍。根据调研样本数据显示，在静宁县当地农村电商从业人员的学历方面，小学、初中、高中、大学四类学历的构成比例是1∶50∶32.5∶16.5。现有农村电商人才在数量和质量方面都有所欠缺。一方面，是因为大量农村青壮年劳动力流向城市；另一方面，在乡的从业人员文化程度普遍偏低，当地农村直播电商经营者与生产者以农村居民为主，尤其缺乏运营宣传类、美工设计类等专业人才。同时，农村电商还面临“招不来人，留不住人”的难题。除此之外，随着信息技术的不断迭代，网络销售形式更加丰富多元化，当地果农无法第一时间接受到高质量的专业培训，部分单位存在培训流于形式化、培训内容单和监督管理不足等问题，导致培训达不到预期效果，对果农的助力有限。

针对上述问题，高校可发挥其教育资源、学科交叉、技术研发和社会服务等综合优势，从人才定向培养、技能提升、长效支持机制等方面系统性助力当地破解电商发展瓶颈。

4. 品牌特色传播效率欠佳，商标管理规范待完善

总体来看，静宁苹果的品牌传播效果不佳，静宁苹果的知名度仍然落后于陕西洛川苹果和山东烟台苹果。从社交网络中用户生成内容来看，品牌传播内容质量欠佳且传播不具有稳定性。通过对短视频平台的传播内容分析，对静宁苹果区域品牌的传播多集中于每年的苹果采收季9—11月，但其传播的内容素材多为果园场景，内容大同小异，且拍摄手法及后期制作单一，营销效果欠佳，难以满足受众的视听需求。目前，“静宁苹果”已经是中国驰名商标和中国地理标志，但是静宁县苹果产销协会作为商标注册人权利主体作用发挥不够，隶属关系不明朗，职责和业务范围不明确；地理标志证明商标的注册管理、规范使用、推介宣传和品牌保护、市场调研定位开拓及整体营销、果品市场建设、信息收集等工作处于停滞状态；对“静宁苹果”品牌宣传力度不大，投入不足，缺乏统一规划。此外，静宁苹果目前没有统一的外包装，各果品加工企业使用的外包装五花八门，不利于静宁苹果整体形象的宣传和推广。

高校可以联合头部电商平台，为静宁开通农产品绿色通道，提供流量扶持、物流优惠和运营指导；同时，在校内搭建农产品电商展销中心，通过校园直播大赛、校友企业对接等渠道拓展高端市场。此外，还可以通过选拔静宁县本地青年进入高校，参加相关培训，培养后备力量。高校的系统性介入，有利于破解静宁县电商“无人可用”“用而不专”的困境，为乡村振兴注入可持续的人才动能。

5. 文旅产业有待科学规划，特色资源吸引力有限

农旅融合需要充分发挥农业和旅游两个领域的优势。虽然近年来静宁县政府出台了很多相关规划文件，打造了35度苹果谷，将苹果产业与旅游融合，但在实际操作中，还有很多地方缺乏科学规划和专业技术指导。静宁县缺乏能够带动当地旅游产业发展的龙头企业，缺乏合适的管理和运营模式，由于农村地区的基础设施和服务水平相对较低，很多地方的旅游设施和服务质量还有待提高，模式较为单一，导致资源的浪费和效益的低下。同时，静宁拥有丰富的红色旅游资源和文化资源，但其资源优势没有得到充分地发掘和发挥，没有形成自己的特色和文化内涵，且缺乏有效地宣传和推广，导致当地很多旅游景点的知名度不足，缺乏吸引力。此外，和国内很多农村地区相似，静宁也面临着环境保护和文化传承的问题，一些地方为了迎合游客的需求，过度开发和利用农业资源，导致土地退化和生态环境恶化，一些传统的农耕文化逐渐失去了传承和保护的机会。

高校可依托其科研创新能力、多学科交叉优势，从顶层设计、技术赋能、文化挖掘、生态保护等维度提供支持。在顶层设计层面，高校可组建城乡规划、农业经济、旅游管理等多学科团队，制定“苹果产业+红色文化+生态旅游”发展路径；设计“苹果”相关文化IP，将苹果产业脱贫历程与红色精神相结合，构建红色旅游品牌；通过高校数字化技术研发“农旅融合智慧管理平台”，为静宁县农旅融合提供技术支持；构建“高校—媒体—平台”联合推广网络，提高知名度。

（三）问题分析

1.调研前准备

在出发前往甘肃静宁前，团队搜集了苹果产业发展、“保险+期货”模式等的相关文献，为后续调研做了充分的理论准备。同时，收集静宁县相关资料，根据静宁县实际情况，撰写调研方案，确定实地走访地点，安排座谈会、访谈与入户调查日程。

2.调研过程

本次调研采用座谈会、访谈的形式，每次访谈需要30分钟左右，最终本次调研报告走访了甘肃省静宁县15个地点，共收集访谈13份。

首先，团队与静宁县金融办、县人保财险公司负责人座谈交流，与银河期货公司进行电话访谈，了解静宁县苹果“保险+期货”模式的整体情况。其次，实地走访静宁县果树果品研究所、城川镇现代果业示范基地暨静宁苹果良种苗木组培繁育中心、静宁苹果保鲜加工产业园、县农产品电子商务冷链物流产业园及苹果期货交割仓库、德美地缘现代有机苹果示范园、葫芦河流域2万亩矮化密植园提质增效示范带、威戎核心区暨智慧果业建设项目，了解静宁县苹果产业发展现状。最后，深入吴庙村、继红村、杨咀村、店子村、剪岔村等村庄，与基层干部、农户展开深度交流，重点考察山地苹果园建设情况，全面掌握苹果产业发展的实践经验。

通过上述调研过程，团队不仅获得丰富的第一手资料，而且对静宁县苹果产业发展现状和问题有了更为深刻地认识。

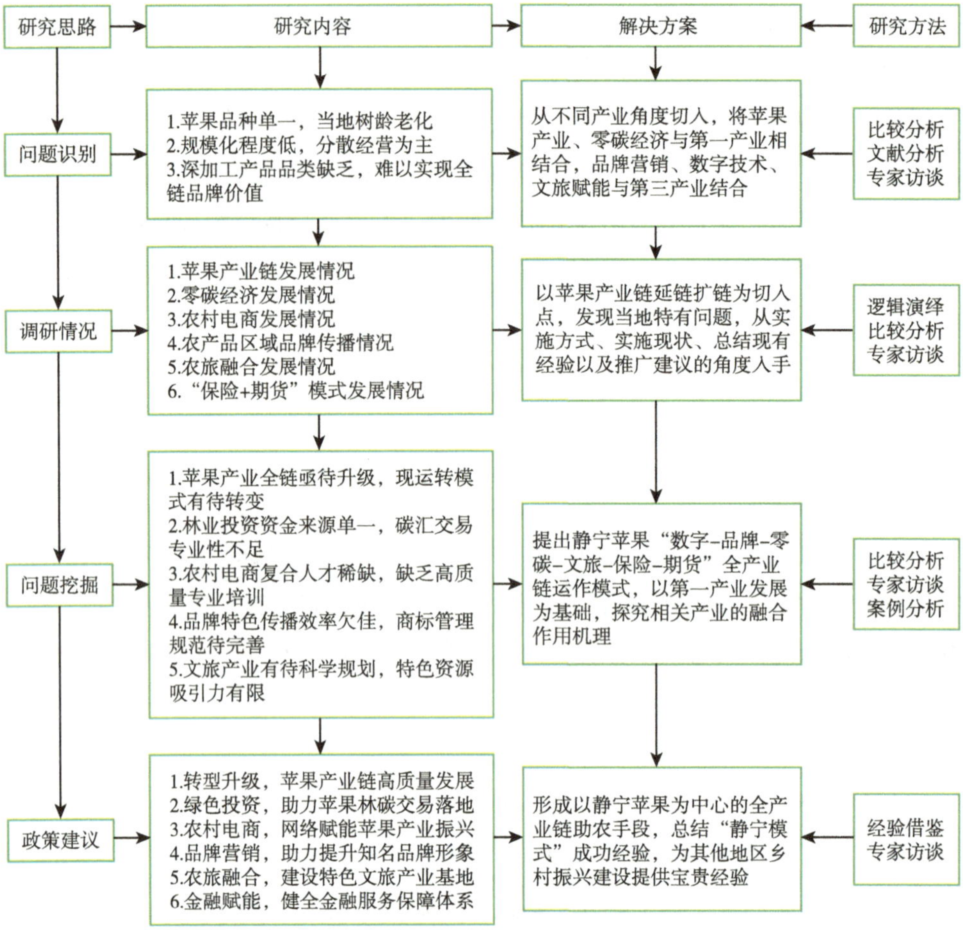

图1　静宁县调研技术路线

（四）赋能成效及政策建议

在“财经人·济世路”的实践中，甘肃静宁调研团队依托高校平台，以“苹果产业链融合升级赋能乡村振兴”为主题，对静宁县苹果全产业链进行了实地走访，以期帮助当地实现产业升级与乡村振兴。团队通过前期的文献阅读与资料收集，调研过程中的实地走访与深度访谈等，对静宁县苹果产业链现存问题进行了深刻剖析，并撰写研究报告，为当地提出政策建议。

1.增加精深加工产品生产，提升果农认知水平

在精深加工环节，当地企业应走出去，学习借鉴并引入新的精深加工技术，提高精深加工水平，更换升级设备，开拓新的品类。除此之外，政府有必要加大力度，提升当地果农的整体文化水平，增加除种植技术培训以外的相关培训，开拓视野，提升认知。另外，可以借鉴肯尼亚安全箱实验，为当地果农建立保险心

理账户，从而增加购买意愿，形成习惯。

2. 积极拓展海外市场，丰富苹果营销渠道

一方面，政府应加大对于苹果国内运输通道的建设，主要面向中部、东部人口密集且消费能力较强的城市。另一方面，应积极利用静宁地区面向中亚乃至欧洲国家在苹果运输方面的区位优势，积极响应“一带一路”，借助“西部陆海新通道”等大型运输线路拓宽海外市场，在扩大品牌影响力的同时收获较大的经济效益。在海外果品推广方面，政府应占主导地位，以政府公务人员亲自下场进行推介、提供官方背书的方式拓宽果品的销售途径。在苹果的销售环节，政府或其他有关部门应该帮助果农群体适应新兴产品推介方式，努力适应电子商务营销模式，探索形成可持续的长效机制，全力推动乡村振兴。

3. 深化苹果品牌建设，力争形成品牌优势

要建立品牌发展策略，提高品牌价值，增加客户的忠诚度。静宁苹果主要是以苹果及其加工品为主，建立品牌就是要通过提高产品质量、加强产品深加工等途径，因此在静宁苹果的长远发展中，应加大研发力度，加强新品种培育，采摘、生产、加工模式的创新，保证生产供应线的推进，保障售后服务质量和效率。充分发挥原产地的品牌优势，利用企业品牌进行更进一步的品牌宣传，建立静宁苹果品牌管理机构，制定相关规划、建议，保证静宁苹果区域品牌长远发展。此外还需要进一步开发静宁苹果区域品牌特色文化传承“新阵地”，开发相关文创产品吸引细分受众。

4. 提升保险保障能力，完善风险保障体系

积极争取来自中央、省级和市级资金的支持，加大力度在“增品、扩面、提标”等方面进行努力，以确保苹果自然灾害保险的承保面积逐年增加。在农业保险运行机制方面进行优化，进一步扩大“保险+期货”的规模，争取实施苹果“保险+期货”项目在郑州商品交易所的全覆盖，同时争取中央奖补政策支持以及新型农业经营主体参与的苹果期货价格指数保险项目。

团队调研期间，在中投公司帮扶办、银河证券帮扶办的协助下，携手兰州财经大学调研团队，与静宁县红六福果业公司工作人员一同进行了一场特产直播惠农活动，活动持续近两小时，当晚直播间成交额达3万余元。参与直播的团队成员接受央广财经频道主持人采访，此次直播也上线经济之声大型融媒体活动《共同富裕中国行》。在“第三届中央财经大学乡村振兴调研大赛”中团队以“苹果全产业链融合升级赋能乡村振兴”的调研报告斩获三等奖；当地政府也向团队发来批示与感谢信，肯定了团队此次调研的实际贡献。

江西南康区：家具产业的产业链融合和供应链金融研究

指导老师：陈运森、张学勇、徐振东、赵克法、潘　昕

团队成员：刘　婧、刘乌拉、杨弈文、乔彦祥、陈一瑶、于　耀、刘明睿、姜　彤、李向东、钟瑞禄、茅嫣薇、周逸航、卢瑞睿

支持单位：政府单位：中国共产党赣州市南康区委员会、赣州市南康区人民政府、中国共产主义青年团赣州市南康区委员会、赣州市南康区普惠金融服务中心、赣州市南康区乡村振兴局、赣州市南康区农业农村局、赣州市南康区产业集群发展中心、赣州市人民政府、赣州市南康区家具产业促进局、赣州市南康区镜坝镇人民政府、赣州市南康区唐江镇人民政府

金融机构：赣州市南康区城发集团供应链管理有限公司、赣州市南康区金投融资租赁有限公司、赣州南泰商业保理有限公司、赣州飞尚供应链管理有限公司、中国建设银行南康支行、交通银行南康支行、赣州银行南康支行

产业协会：赣州市南康区青年商会、赣州市南康区家具协会

产业园区：南康家居小镇、跨境电商产业园、共享智能备料中心、中国（赣州）数字科技产业园、赣州国际陆港货运集装箱场站、赣州国际陆港木材集散中心、格力电器智能制造生产基地、汇有美智能共享喷涂中心、南康家具新中心

报告主题

习近平总书记指出："提升产业链供应链现代化水平""提升产业链供应链韧性和安全水平。"在构建新发展格局背景下，提升产业链现代化水平已成为推动实体经济高质量发展的重要抓手。江西南康区作为全国最大的实木家具生产基地，虽已形成千亿级产业集群，但仍面临产业链层级偏低、供应链金融支撑不足等瓶颈，亟须探索产业链深度整合与产融协同创新的新路径。

调研团队聚焦南康家具产业"前端研发薄弱、中端制造低效、后端营销滞后"的痛点，依托中央财经大学财经学科优势，开展产业链融合与供应链金融创新研究。各调研团队重点针对产业链三个关键领域：一是在前端构建"共享设计中心+数字化木材交易平台"，破解小微企业研发能力不足难题；二是在中端推动"智能工厂+柔性化生产"模式，通过工业互联网打通生产数据链；三是在后端打造区域品牌联盟，以龙头企业为主导构建家具产业一体化分工体系，加强跨境电商推广。在供应链金融领域，调研团队创新提出"订单质押""仓单融资"等金融产品。助力南康家具形成"产—研—销—融"四位一体的生态体系，助力南康家具从传统制造向智慧服务转型，为全国县域特色产业集群的现代化升级提供实践样本。

（一）现状描述

南康区是江西省赣州市辖区之一，属原中央苏区县和罗霄山集中连片特困地区。全区国土面积1623平方千米，户籍人口77.6万，常住人口120万，交通区位优势明显，境内有1个内陆港口、3条铁路、3条国道、4条高速公路，是赣州“一带一路”重要节点城市和江西对外开放“南大门”。2024年全区地区生产总值508.21亿元，比上年增长5.5%，在赣州市各县（市、区）中排名第二。

产业结构方面，南康区以家具、矿产、电子为主导产业，其家具产业是南康区传统优势产业，起步于20世纪90年代初，历时30多年发展，构建了从木材进口、加工、设计、生产制造，到物流配送、产品销售的完整产业链。已经发展成除传统种植、养殖业之外南康的支柱性产业，产业收益占比高达71.15%。截至2023年，南康家具产业集群产值突破2800亿元，品牌价值突破700亿元，规模以上家具企业达526家，从业人员40多万人，吸纳从业人员超50万人，位居全省第一。图1列示了南康区产业收益的对比情况。

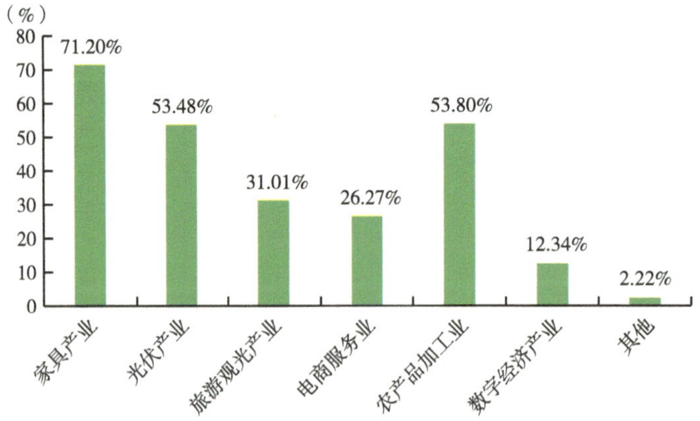

图1　南康区产业收益对比情况

目前，南康区家具产业状况呈现以下五个特点。

（1）产业集群效应不断凸显。南康区作为全国最大的实木家具生产基地，不仅形成了赣州最具特色、规模最大的产业集群，也是全省重点打造的工业产业集群之一。自2016年以来，南康家具产业集群产值年均增长25%，从2016年的1020亿元的产业总值到2020年突破2000亿元，5年内实现翻番，在全国家具行业名列前茅，被誉为中国实木家具之都，设计成果转化销售额超300亿元，家具外观设计专利授权量位于江西省第一。

（2）规模以上企业数量增加。截至2021年，南康区内共有1015家家具企业达到规模以上标准，省规模以上工业企业由2016年的147家增加至583家，数量居全省各产业集群之首。同时，南康区积极引入头部企业，推进建链补链强链，引进世界500强工业制造企业格力电器，红星美凯龙、居然之家、月星集团三大国内家居渠道巨头，美克家居、大自然家居等世界高端家具、家装制造企业，推动“南康家具”进军国际国内中高端市场。

（3）家具品牌影响不断加深。2018年，“南康家具”集体商标申报成功，并建立南康家具品牌联盟，共有179家本土企业加入。2020年，南康家具“百城千店”签约仪式正式启动，标志着南康家具品牌馆迈向全球的战略再进一步。在国际推广方面，南康区委、区政府提出“让世界有家的地方，就有南康家具”的响亮口号，积极推动南康家具走向国际市场。南康家具连续多年参加米兰家具展，产品进入欧美、东南亚、中亚和中东等10个国家，签约海外订单超50亿元。截至目前，南康拥有中国驰名商标5个，江西省著名商标88个，江西名牌32个，品牌占有量在江西名列前茅。

（4）政策支持力度空前。近年来，在中央政策的大力支持和指引下，江西省、赣州市以及南康区等各级政府陆续制定了一系列扶持江西南康家具产业及其供应链金融发展的政策措施。2021年以来，各级政府围绕“奋力打造5000亿元现代家居产业集群”的工作目标，推动南康家具产业改革创新，对内“转企升规、股改上市”，推动家具企业由“低小散乱”向标准化、规范化、绿色化发展。在规范工业园区建设方面，南康持续打出家具转型升级“拆建转”组合拳，建成全国县级体量最大，总面积1200多万平方米的标准厂房，转出1000多家规上企业、100多家亿元以上企业。图2归纳了目前南康区家具产业基础设施建设情况。

（5）金融市场潜力巨大。在产业积极带动和政策大力支持的双重作用下，近5年，南康区坚持“金融服务实体经济”的原则，持续推动金融改革创新。截至2021年，南康区拥有银行18家，网点121个，证券公司营业部3家，保险公司26家，基金管理公司2家，此外南康区还是全市唯一同时拥有融资租赁公司和商业保理公司的县级行政区。

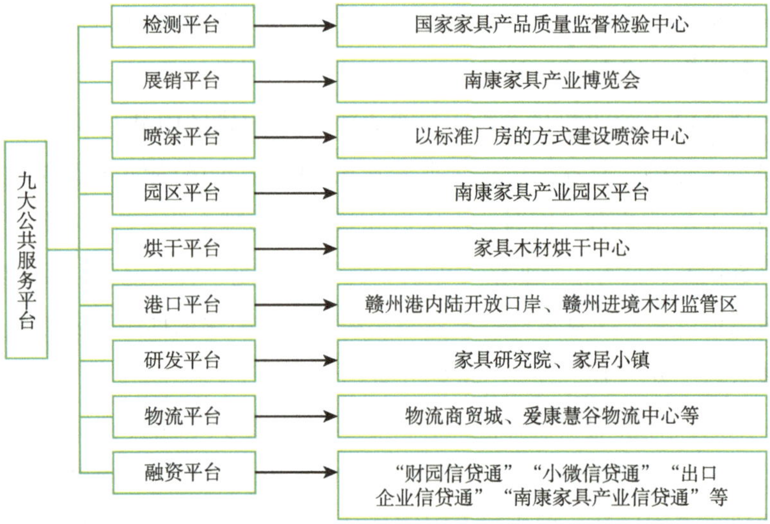

图2　南康区家具产业基础设施建设详情

多样化的金融机构针对家具企业的生产经营特点，推出了一系列特色融资产品，如赣州银行南康支行推出的南康家具企业“入园进区贷”和南康家具“品牌贷”、交通银行南康支行推出的“助业家具贷”和“木易贷”、南泰商业保理公司推出的“池保理”业务等，2021年南康家具产业贷款余额达到112亿元，为家具产业做大做强提供了稳定的资金保障。

（二）问题研判

1.产业链融合视角

进入高质量发展的新时代，南康家具产业面临着规模“大而不强”、企业“多而不优”、链条“长而不善”等新旧问题交织的困境，亟须转型升级。

产业链前端：研发设计投入匮乏，规模“大而不强”。南康家具产业由于起步较晚，集群内部小微企业数量占比超90%，大多由以往的家庭式作坊或个体工商户转型而来，目前仍处于劳动密集型产业阶段，管理模式粗放。受成本限制，研发设计投入匮乏，导致产品品类单一、技术含量低，产品附加值仅在10%左右。而集群中的大型企业和龙头企业尚未形成产业链意识，新型数字化、智能化技术未得到广泛应用，产业内部知识共享、技术共用、服务共济的良性生态尚未形成，进一步制约产品附加值提升。

产业链中端：制造水平普遍不高，数量“多而不优”。整体情况来看，近年来，南康区虽然引进了不少具备先进生产设备的头部企业落地建厂，但是占主流的小微企业仍旧依赖于手工或半自动化生产，对于技术工人的需求远远大过于技术本身，生产的产品往往差异化程度低，同质化竞争严重，拉低了产业技术的平均值。且家具行业的进入门槛极低，小微企业负责人的文化水平大多介于初高中水平，习惯于代工贴牌等“挣快钱”的经营模式，品牌策略模糊，缺乏长远规划与投入。受限于负责人的知识水平与传统经营思维，企业转型意愿极为淡薄，使南康家具产业想要突破低端锁定，向技术突破变革的道路任重道远。

产业链后端：支撑要素层次偏低，链条“长而不善”。在物流运输方面，南康家具的物流和电商协同欠佳。不同于其他商品，家具属于大件货品，体积大、占用运输空间且容易碰损，需要特殊的物流设备进行搬运，部分商品投递上门后还需要协助安装。因此远距离运输家具，需要与专业的第三方物流和家具安装公司进行合作。尤其是进入电子商务时代，家具退货率显著提高，2024年家具类投诉量增长20.95%。南康目前不够便捷的物流配送、欠缺规范的售后安装及保修服务引发消费者投诉和纠纷较多，而高昂的运输和售后服务成本，严重阻碍了产能扩张和产业升级。

在品牌建设方面，南康家具的品牌影响力增长较为乏力，省外知名度不足。据调查，近八成受访者认为南康家具品牌在省外的知名度有限。与南康家具协会访谈时得知，南康家具产业集群内具备高知名度的企业数量不超过100家，本地企业尤其是龙头企业极度匮乏。尽管“南康家具”已经获批集体商标，但企业孤军奋战的局面未得到实质性改变，龙头企业没有发挥出良好的示范带动作用，特别是在技术创新领域，没有形成良性的竞争与合作关系，导致产业技术升级缺乏内在动力。南康家具若要真的实现“让世界有家的地方就有南康家具”这一宏伟目标，仍需持续加大品牌建设力度，不断增加对外宣传投入。

2. 供应链金融视角

（1）规模企业数量少，参与意愿不高。目前，南康家具产业供应链普遍以小微家具企业为主，较大规模企业数量相对不足，且转型成为核心企业参与供应链金融的意愿普遍不高。原因主要有以下四点原因：一是规模企业自身相对稳健，扩展性融资需求较低；二是规模企业对上下游尚未形成强控制力，南康家具产业链中大多数企业并没有达到垄断地位，且下游客户的稳定性普遍居于50%—60%的区间，同质化竞争激烈，无法在产业链中占据绝对的核心地位；三是对供应链金融产品缺乏了解，大部分家具企业的管理者文化水平有限，缺乏相关专业知识，对政府和银行宣传推广的接受效果不佳；四是经商文化的影响，大多数企业家更倾向于稳健经营、降低风险，对通过金融手段扩大企业规模持谨慎态度。通过调查发现，27.27%的受访者表示没有听过供应链金融相关概念，48.05%的受访者表示听过供应链金融但不了解，只有24.68%的受访者听过且了解相关概念。

（2）基础信息获取难，信用无法穿透。家具制造产业具有投入大、回报小、周期长的特点。在信息不对称、银行主导的金融结构下，出于风险控制的考量，部分不缺钱的大企业“被贷款”，而真正有融资需求的小微企业却面临“贷款难”的问题，信贷配给失衡成为困扰南康小微家具企业可持续经营和发展的阻力。基础信息获取难的主要原因在于以下三点：一是企业缺乏标准、规范的财务制度。部分企业仍然简单通过EXCEL软件归集财务和销售数据，通过个人账户或微信转账的方式进行“私对私”交易，这种传统的财务报表无法反映真实的销售情况、纳税情况，财务数据质量良莠不齐。二是企业的经营管理缺乏规范性。企业本科及以上学历的专业人才数量少，运营管理过程中普遍存在应收账款分散化、小额化和回款不及时等问题，降低了银行等金融机构的放款信心，导致“惜贷”情绪升温。三是企业数字化程度低。相较于已经在数字化改革做出探索的核心企业，供应链上下游小微企业向数字化转型的压力大、成本高，部分企业有抵触心理。其中，愿意推进数字化管理的企业占比为42.11%，57.99%的企业不愿意推进数字化转型，抵触的具体原因主要为“觉得没必要（25.66%）”“担心数据泄露（14.47%）”以及“付费意愿低（17.76%）”。

（3）风控措施不健全，抗风险能力弱。从外部环境而言，逆全球化的背景下全球供应链安全受到贸易保护主义威胁，新冠疫情对中国的产业链供应链也造成冲击，房地产走势稍显疲软，引发家具产业商业周期的变动，企业利润空间明显收窄，甚至有企业已经濒临破产倒闭。南康家具小微企业普遍存在风控措施尚不健全，风险抵抗能力偏弱的问题，主要表现在以下两个方面：一是企业对于金融工具的了解不足。开展进出口贸易业务的企业受到国际汇率波动的影响程度更深，为控制采购成本、降低汇率波动影响，需要对金融产品特别是金融衍生品有一定了解，但多数企业和供应商对此了解不足，在实践中未考虑甚至不愿意考虑使用期货等金融工具。二是企业与金融机构对金融工具的偏好不同。从金融工具选择偏好而言，相较于应收账款融资和预付账款融资，银行等金融机构更偏好存货质押融资，但是企业选择意愿更低，二者存在差异的主要原因在于供应链上下游企业缺乏优质的抵押资产，难以满足放款条件。

（三）赋能成效及政策建议

1.乡村振兴战略视角下县域产业的发展路径研究——基于江西南康家具产业的调研分析

2021年，为巩固拓展南康区脱贫攻坚成果，全面促进乡村产业振兴，中央财经大学师生团队于南康区实地调研，深入剖析南康家具产业链的现存问题，从延展家具产业价值链和完善高端要素保障两大方向，提出如下发展建议。

（1）延展家具产业价值链，抢占“微笑曲线”高端环节。鼓励研发创新，先锋引领突破。一是实施梯次培育策略。依据专利数量、新产品数量、销售额及利润等量化指标，对创新企业给予补贴，重点支持企业研发开创性产品，提升创新成果转化率。二是发挥“头雁”示范带动作用。引导鼓励龙头企业搭建产业技术联盟，建设研发中心、研究院、设计院等创新载体，通过分享前沿技术、创新理念与成功经验，带动全行业提升创新水平。三是培育引进技术人才。与龙头企业、高校、研究院建立合作关系，吸收学习先进技术，积极引进家具行业的科研和设计人才，提升从业人员能力素质，从源头上推动产业转型升级与产品创新，实现价值创造。

加快技术改造，智能驱动升级。一是推进智能革新。引导家具企业建设数字化车间和智能工厂，运用信息网络、智能遥感、嵌入式系统等前沿技术，对家具制造生产系统进行升级改造，实现生产加工全流程自动化、智能化，提高生产效率和产品质量。二是发展定制模式。瞄准消费者个性化需求，依托大数据、云计算、3D打印等信息技术，在后台模拟出不同的家具组合，重新整合家具产品模块，提高生产线利用效率，迎合差异化市场需求。三是践行绿色环保理念。严格依照相关标准，落实环保监管工作，积极推动企业采用环保材料，大力推广“油改水”工艺，从源头上减少废弃物排放，以绿色理念引领产业可持续发展。

整合物流资源，专业协作增效。一是升级供应链模式。依托家具产业园区资源整合优势，探索家具O2O模式，引入第三方物流服务，构建“家具产业园—物流中心—线下实体店”二级物流配送体系。消费者可以通过线上平台查看产品信息、用户评价及优惠活动，进行初步咨询或直接下单，也可以前往附近线下实体店实地体验产品。待消费者确认订单后，由线下实体店对接物流中心统一安排配送，确保商品高效、准确送达，实现线上线下业务协同运作。二是优化末端送装服务。随着家具企业信息化的推进和各类监管软件的应用，企业除了关注送货、安装和维修等传统售后服务内容，还需要关注查看物流进程、选择联系安装师傅、安装维修评价等隐性服务内容。

明确品牌定位，拓展高端市场。一是构建区域品牌联盟。政府引领、行业协会牵头，打造“母子品牌，双牌同创”模式，选择规模大、质量优的企业重点扶持，鼓励这些企业发挥研发、设计及销售优势，不断深化与上下游企业合作。一方面，凭借龙头企业为其他企业引流客源、引进资源，输出可复制的成功经验，带动整体产业发展；另一方面，引导区域内其他企业主动融入，挖掘自身优势，形成专业化分工，着重提升产品与服务质量，通过凸显产品特色和服务亮点，实现品牌价值提升。二是积极鼓励南康家具“走出去”。紧抓“一带一路”倡议发展契机，深入挖掘品牌内涵和文化底蕴，扩大对外开放程度，不断开拓市场空间，从而提升南康家具在海外市场的知名度与影响力。

（2）建立金融支撑平台和开放政策导向，完善高端要素保障。把脉“金融+家具”，完善金融要素支撑。小微企业经营管理的不确定性，使其融资困难重重。《南康区家具产业“十四五”发展规划》指出，发展供应链金融是破题关键，推动金融机构与供应链核心企业合作，以核心企业信用为依托，为上下游企业提供应收账款、质押贷款等融资服务。一是推进信息平台建设与智联互通。政府部门可依法向家具产业供应链融资参与方开放市场监管、海关和税务等公共信息，牵头搭建全国共享的数字化企业信用平台，完善信用评级机制，降低信息采集成本，提升服务效率。二是推动设立产业引导基金。政府投资平台携手实业企业、金融机构等社会资本，共同设立产业引导基金用于发展供应链融资，重点投向家具核心企业、供应链融资资金供给方、配套服务商，以及数字化平台建设、共享仓储、标准厂房、赣州国际陆港等领域，助力产业转型与发展。

联动湾区谋发展，融合资源启新程。对接粤港澳大湾区，打造内陆开放型经济试验区，是南康区推动家具产业升级与对外开放的关键战略，也是融入“一带一路”的重要举措。一是促进产业融合，充分利用大湾区“外溢效应”，承接产业转移，引入高端龙头产业项目，带动整体产业链发展，形成竞争优势。二是积极开拓融资渠道，凭借“一司一县”券商结对帮扶县域全覆盖帮扶优势，探索与深圳、香港、广州建立金融合作，依托赣州港发展港口金融新业态，开展多元国际贸易，建设综合保税区金融监管仓，推动金融机构向开放特色方向发展。三是大量引进先进技术，实施“人才+平台”战略，依托行业协会等平台，吸引高端人才参与家具产业研发设计；围绕“家具、家电、家装”融合发展，加快布局集中建设区，引进更多的行业头部企业和“5020”项目，主动承接、集群发展，打造赣粤合作的先行示范平台。

2. 创新供应链金融，助力传统产业转型升级——基于江西省赣州市南康区家具产业研究

2022年，中央财经大学师生团队围绕“创新供应链金融助力传统产业转型升级”为主题，在充分的实地调研和案例分析的基础上，为解决南康区家具产业链供应链金融的企业融资约束问题、加强地方金融监管体系建设、助力实体经济发展与产业升级转型提供了如下一系列可行性解决方案。

（1）铸就核心企业，涵养现代化供应链金融协同生态。开拓国际化大市场。拓展国际采销渠道，创设常态化、国际化的供应链金融行业交流对话平台；推动校企、校地合作。对接国际金融市场，为企业提供资本市场业务的全方位咨询和辅导；提升企业信息化水平；继续做强地方电商销售企业。鼓励家具卖场等线下分销企业牵头整合小微企业销售渠道和资源，推动南康家具电商认证标识体系建设，鼓励信息技术企业依托VR技术，推动定制订单上线电商平台，推动金融机构尽调数字化。此外要继续培育规模化家具产业大集群，推广集中采购模式、打造共享仓储模式、建立人才共享长效机制、明确产业人才共享目标、完善社会保障制度、打造人才资源信息平台。最后，要做大做强产业链核心企业。加强科技赋能产业，设立家具产业投资基金，优化产业资源布局。

（2）突破信息孤岛，构建一体化供应链金融服务平台。打通资金融通、库存生产管理和销售数据。企业注册上链后，其上链部分开展的业务流与资金流依托平台开展，规范数据流转。建立发行市场，各类金融机构借助平台创新金融产品，开展供应链金融业务。培育流通市场，依托数字技术，对各类资产进行拆分、确权。构建供应链金融互信体系，通过一体化数字平台实现征信、票据、生产等供应链数据的整合，基础信用与经营数据的共享以及全产业链流程的电子化和数字化。依靠区块链，确保供应链金融真实可靠。建立中心化的数据节点，关注数据的审计和鉴证。

（3）明确权责边界，做好专业化供应链金融服务分工。供应链交易方要做数字转型的排头兵。引导和激励家具企业增加信息化建设和人才培训投入，利用数字化工具提效降本，推动家具企业紧握电商机遇，规范交易方式和业务流程；流动性提供方要做创新业务的领航员。鼓励本地区的商业银行与各类专业机构协同创新，设立家具产业供应链金融风险补偿金；配套服务供给方要做保障发展的生力军。探索设立区块链供应链大数据服务平台，加快建设专业监管仓配套设施，发展存货融资；监督管理方要做统筹协调的总舵手。进一步完善制度保障，建立和完善政企沟通和信息共享机制，进一步加强资金保障，制定和完善风险分担机

制、增资和奖补政策。

（4）深挖各方需求，丰富定制化供应链金融产品设计。立足供应链，把握市场需求。根据南康家具企业不同经营规模以及加工、制造、销售不同经营类型等特点推出相应的金融产品，融合金融科技，提升服务效率；推进“供应链金融中心”建设，了解企业融资诉求和真实交易情况；依托金融机构，丰富融资服务，吸引银行、证券、保险、保理、信托等更多不同形式的金融机构入驻南康，满足不同企业多样化融资需求。

（5）坚守风控底线，推进审慎化供应链金融风险管理。金融机构要细化风险控制，保障业务安全，必须保证基础交易的真实性与合法性。建立质押物统一登记与查询平台，重点考察融资企业经营与销售回款状况，在企业集聚区建立统一监管仓；监管机构要防止风险蔓延，维护金融稳定，加强监管协调，创新监管手段。运用大数据等技术创新金融监管手段，实施动态监管，做好风险处置，制定相应风险处置方案，设立风险处置基金。

（6）助力产业升级，坚持普惠绿色金融协调发展。继续推进普惠金融建设，巩固已有供应链金融成果。充分利用好“区普惠金融服务中心”平台，吸引金融机构入驻。大力支持绿色金融发展，构建绿色供应链金融体系。引导金融机构为低碳环保型企业或项目提供长期限、低成本资金支持。

产业振兴

财金助力牵引乡村振兴新动能

财金助力牵引乡村振兴新动能

产业振兴离不开普惠金融和财政支持，两者通过互补协同，为农村产业结构优化转型升级提供有力支撑。

普惠金融注重为社会各阶层和群体提供公平、可得、有效的金融服务。在乡村振兴方面，普惠金融着重解决农村产业发展的资金短缺问题，打破传统金融服务“门槛高、覆盖面窄”等困境；财政政策则通过顶层设计、资源调配和制度保障，为农村产业振兴创造可持续的发展环境。二者协同作用下，普惠金融成为“毛细血管”渗透至产业末梢，财政政策则构建“主干网络”优化整体生态。这种组合不仅解决短期资金缺口，更推动产业链延伸、价值链提升。

中央财经大学调研团队赴内蒙古乌兰察布市、河南省新郑市和内蒙古通辽市科尔沁左翼后旗等地进行广泛调研发现，当前乡村振兴仍然面临着金融产品适配性不足、政策落地精准度有待提升等共性问题，如金融供给与产业需求错配、政策资源整合效能不足、产业抗风险能力薄弱等。

针对上述问题，调研团队提出三种应对思路：一是，构建“政策引导+金融创新+经济分析”的金融创新机制，推动金融机构创新金融产品，引导社会资本打造“政府+金融机构+企业”三方协作的融资平台。二是，建立“跨部门政策协同平台”，整合农业农村、文旅、金融监管等部门资源，提升政策供给效率。三是，多举措协同“平滑”全年收入波动，以财政为杠杆构建新型旅游产业开发模式，打造“淡季收入保障险”等金融产品稳定居民收入，提升农村产业抗风险能力。

内蒙古察哈尔右翼后旗：焰峰融金赋能乡村文化产业振兴

指导老师：李俊峰、王　英、吴　锴
团队成员：谢欣妍、赵源松、沙静雯、曹晋嘉、雷雨寒、郑　锐、王　贺、勇春晓、汪倩如、高鹭晗、杨飞杨、林国源、张　石、马　跃、保雨萱、赵　晨、封　玥
报告撰写：谢欣妍、赵源松、汪倩如、高鹭晗、郑　锐
支持单位：内蒙古自治区乌兰察布市察哈尔右翼后旗人民政府

报告主题

习近平总书记指出，“文化产业和旅游产业密不可分，要坚持以文塑旅、以旅彰文，推动文化和旅游融合发展”。察哈尔右翼后旗作为内蒙古乌兰察布市的少数民族聚居区，依托火山地质景观、察哈尔毛绣等国家级非遗文化资源，在乡村振兴战略中展现出独特潜力，但仍面临文旅产业季节性依赖强、金融支持不足、传统手工艺产业化滞后、人才与技术断层等现实问题。

中央财经大学“财经人·济世路”调研团队以“焰峰融金赋能乡村文化产业振兴”为主题，立足财经学科优势，聚焦文旅产业、民族手工艺与普惠金融三大领域，探索“高校智力+金融工具+文化资源”的乡村振兴创新路径。团队紧扣“数字赋能”与“金融创新”双引擎，推动乌兰哈达火山地质公园智慧旅游平台建设，设计“民宿贷”“手工艺供应链金融”等定制化产品，破解小微企业融资难题；联合内蒙古高校开设“文旅融合定向班”，培育数字营销与非遗传承复合型人才；创新“火山+毛绣”双IP运营模式，构建“非遗工坊+电商直播+慈善信托”生态链，助力察哈尔毛绣产业化与品牌溢价提升。调研团队帮助当地通过金融工具撬动文化资源价值、高校智库对接地方需求、数字技术激活产业动能，为民族地区实现“生态保护、文化传承、产业升级、共同富裕”的协同发展提供经验参考。

（一）现状描述

习近平总书记在全国宣传思想文化工作会议上指出，“在新的起点上继续推动文化繁荣、建设文化强国、建设中华民族现代文明，是我们在新时代新的文化使命”。党的二十大报告指出，“要繁荣发展文化事业和文化产业，深化文化体制改革，完善文化经济政策，健全现代文化产业体系和市场体系”。建设中华民族现代文明，繁荣发展文化产业，必须解放和发展兼具物质属性与经济功能的文化生产力，实现社会效益与经济效益的统一。

察哈尔右翼后旗（以下简称“察右后旗”），位于内蒙古自治区乌兰察布市，有来自蒙古族、回族等20多个民族的超20万人口居住，是一个集壮美自然景观与丰富文化底蕴一体的少数民族聚集区。该地于2019年脱贫摘帽，是国家乡村振兴战略中的璀璨草原明珠。长期以来，察哈尔右翼后旗立足本土民族团结、农耕文化、草原文化、红色文化等形成了一系列独具当地民族特色的文化资源。本项目以习近平文化思想为指导，深刻领会“两个结合”的根本要求，以“焰峰融金赋能乡村文化产业振兴”为主题，在建设金融强国、文化强国的大背景下，着力发挥学科专业优势，结合普惠金融理念，赋能民族文化资源，加强地区优秀文化保护与普惠金融创新协同发展，探索金融多维度嵌入地域文化建设与产业振兴，强化人才、资金、技术、文化的耦合效应，推动察哈尔文化事业和文化产业向好发展，促进民族团结，提振乡村振兴。

团队成员秉持“一心引领”，探访察哈尔文化博物馆，深挖民族特色文化资源；深入“一线调研”，地方企业中深走访，火山公园里递问卷；开展“一组宣讲”，走进蓝天社区大讲堂，切实回答老百姓关心的普惠金融举措；打通“一网数联”，打造多媒体矩阵记录调研点滴，录制青年领学思政课堂讲述火山故事；最终“一策落地”，计量方法写策略，金融视角谋新方，努力讲好中财大青年在新时代新征程上民族地区的乡村振兴新故事。

（二）问题研判

察右后旗凭借独特的火山旅游资源和民族文化，在乡村振兴战略中展现出较大的发展潜力。然而，通过实地调研发现，当地在产业升级、人才引进、文化保护、生态可持续发展以及组织管理等方面仍存在诸多亟待解决的问题。

1. 产业发展短板

（1）基础设施薄弱。察右后旗的基础设施建设滞后，主要体现在交通不便、景区配套设施不完善等方面。由于缺乏高铁直达，游客需通过乌兰察布站中转，极大地影响了旅游体验。此外，旅游服务设施不足，如景区内餐饮条件简陋，影响游客的消费意愿和停留时间，限制了旅游经济的进一步发展。

（2）融资渠道单一。察右后旗在推动乡村振兴和特色文化产业发展过程中，融资渠道主要依赖于政府财政拨款和银行贷款，融资渠道十分有限。从需求端而言，当地居民金融意识较为薄弱，其他金融工具鲜少发挥作用；从供给端而言，由于金融机构没有形成合适的信用评估方式，融资门槛较高，从而造成鲜少有其他融资渠道对察右后旗居民开放。

（3）金融产品创新不足。察右后旗金融产品种类相对匮乏，当地针对文化产业特性和乡村振兴需求的定制化金融产品较少，知识产权质押贷款、供应链金融等创新产品也尚未得到有效推广和应用。目前，察右后旗的金融产品同质化问题严重，大多数金融机构仍以传统的存贷款业务为主，缺乏针对文化产业特性和乡村振兴需求的定制化金融产品。这种缺乏创新的产品体系难以有效满足企业的多样化融资需求，特别是文化产业中的中小企业，往往难以通过现有的金融渠道获得必要的资金支持。

（4）产业单一，抗风险能力弱。察右后旗的经济结构过于依赖乌兰哈达火山地质公园，导致季节性波动明显，冬季游客稀少，相关从业者收入不稳定。旅游业尚未形成产业链条，关联行业（如文创、康养、户外探险等）发展滞后，难以有效缓解季节性冲击。

2. 人才发展困境

（1）人才流失严重，专业人才匮乏。当地学生数量少，教育资源相对不足，人才外流现象突出。尽管政府已出台人才引进政策，但由于经济基础薄弱、就业机会有限，对高端专业人才的吸引力仍显不足。特别是在文旅管理、市场营销、数字经济等领域，缺乏高素质的从业人员，影响了地方经济的创新发展。

（2）高校与地方联动不足。目前，高校在乡村振兴中的作用尚未充分发挥。例如，针对察右后旗的旅游、文化产业及金融服务，缺乏系统性的高校智力支持和技术研发合作，地方企业与高校的互动较少，影响了知识成果的转化落地。

3. 文化发展障碍

（1）传统手工艺宣传不足。察哈尔毛绣是国家级非物质文化遗产，但火山等自然景观由于其直观的吸引力和易于通过视觉媒介展示的特点，更易获得政府宣传资源的倾斜，导致传统手工艺虽然具有深厚的文化底蕴和艺术价值，在宣传上却没有得到足够的重视，市场认知度较低，消费者对其文化价值认知不足，需求受限。

（2）手工艺品产业化困难。察右后旗当地毛绣作品的创作多源于牧民的个人技艺和家庭传承，这种模式虽然保持了手工艺的纯粹性和传统性，但也存在一些局限性。首先，由于缺乏规模化生产，毛绣作品的产量相对较低，这限制了其在市场上的流通和推广。其次，没有统一的生产标准和质量控制，作品的质量可能参差不齐，影响消费者的购买体验。此外，由于原材料成本较高，产品价格偏贵，消费群体有限，销售渠道单一，导致市场竞争力较弱。

4. 生态可持续发展问题

察右后旗在发展旅游经济的同时，也面临生态环境保护的挑战。基础设施建设因环保政策受到限制，而现有旅游模式高度依赖自然资源，尚未形成绿色旅游的发展路径。例如，火山景区在旅游旺季承载能力有限，而淡季又缺乏稳定收入来源，亟待引入生态友好的旅游开发模式，以提高整体抗风险能力。

5. 政府组织管理问题

察右后旗政府虽在推动产业发展方面出台了一系列政策，但在小微企业扶持、文旅融合机制建设等方面仍有不足，尤其是在政策落地环节，缺乏系统化的指导和配套支持，导致部分扶持政策未能真正惠及产业从业者。

（三）问题分析

（1）产业维度：文旅融合可持续性方面，淡季瓶颈突出，生产链条薄弱，火山旅游的季节性特征导致淡季商户收入锐减至几千元，缺乏多元化经营策略；销售渠道方面，手工艺品以家庭作坊为主，毛绣等非遗技艺虽为国家级文化遗产，却因宣传资源向火山景观倾斜而未能形成品牌效应，销售渠道依赖线下，线上渗透率不足30%；金融支持方面，融资渠道集中于政府拨款和银行贷款，知识产权质押贷款等创新产品推广率低，小微企业获贷率不足40%。

（2）人才维度：技能断层与流失并存。老龄化问题严重，教育资源匮乏。当地的83%的本地居民年龄在50岁以上，青年劳动力外流导致手工艺传承断代；职中教育规模小，仅187名学生，缺乏与文旅产业对接的实训课程，复合型人才培养滞后。

（3）文化组织维度：传统技艺与现代需求脱节。产品同质化现象凸显，政企联动不足。文化维度上，文创产品同质化严重，以火山模型为主，缺乏差异化设计，游客购买意愿低；景区基础设施薄弱，餐饮设施简陋，道路条件差，游客中转需经乌兰察布站，交通便利性不足。组织层面，政府主导性强但企业参与度低，合作社等组织形式未普及，牧民未能深度融入产业链，政企协作机制亟待优化。

（四）赋能成效与政策建议

1. 赋能成效

（1）打造特色文化IP与智慧旅游。在文化赋能方面，建议借鉴“唐妞”IP打造经验，设计火山主题动漫形象，开发毛绣挂画、火山故事绘本等系列文创衍生品，增强文化吸引力；同时搭建智慧旅游平台，引入5G导览系统与流量预测模型，优化游客体验与管理效率。

（2）创新金融产品与服务模式。金融创新上，推动“民宿贷”“手工艺供应链金融”等定制化产品，联合保险机构开发“淡季收入保障险”，降低经营风险；设立“文旅振兴慈善信托”，吸引社会资本投入马铃薯储藏窖等基建项目，延长农产品价值链。

（3）构建人才培育与产业协同机制。人才培育方面，提出与内蒙古高校合作开设“文旅融合”定向班，引入民宿运营模拟、电商直播实训等课程，强化产教融合；通过“政府+企业+合作社”联动模式，组织牧民参与家庭旅馆、手工艺合作社，建立分红机制提高参与度。

（4）强化基础设施与品牌营销。基础设施建设上，建议申请专项债建设景区餐饮中心与环火山公路，提升硬件设施水平，并利用抖音、小红书等平台开展“火山+毛绣”双品牌营销，邀请网红打卡、举办毛绣设计大赛，扩大文化影响力。

团队通过“文献—实地—数据—访谈”四位一体调研，精准识别察右后旗在产业、人才、文化等维度的核心矛盾。后续将推动“IP赋能+金融创新+政企协同”的综合解决方案落地，重点协助地方政府完善淡季旅游产品开发、建立手工艺标准化生产体系，并联合金融机构试点知识产权质押贷款，助力当地突破发展瓶颈。这一实践不仅为察右后旗乡村振兴提供了可操作的路径，也为同类地区探索文化资源与金融工具融合发展的模式积累了经验。

2. 政策建议

（1）文旅融合促发展。在本次实践调研中，我们深入察哈尔右翼后旗，聚焦文旅产业、手工业和普惠金融三大领域，充分发挥作为金融学子的专业优势，为地方经济发展和乡村振兴提供了有力支持。乌兰哈达火山地质公园作为当地文旅产业的核心项目，对经济的拉动作用显著，创造了大量就业机会，助力居民脱贫致富。地方政府通过宣传推广和经济补贴，有效吸引了游客并扶持本地企业，企业则依托资源优势，积极履行社会责任，推动产业多元化发展。然而，文旅产业在未来仍面临基础设施不足、人才短缺和旅游产品单一等问题。团队经过深入调研，为当地撰写了多份文旅产业调研报告，提出了针对性的发展建议，部分成果已被纳入地方发展规划，为文旅产业的可持续发展提供了支持。同时，当地以毛绣工艺为首的手工业，蕴含着丰富的民族文化内涵，但此前未得到足够重视。团队凭借对文化产业的深刻理解，深入挖掘手工业的文化价值，提出通过加大宣传力度、推动文化与经济融合的方式，提升手工业的市场影响力，助力传统文化的传承与创新。

（2）普惠金融强赋能。在普惠金融领域，实践发现普惠金融在推动当地经济发展中发挥了关键作用，特别是在支持文旅产业和小微企业方面。当地金融机构推出的低利率贷款和优惠政策，有效降低了融资成本，提高了金融服务的可及性，促进了就业和收入增长。团队结合金融专业优势，为察右后旗设计了普惠金融创新方案，助力金融服务与实体经济的深度融合，为地方经济的可持续发展提供了有力保障。未来，针对文旅产业、手工业和普惠金融的进一步发展，我们建议进一步完善旅游基础设施，开发更多具有地方特色的旅游项目，加强人才培养和引进，提升文旅产业的可持续发展能力；同时，加大对手工业的宣传推广力度，推动手工业与旅游、文创等产业深度融合，实现文化与经济的协同发展；此外，建议进一步深化普惠金融应用，创新金融产品和服务，满足文旅产业及其他新兴产业的多样化需求，加强金融人才培养和风险管理机制建设，提升金融服务质量和效果。

（3）学子担当助未来。青年是国家的未来和民族的希望，也是乡村振兴的重要力量。通过本次实践调研，团队充分发挥学科优势，为察右后旗的文旅产业、手工业和普惠金融发展提供了智力支持和解决方案。我们撰写的多份调研报告和专项方案，为地方政府和企业提供了科学依据和决策参考，部分成果已转化为实际政策和发展项目，推动了地方经济的繁荣和社会的进步。未来，察右后旗应通过组织实践活动、提供创业支持、搭建交流平台等方式，积极鼓励青年参与乡村振兴事业，引导青年学子将个人成长融入国家大局，为乡村振兴注入新的活力。青年们的创新思维和实践能力将为更多地区的乡村振兴与长期繁荣提供坚实保障。

河南新郑市：探寻中原特色农业的多元产业助农新模式

指导老师：肖　鹏、陈士平、李宛亭

团队成员：郭少博、王润东、于　皓、杨淯森、田振宇、樊雪怡、刘思嘉

支持单位：河南省新郑市人民政府、河南省新郑市财政局、河南省新郑市国家税务局、河南省新郑市梨河镇人民政府、河南省新郑市和庄镇人民政府、河南省新郑市辛店镇人民政府、河南省新郑市新村镇人民政府、河南省新郑市新村镇孙庄村村民委员会、河南省新郑市梨河镇河李村村民委员会、河南省新郑市辛店镇王庄村村民委员会、河南省新郑市辛店镇史庄村村民委员会、河南省新郑市好想你枣业股份有限公司、河南省新郑市卓圃番茄农场

报告主题

在国家乡村振兴战略全面推进的大背景下，河南省新郑市作为重点试点区域，积极探索“多元产业协同发展”的乡村振兴路径，取得了阶段性成效。自《新郑市乡村振兴战略规划（2018—2022年）》实施以来，当地围绕“产业兴旺、生态宜居、乡风文明、治理有效、生活富裕”总体要求，构建起“一产优、二产强、三产活”的产业结构，为全面振兴乡村经济奠定了坚实基础。地方政府通过土地流转补贴、财政专项扶持和税收减免等政策工具，推动农业现代化与非遗文化融合发展，初步形成以番茄、红枣、羊肚菌为代表的特色农业产业链，以及文旅融合型非遗产业模式。

研究团队采取“政策文本—实践场景—理论框架”三维融合的研究方法，全面分析新郑市乡村振兴的现实成就与发展瓶颈。团队实地走访了卓圃农场、梨河镇食品园区、和庄镇非遗展馆、“好想你”枣业生产基地与羊肚菌种植园等五大产业区域，通过深度访谈与现场观察相结合的方式，收集到一手资料，并结合文献资料与数据分析，提炼出“融资渠道单一、产业链不完整、非遗活化不足、生态治理不均衡、基层组织协同不足”等五大核心问题。

围绕调研结果，团队提出了系统性的对策建议，力图破解当前制约新郑乡村振兴的结构性难题。例如，在产业振兴方面，建议搭建“政府+金融+企业”多元参与的融资平台，推动冷链物流和农产品深加工体系建设，提升产业链附加值；在非遗保护方面，提出设立“传承人基金”、打造文化IP、拓展线上传播渠道，推动传统技艺融入现代消费市场；在基层治理方面，建议强化村集体资源整合与党建引领作用，提升基层协同能力。

（一）现状描述

新郑市作为河南省乡村振兴战略实施的重点区域，自2018年《新郑市乡村振兴战略规划（2018—2022年）》颁布以来，围绕“产业兴旺、生态宜居、乡风文明、治理有效、生活富裕”总体要求，构建了“一产优、二产强、三产活”的产业布局。政策层面，地方政府通过土地流转补贴（每亩年均300元）、财政专项扶持（2023年农业财政投入超2.8亿元）、税收优惠（农产品加工企业增值税减免30%）等政策工具，推动农业现代化与非遗传承协同发展。例如，卓圃农场通过“公司+合作社+基地+农户”模式实现番茄年产值近6万元/亩，带动农户增收；梨河镇整合3.1万亩耕地发展供港蔬菜、草莓轮作等高附加值农业，年供应蔬菜超2万吨；和庄镇依托非遗展馆推动黄帝故里拜祖祭典、布老虎工艺等文化资源向文旅产业转化，2022年全镇GDP达57.74亿元，形成健康食品、生物医药、高端商贸等现代产业体系。

从经济结构看，新郑市2023年第一产业增加值28.8亿元，农林牧渔业同比增长1.2%，但部分产业面临增长压力：粮食产量22.8万吨（同比-2.16%）、蔬菜15.9万吨（同比-6.5%）、生猪存栏14.6万头（同比-17.5%）。特色农业逆势突围，红枣产业依托“好想你”枣业年营收超17亿元，羊肚菌产业通过“收购+种植”双路径形成年交易额4500万元的完整链条。基础设施方面，新郑市2023年建成农村公路10.731千米，铺设供水管网157.69千米，实现全市集中供水率、自来水普及率、水质达标率“三个100%”，农村生活污水治理覆盖率达80%，为产业发展奠定硬件基础。

文化资源方面，新郑市拥有黄帝故里拜祖祭典（国家级非遗）及李记菜刀锻打技艺、新郑剪纸等5项省级非遗，河赵村非遗展馆年均接待游客超5万人次。但非遗传承面临严峻挑战：传承人平均年龄大，布老虎等手工艺依赖个体作坊生产，产品线上销售占比不高。产业融合层面，新郑市探索“农业+文旅”模式，打造薛店镇粮油加工集聚区、梨河镇供港蔬菜基地等产业集群，2023年休闲农业与乡村旅游培育全国星级企业1家，农产品加工业营收增速稳定在6%以上。

当前，新郑市乡村振兴取得阶段性成效：2023年创建省级农业产业强镇1个，美丽宜居类、环境示范类村庄占比达60%，农村居民人均可支配收入同比增长8.5%。然而，深层次矛盾依然突出：农业保险覆盖率仅42%，小微企业融资综合成本达8.7%，非遗产品市场化率不足15%，特色产业附加值亟待提升。这些现状既凸显政策落地的积极效应，也揭示后续深化改革的攻坚方向。

（二）问题研判

1. 产业振兴：产业链条薄弱与市场风险交织

新郑市特色产业发展面临多重结构性矛盾。一是融资渠道单一化问题突出，以卓圃农场为代表的农业经营主体过度依赖传统金融机构，社会资本引入困难，融资成本高且周期错配，制约技术升级与规模扩张。二是产业链条不完整，如梨河镇草莓产业局限于种植环节，缺乏冷链物流、深加工及电商配套，产品附加值低；红枣产业过度依赖初级加工，“好想你”枣业营收结构单一，衍生品开发滞后，抗市场波动能力弱。三是技术与土地制约，羊肚菌种植受高温调控技术瓶颈限制，基本农田政策导致设施农业用地紧张，土地流转成本攀升挤压利润空间。四是市场风险防范机制缺失，农业保险覆盖率低、理赔程序复杂，农户参保意愿不足，自然灾害与价格波动威胁产业稳定性。五是品牌建设滞后，多数农产品缺乏地理标志认证与差异化营销，市场认知度有限，同质化竞争严重。

2. 人才支撑：结构性短缺与传承断层并存

人才匮乏成为制约乡村可持续发展的核心瓶颈。一是非遗传承人断层危机，和庄镇非遗技艺传承人平均年龄偏高，青年群体因技艺学习周期长、收益低而参与意愿薄弱，布老虎等手工艺面临失传风险。二是新型农业经营主体人才短缺，家庭农场、合作社普遍缺乏懂技术、善管理的复合型人才，如卓圃农场技术研发与市场拓展依赖创始人个体能力，抗风险能力不足。三是专业人才引留困难，乡村电商运营、品牌策划等现代服务业人才缺口大，政策激励不足导致“引不进、留不住”。四是青年劳动力外流，农村空心化加剧，务农群体老龄化，梨河镇土地流转率达91%，但本地青壮年多外出务工，本土人力资源储备不足。

3. 文化振兴：非遗活化不足与创新乏力

非物质文化遗产保护与利用陷入“保护性衰退”困境。一是非遗产品市场化程度低，和庄镇布艺品依赖手工制作，生产效率低下，缺乏批量生产与标准化能力，难以对接现代消费需求。二是文化价值转化路径狭窄，黄帝故里祭典等非遗资源以节庆展示为主，未与文旅、教育等产业深度融合，文化IP开发滞后。三是宣传推广效能不足，非遗传播依赖村干部兼职运营，新媒体运用能力薄弱，未能形成持续性品牌曝光。四是资金投入机制不健全，非遗项目前期孵化缺乏专项资金，社会资本参与度低，产品研发与市场拓展受限。

4. 生态保护：人居环境提质与长效治理挑战

生态建设需从“整治达标”向“品质提升”转型。一是垃圾分类与污水处理覆盖不全，全市农村生活垃圾分类试点覆盖率为89%，污水治理率为80%，部分村庄仍存在垃圾随意堆放、污水直排现象。二是美丽宜居村庄建设不均衡，目前仅30%村庄达到美丽宜居标准，40%村庄处于整治达标阶段，基础设施与景观品质差异显著。三是生态产业融合度低，农业面源污染治理与生态观光农业结合不紧密，如番茄农场未有效开发生态研学功能，资源利用效率待提升。

5. 组织建设：基层治理效能与协同机制待优化

基层组织能力与政策落地效果存在短板。一是村集体资源整合能力弱，梨河镇草莓产业碎片化种植难以集约，村委缺乏有效手段推动农户合作，导致品牌化与标准化受阻。二是政策执行存在偏差，农业补贴、保险等政策宣传不到位，部分农户因理解偏差未能充分受益。三是跨部门协同机制不畅，非遗保护涉及文旅、农业、教育等多部门，但缺乏统筹平台，资源整合效率低。四是基层党组织引领作用待强化，部分村庄党建与产业融合不深，如羊肚菌协会未能有效联动党支部拓展销售渠道，示范带动效应不足。

（三）问题分析

团队围绕河南省新郑市乡村振兴实践，通过系统化的调研路径和多维度的研究方法，深入剖析地方产业发展现状与挑战。调研过程严格遵循理论与实践相结合的路径，以文献研究为基础，通过实地考察、深度访谈、案例研究等方法，全面收集第一手资料，形成对乡村振兴实践的立体化认知。团队首先系统梳理国家乡村振兴战略政策框架及新郑市经济社会发展数据，查阅政府文件、企业年报、学术论文等文献资料，构建起对调研对象的宏观认知框架。在此基础上，深入新郑市五大代表性产业区域开展实地调研，先后走访卓圃番茄农场、梨河镇食品加工园区、和庄镇非遗文化展馆、“好想你”枣业生产基地及孙庄村羊肚菌种植基地，覆盖农业、加工业、文化产业等多领域。

调研过程中，团队采用深度访谈与现场观察相结合的方式，与不同层级利益相关者展开对话。与新郑市国家税务局领导班子进行专题座谈，了解财税政策在乡村振兴中的实施效果；与卓圃农场创始人高斌、梨河镇草莓种植户、羊肚菌协会负责人等基层经营者进行半结构化访谈，掌握产业发展的微观动态；实地考察番茄大棚、食品加工车间、非遗工坊等生产现场，观察农产品全产业链运作流程。同时，选取典型案例开展深度剖析，重点研究卓圃农场的产教研融合模式、梨河镇土地流转机制创新、好想你枣业品牌建设路径等特色实践，通过跨案例比较提炼共性经验与个性问题。

在数据分析阶段，团队运用定性分析方法对访谈文本进行分析处理，通过开放编码提取出“融资约束”“产业链整合”“文化传承”等核心概念，经轴向编码形成“产业振兴要素”“非遗活化路径”等主题框架，最终通过选择性编码构建起“多元产业协同发展”的理论模型。针对发现的融资渠道单一、产业链条断裂等突出问题，团队结合产业经济学理论提出系统性解决方案：在金融支持方面，建议构建“政府担保+社会资本”的融资平台，创新农产品期货质押等金融工具；在产业链延伸方面，提出建立冷链物流体系与电商营销矩阵的具体方案；在非遗保护方面，设计“文化IP+现代设计”的活化路径。

（四）赋能成效及政策建议

团队围绕特色产业助农模式开展系统性调研，深入剖析地方发展痛点并提出切实可行的解决方案，为地方乡村振兴实践提供了重要参考。团队聚焦新郑市六大重点产业领域，通过实地考察、深度访谈、数据分析等方法，精准识别制约当地发展的核心问题，并结合专业知识形成可落地的政策建议。

在卓圃农场番茄产业调研中，团队针对其融资渠道单一、销售依赖传统市场、产品结构单一等问题，提出构建“政府+金融机构+企业”三方协作的融资平台，设计“电商+社区直销+定制服务”的复合销售模式，并建议开发番茄主题文旅项目以延伸产业链，为企业突破发展瓶颈提供了多元化路径。

在梨河镇草莓产业研究中，团队发现产业链条断裂、农户合作意愿低等问题，提出整合零散种植资源建立标准化合作社、完善冷链物流体系、发展草莓深加工产业的解决方案，助力打造区域品牌效应。

针对和庄镇非遗文化传承困境，团队提出建立“传承人培养基金”、开发非遗文创产品、搭建数字化传播平台等创新举措，推动布老虎等传统工艺与现代消费市场接轨。

在红枣产业领域，团队结合“好想你”枣业经营数据，提出优化产品结构、加强研发投入、拓展健康食品赛道的建议，为企业转型升级提供战略参考。

针对羊肚菌产业的技术与市场风险，团队建议引入智能环境控制系统、构建价格预警机制，并推动政府设立专项保险补贴。此外，团队通过走访新郑市税务局，总结其“党建引领+青年培养”的基层治理经验，为优化涉农税务服务提供实践范本。此次调研构建了“问题诊断—策略设计—成果转化”的完整研究链条，既为地方政府优化政策供给提供决策依据，也为农业经营主体突破发展瓶颈提供解决方案，实现了理论研究与实践创新的有机统一，在新郑的调研得到了地方政府的大力支持和宣传，取得了较高的社会反响，彰显了高校智力资源服务国家战略的实质性贡献。

团队的整个调研过程注重“政策文本—实践场景—理论框架”的三维互动，既通过税务部门座谈把握政策实施机制，又深入田间地头观察政策落地效果，最终形成既有学术价值又具操作性的研究成果。团队通过跨学科视角整合财政税收、农业经济、文化传播等专业知识，构建起涵盖产业发展、文化传承、基层治理的完整分析框架，为新郑市乡村振兴提供了精准的决策参考，也为同类地区提供了可复制的经验范式。

内蒙古科尔沁左翼后旗：财政政策支持下的现代智慧农业建设

指导老师： 姚东旻

团队成员： 褚昱辰、王艺霏、彭卓然、王子豪、王思远、顾博航

支持单位： 科左后旗农文旅发展集团有限公司及其子公司、双合尔农牧投资有限公司、博来产业发展有限公司、吉尔嘎朗镇毛仁塔拉种植专业合作社、阿古拉镇兄弟连合作社、双胜镇洋洋种养殖农民专业合作社、科左后旗双胜镇振江种植专业合作社、科尔沁左翼后旗白兴吐养牛专业合作社、科左后旗松山养殖专业合作社、甘旗卡镇王海成家庭农牧场、巴胡塔苏木牧丰养殖场、巴胡塔苏木白浩斯巴根家庭牧场、查金台牧场色吉拉图家庭牧场

报告主题

本报告聚焦中央财经大学乡村振兴研究生服务站建设成果，以“财政政策支持下的现代智慧农业建设”为主题，通过展现高校团队在科尔沁左翼后旗的赋能实践，系统阐释财经类高校如何发挥学科优势破解现代农业发展难题。案例以2024年7月中央财经大学中国财政发展协同创新中心团队在内蒙古通辽市科尔沁左翼后旗的专题调研为蓝本，通过构建“理论建构—实地调研—问题诊断—解决方案—成效转化”的完整赋能链条，展现了高校智力资源转化为乡村振兴动能的创新路径。

报告的核心价值在于揭示财经学科与现代农业的深度融合机制。中央财经大学团队充分发挥财政学、金融学等学科优势，针对科尔沁左翼后旗现代农业发展中的财政资源配置、技术推广成本分担、农业合作社融资等关键问题，创新性地提出“财政政策引导+金融工具创新+技术经济分析”三位一体的赋能模式。通过建立校地协同创新平台，将高校的智库功能、人才培养功能与地方发展需求精准对接，形成了可复制推广的“财经高校赋能现代农业”典型经验。

本报告形成的“需求导向—学科交叉—实证支撑—政策转化”四维赋能体系，为高校服务乡村振兴提供了方法论创新。通过建立常态化调研机制、校地数据共享平台和成果转化通道，中央财经大学实现了从短期项目合作到长效赋能机制的升级。这种模式打破了传统产学研合作的时空局限，使高校智力资源能够持续注入乡村振兴进程，为新时代农业农村现代化提供了强有力的学术支撑和实践范例。

（一）现状描述

科尔沁左翼后旗（以下简称“科左后旗”）位于内蒙古自治区通辽市东南部，地处科尔沁沙地腹地，总面积1.15万平方公里，辖19个苏木镇场、1个社区服务中心、262个行政村，总人口约39.47万，是以蒙古族为主体，汉族、朝鲜族等多民族聚居的旗县。该旗享有“绿色水稻之乡”“旅游之乡”“民歌之乡”等美誉，2022年地区生产总值达134.07亿元。该旗地貌以沙丘、沙地为主，东部为辽河冲积平原。境内有大小河流11条，草地面积占总土地面积的50.48%，森林覆盖率显著提升至80%以上，通过科尔沁沙地综合治理工程累计修复生态609万亩。矿产资源方面，已探明煤炭储量1.3亿吨，硅砂远景储量350亿吨，同时风能、太阳能资源富集，为绿色能源开发奠定基础。该旗拥有3项国家级非物质文化遗产（蒙医正骨疗法、好来宝、蒙古族马具制作技艺）以及大青沟国家级自然保护区、乌旦塔拉五角枫森林公园等生态旅游景点，旅游业成为推动经济增长的重要引擎。

在农牧业与绿色产业领域，科左后旗依托科尔沁黄牛交易市场（年交易量超60万头）打造全国肉牛产业基地，“科尔沁”牛肉品牌获“中国驰名商标”认证。同时，推动绿色水稻种植和蒙中药材基地建设，形成“沙地增绿、农牧民增收”的生态经济模式，2024年以来新增经济林、药材基地超10万亩。在工业与新能源领域，硅砂深加工、农畜产品加工为主导产业，风力和光伏发电项目逐步落地，新能源产业链初具规模。2025年以旧换新政策进一步激活消费市场，带动汽车、家电、数码产品等领域销售额增长，比亚迪新能源汽车等企业通过多重补贴政策实现销量提升。在现代服务业领域，通过“全域旅游+”战略，整合大青沟、草甘沙漠等景区资源，发展生态文化旅游，带动贫困户参与旅游服务，车家村草甘沙漠旅游区被评为自治区旅游扶贫示范项目。

2025年全面推行“以旧换新”活动，覆盖汽车、家电、数码产品等领域。例如：汽车报废旧车可叠加享受国家补贴（最高2万元）、厂家置换补贴（最高1.5万元）；家电按能效等级给予15%—20%补贴，单件最高2000元；数码产品按销售额15%补贴，单件上限500元。政策实施以来，已有2家汽车企业、23家家电及数码企业参与，拉动消费市场活力显著。提供创业担保贷款：个人最高30万元（年利率2.475%），小微企业最高400万元，覆盖返乡农牧民工、高校毕业生等群体。提供一次性创业补贴：对首次创业并正常运营1年的重点群体（如高校毕业生、退役军人）给予1万元补贴。此外，在城乡居民门诊统筹上，自2024年起实施，年度报销限额300元/人，基层医疗机构直接结算，减轻群众医疗负担。

（二）问题研判

科左后旗作为内蒙古农牧业与生态保护并重的典型区域，在乡村振兴背景下既迎来新机遇，也面临多重发展瓶颈。本节聚焦产业、人才、文化、生态四大核心领域，系统剖析其亟待突破的现实困境。

1. 产业转型滞后：从“原字号”到“深加工”的跨越难题

科左后旗的农牧业资源禀赋突出，牛羊肉、杂粮等产品以天然品质著称，但产业发展长期停留于初级生产阶段。大量农牧产品以原材料或简单加工形态流向市场，缺乏精细化分类、品牌化包装及高附加值转化。受传统经营模式制约，农牧户普遍面临市场价格波动带来的收益风险，产业链条短、增值环节缺失的问题尤为明显。特色产品尚未建立具有辨识度的区域品牌，标准化生产体系与市场化营销网络建设滞后，导致优质资源难以转化为可持续的经济效益，制约了产业整体竞争力的提升。

2. 人才供需失衡：技术断层与创新动能的双重缺失

人才短缺已成为掣肘地方发展的关键因素。一方面，高素质专业技术人员外流现象严重，尤其在农牧业现代化、新能源开发等领域，本地技术团队规模与能力明显不足；另一方面，现有劳动力队伍中，掌握数字化管理、现代种植养殖技术的人员比例偏低，传统经验型生产模式仍占主导。产学研协同机制尚未有效建立，高校科研成果与地方实际需求之间存在转化壁垒，技术创新对产业的支撑作用未能充分释放。青年群体择业观念转变加剧了人才结构性矛盾，乡村“空心化”趋势与老龄化问题相互交织，形成人才“引育用留”的恶性循环。

3. 文化价值沉寂：资源活化与文旅融合的实践困局

科左后旗蕴藏着丰富的科尔沁文化、马文化及非物质文化遗产，但文化资源的开发利用仍处于浅层阶段。民族文化多以静态展示形态存在，非遗技艺的产业化转化进程缓慢，文创产品开发同质化严重。文旅基础设施配套不完善，文化体验项目形式单一，难以形成具有沉浸感和持续吸引力的消费场景。传统手工艺、民俗节庆等元素与现代消费需求之间存在代际鸿沟，文化资源的经济价值尚未通过市场化路径充分释放。这种“有资源缺产品、有故事缺载体”的现状，使文化赋能产业发展的潜力远未转化为现实驱动力。

4. 生态经济矛盾：保护压力与发展诉求的协同挑战

草原生态系统的脆弱性与经济发展需求之间的矛盾日益凸显。传统放牧方式与草场承载力之间的失衡问题长期存在，部分区域出现植被退化、生态功能减弱等现象。绿色生产技术的普及率较低，循环农业模式推广面临技术成本和接受度的双重阻碍，清洁能源应用与低碳产业链构建仍处于探索阶段。生态保护补偿机制尚未形成完整闭环，牧民群体在“增收”与“护绿”之间缺乏有效的利益联结方式，生态产品的市场化价值实现路径亟待打通。

（三）问题分析

作为高校研究生团队，我们依托财政学专业背景，结合科左后旗在产业、人才、文化和生态四大领域的现实困境，制定了系统的调研与解决方案；通过利用多层次的调研方法，深入剖析问题根源，并提出切实可行的对策，旨在为科左后旗的乡村振兴提供学术支持与实践赋能。

1. 产业转型滞后：推动“原字号”向“深加工”跨越

科左后旗的牛羊肉、杂粮等产品长期停留在初级生产阶段，缺乏品牌化与高附加值转化，产业链条短，市场化能力不足。为解决这一问题，我们建议从品牌化建设、产业链延伸和市场化营销三方面入手。首先，协助当地政府与企业打造区域公用品牌，设计统一的品牌标识与包装，提升产品辨识度；其次，引入高校科研成果，推动农牧产品深加工技术落地，开发高附加值产品，如功能性食品和休闲零食；最后，利用高校资源搭建电商平台，开展直播带货等新型营销模式，拓宽销售渠道。在财政支持方面，我们建议地方政府设立产业转型专项资金，支持企业技术改造与品牌建设，同时高校团队可通过科研项目申请政府或企业资助，为技术研发和品牌推广提供资金支持。

2. 人才供需失衡：构建“引育用留”一体化机制

科左后旗高素质人才外流严重，现有劳动力技能水平低，产学研协同不足。为此，我们提出构建“引育用留”一体化机制。首先，与高校合作建立“乡村振兴博士工作站”，吸引高层次人才参与地方发展；其次，开展现代种植养殖技术、数字化管理等培训，提升农牧民技能水平；再次，推动高校与地方企业共建研发中心，促进科研成果转化；最后，建议地方政府出台人才补贴政策，对留乡创业的青年提供资金支持与税收优惠。在财政支持方面，高校团队可通过申请科研项目或与企业合作，为人才培训和产学研协同提供资金保障，同时建议地方政府设立专项补贴，支持青年人才返乡创业。

3. 文化价值沉寂：激活资源与文旅融合

科左后旗的科尔沁文化、马文化等资源开发利用不足，文旅融合程度低。针对这一问题，我们建议从文化活化、文旅融合和基础设施三方面着手。首先，协助非遗传承人开发文创产品，结合现代设计理念，提升产品吸引力；其次，设计沉浸式文化体验项目，如马文化主题公园和非遗技艺工坊，打造特色文旅IP；最后，建议地方政府加大文旅基础设施投入，改善交通、住宿等配套条件。在财政支持方面，高校团队可通过申请文化类科研项目或与企业合作，为文创产品开发和文旅项目设计提供资金支持，同时建议地方政府设立专项基金，支持文旅基础设施建设。

4. 生态经济矛盾：实现保护与发展的协同

科左后旗传统放牧方式导致草场退化，生态保护与经济发展矛盾突出。为解决这一问题，我们建议从绿色技术推广、生态补偿机制和生态产品市场化三个方面入手。首先，引入高校研发的绿色生产技术，推广循环农业模式，降低生态压力；其次，建议地方政府完善生态补偿政策，对参与生态保护的牧民给予经济补偿；最后，推动草原生态产品（如有机牛羊肉、生态旅游）的市场化，提升经济价值。在财政支持方面，高校团队可通过申请生态类科研项目或与企业合作，为绿色技术推广和生态产品市场化提供资金支持，同时建议地方政府设立专项资金，支持生态保护与绿色产业发展。

通过以上措施，我们团队将充分发挥高校科研优势，为科左后旗的乡村振兴提供切实可行的解决方案，助力当地实现产业、人才、文化和生态的全面振兴。

（四）赋能成效及政策建议

在助力地方农业发展的征程中，本团队始终积极赋能科尔沁左翼后旗特色农业，致力于将其独特魅力与优质农产品推广至更广阔的舞台。我们充分利用中央财经大学研究生院官方新媒体渠道的优势，精心策划并发布了一系列宣传视频和新闻推送，生动展示了科尔沁左翼后旗特色农业的风采。这些内容一经发布，便受到了广泛关注，浏览量迅速突破千次大关，有效提升了科尔沁左翼后旗特色农业的知名度与影响力，为当地农业产业的发展注入了新的活力。为继续深入推进乡村振兴，本团队结合科尔沁左翼后旗的实际情况，提出以下政策建议。

1. 强化智慧农业基础设施建设，夯实乡村振兴根基

作为内蒙古通辽市农牧业大旗，科左后旗2022年粮食产量达35.5亿斤，但受限于干旱半干旱气候与分散化种植模式，亟须通过智慧化基建提升资源利用效率。具体而言，要统筹中央财政衔接资金、高标准农田建设专项资金及旗级配套资金，重点突破水资源约束与机械化短板，构建适配科尔沁沙地生态特征的智慧农业体系。

（1）推广智能节水灌溉系统。设立专项补贴，支持合作社或农户升级节水设备，配套建设集雨设施，缓解干旱半干旱区水资源压力。针对农户自筹能力弱的问题，可参照新疆玛纳斯县“节水贷”模式，由旗财政设立2000万元专项基金，对安装智能滴灌设备的合作社给予30%直接补贴，剩余部分提供3年期贴息贷款。同时，在沙化严重区域推广“软体集雨水窖”，利用高分子材料收集雨季径流，单窖蓄水500立方米可满足10亩耕地全年补灌需求。2023年已在阿古拉镇试点建设50座，亩均增收300元，具备全域推广价值。

（2）优化农业机械化与数字设施。依托已组建的12家农机联合社，财政资金优先支持采购智能农机（如无人播种机、植保无人机），并建立“共享农机服务平台”，降低小农户使用成本。科左后旗12家农机联合社已整合农机具3800台套，但智能化设备占比不足5%。建议将农机购置补贴比例从30%提升至50%，同时开发“共享农机APP”，借鉴山东济宁“滴滴打农机”模式，实现农机实时定位、在线预约、按需计费。试点显示，无人农机作业效率较传统机械提升3倍，亩均成本降低25元。

2. 深化农业合作社与高校联动，激发组织化效能

（1）资金与政策倾斜。积极推动高校与合作社共建“产学研基地”，实现高校科研资源与合作社生产实践的深度融合。例如，内蒙古民族大学农学院可与合作社联合申报科技项目，依托高校的科研实力和人才优势，结合合作社的生产实际需求，开展针对性的科研攻关。如针对当地沙地种植的特殊环境，研发适合沙地种植的耐旱作物品种，通过引进和筛选耐旱性强的作物品种，以及配套的栽培技术和管理模式，提高沙地的农业产出和经济效益。同时，高校可为合作社提供技术培训、技术咨询等服务，提升合作社成员的科技素养和生产技能。通过共建“产学研基地”，不仅能够促进高校科研成果的转化和应用，还能为合作社提供技术支持和人才保障，推动农业产业的升级和发展，实现高校与合作社的互利共赢，为乡村振兴注入新的动力。

（2）品牌共建与市场拓展。首先，当地政府应积极联合高校设计学院，深入挖掘科左后旗等地的特色农产品资源，共同打造具有地域辨识度和文化内涵的区域公共品牌，如“科左后旗大米”“科尔沁牛肉”等。其次，当地政府可以充分利用高校新媒体团队的资源和技术优势，开展直播带货活动，拓宽线上销售渠道。当地政府可与高校建立合作关系，组织专业的新媒体团队深入乡村，对当地的特色农产品进行宣传推广。通过直播的形式，向广大消费者展示农产品的种植、养殖过程，以及其独特的品质和优势，增强消费者的购买信心。此外，当地政府应提供相应的政策支持，如税收优惠、资金补贴等，鼓励新媒体团队积极参与直播带货活动，降低运营成本，提高直播带货的效益。最后，应加强与电商平台的合作，搭建农产品线上销售平台，实现农产品与消费者的直接对接，拓宽销售渠道，提高农产品的市场占有率。

3. 高校赋能乡村振兴：技术转化与人才振兴

当地政府应积极与高校开展深度合作，联合设立“乡村振兴研究院”。该研究院应以科左后旗当地亟待解决的关键技术难题为导向，如沙化治理、节水农业等，组织高校科研团队与当地技术人员协同攻关。通过搭建科研项目合作平台、共享实验设备与数据资源等方式，集中力量攻克技术瓶颈，为乡村可持续发展提供坚实的技术支撑。当地政府应当推动高校科研成果优先在本地合作社试点（如抗逆作物品种），财政资金覆盖转化成本。同时，当地政府与高校联合选拔返乡青年、合作社骨干，提供全额奖学金攻读农业硕士，绑定回乡服务年限。此外，可以开设“乡村CEO”培训营，培养懂技术、善经营的新农人。

产业振兴

科技赋能推动乡村转型新方向

科技赋能推动乡村转型新方向

习近平总书记指出："发展数字经济意义重大，是把握新一轮科技革命和产业变革新机遇的战略选择。"

近年来，我国乡村数字化转型成果显著，正从基础建设向深度应用全面拓展，东部地区形成示范效应，中西部加速追赶，数字经济以其高渗透性、高通用性、高系统性、高增值性，通过打破资源壁垒、整合生产要素、驱动产业升级、促进三产融合、完善治理体系、提升生产效率等方式赋能乡村振兴，成为促进乡村振兴的新引擎，在产业、人才、文化、生态、组织振兴等方面发挥了重要作用。

中央财经大学"财经人·济世路"调研团队深入河南省五龙镇、福建省永定区、江西省兴国县、湖南省岳阳县等地的调研发现，乡村数字化转型普遍面临以下几点共性问题：其一，人才短缺和人口老龄化；其二，技术与基础设施存在短板，数字化设备覆盖率低，物联网、大数据等技术应用仍处于初级阶段；其三，组织协调与政策有待落地，政府、企业、农户间协同不足，数字化专项扶持政策较少。

针对上述问题，调研团队提出以下应对思路：一是，人才培育与引进；二是，技术应用与基建升级：加强综合性数字化平台建设；三是，政策优化与组织协同。

河南五龙镇：以数字经济探索传统产业融合新模式

指导老师：白彦锋

团队成员：李泳禧、邵　琪、李玥睿、张丹昱、邱　滢

支持单位：河南省林州市五龙镇人民政府、湖南航天环保产业基金管理有限公司、航膜科技发展集团有限公司、四川国经兴农投资有限责任公司、成都市农林科学院、四川中农润泽生物科技有限公司、四川国康源生物科技有限责任公司、四川省有机肥料发展促进会、四川省农业科学院农业资源与环境研究所、西昌市农业农村局、西昌大田生物科技有限公司、西昌市葡萄业协会、西昌月城明珠葡萄合作社、山西航天工业研究院集团有限公司、山西航天碧洁环境清洁服务有限公司、深圳市坪山区财政局

报告主题

习近平总书记指出：脱贫摘帽不是终点，而是新生活、新奋斗的起点。目前，我国乡村产业发展整体上存在创新能力不够强，技术突破面临瓶颈，产业链延伸不够等问题。推进传统企业与数字经济的协同发展，催生数字经济新业态将成为推动乡村产业转型的关键。巩固全面脱贫成果，聚焦乡村振兴产业发展，缩小城乡收入差距，推动全体人民共同富裕，亟须厘清数字经济赋能乡村产业发展的现实困难与解决途径。

本调研团队聚焦河南五龙镇，以“以数字经济探索传统产业融合新模式”为主题，积极投身于五龙镇的发展建设，致力于探索数字经济与乡村传统产业深度融合的创新模式，为五龙镇的可持续发展注入新活力。

团队选择五龙镇的工业、建筑业、旅游业和农村电子商务业作为重点赋能领域。在工业领域，由于国内产业结构调整，五龙镇的传统工业面临着成本上升、市场竞争力下降等问题，团队希望推动工业企业数字化转型，借助数字技术拓展销售渠道，提升产品附加值；建筑业作为五龙镇的支柱产业之一，近年来由于人口红利的逐渐消失，利润空间逐渐缩小，团队致力于研究通过合适的财政支持政策，推动五龙镇建筑业数字人才培养，提高建筑项目管理水平和生产效率，实现五龙建筑业“人口红利”向“人才红利”的转化；五龙镇旅游资源丰富，但旅游产业的数字化发展滞后，无法满足游客日益多样化的需求，团队研究如何利用数字化手段，创新旅游服务模式、提升旅游营销效果，打造智慧旅游体系，提升五龙镇旅游产业的吸引力和竞争力；农村电子商务业在五龙镇尚处于起步阶段，农产品标准化程度低、物流配送体系不完善等问题制约了其发展，团队将通过推动农产品品牌化建设、完善物流体系、创新电商模式等举措，促进农村电子商务业的蓬勃发展，助力农民增收致富。团队希望通过研究这四大产业的数字化赋能路径，为五龙镇落实乡村振兴战略提供参考。

（一）现状描述

五龙镇位于河南省林州市东南地区，全镇面积193平方公里，耕地46860亩。自改革开放以来，五龙镇政府大力发展工业、建筑业、文旅业，2020年五龙镇GDP达到8.8亿元，同比增长10%，一般公共预算收入8471万元，同比增长54%。镇内工业增加值3.7亿元，全社会固定资产投资完成9850万元，农村居民人均可支配收入17525元。

中国县域统计年鉴数据显示，2019年，五龙镇营业面积50平方米以上的综合商店或超市个数在河南省统计的1614个乡镇内排行1182名，2020年在河南省统计的1620个乡镇内排行1265名，销售行业整体发展规模在林州市内偏小，零售店的客流量受限于当地人口因素规模较小，也反映出五龙镇在经济发展与居民就业方面仍有一定的发展空间。五龙镇工业经过不断探索已经形成以酒制造、服装制造、通用设备制造等为主的支柱产业，红旗渠酒业有限公司、林州市豫龙制衣有限公司、林州通用锅炉制造有限公司等龙头企业均为五龙镇创造了可观的经济增加值。2016—2019年，五龙镇工业企业个数及规模以上工业企业①数量在河南省统计的1000余个镇内排行后30%，镇内部分工业企业由于效益不佳而倒闭，镇内工业产品销售多依赖传统方式，尚未开发网络销售新模式，工业作为当地的传统行业面临着挑战。

五龙镇建筑业发展历史悠久，全镇人口的30%从事建筑业，一般公共预算收入的79%来自建筑业税收。《五龙镇志》数据显示，在五龙镇上注册的建筑企业有80多家，占林州市全市的1.2%，2020年位于“863科技园”五龙镇建筑业发展中心投入使用，同年引入多家优质建筑企业，跟随林州市打造百亿产业园和百亿供应链的目标，创造总劳务收入2亿元。

五龙镇旅游资源成熟，近年由政府投入约1亿元建设美丽乡村项目，结合自然资源与人文景观形成“山”“水”“明清庄园”三个旅游景区，有“河南省生态村镇”“河南省文明村镇”等美称，五龙洞国家森林公园2001年经国家林业和草原局批准为国家级森林公园，镇内存有清代巡抚刘家院遗址和省二级文物保护单位阳台寺，吸引了大批旅客前来游玩，为当地增加了一定的文旅产业收入。

① 年主营业务收入在2000万元及以上的工业企业。

五龙镇的土地农业主要种植小麦、玉米、谷子、水稻等传统农作物，2013年后进一步引进并扩大中药材种植面积，2016—2020年的农业总产值平均为5461万元。五龙镇通过成立合掌林盛、文峪盛林、文峪鸿宇农场、碾上云青合作社等农业产业扶贫基地，在实现农业发展的同时确保镇内全部脱贫。

（二）问题研判

时任林州市市长在2022年三级干部讲话中指出：当前林州市工业、建筑业、文化旅游业三大主导产业发展水平还不高，工业转型发展任务艰巨。而强化科技创新是推动工业转型发展的重点，数字化转型则是信息时代引领技术创新的重要引擎。

工业方面，五龙镇存在传统老牌制造业企业对数字化转型的重视程度不足与中小型制造业企业对互联网的应用限于线上销售模式的问题。通过对《五龙镇志》中九家传统老牌制造业企业的线上资料收集，我们发现：仅有林州市银鹏热交换器厂和林州市红旗渠酒业有限公司两家企业有专门的公司网址介绍其主要产品等信息。

建筑业方面，五龙镇的建筑业发展虽然具有一定的规模，但主要依赖于五龙镇的劳动力红利，人工费和材料费占据建筑工程项目成本较高比例。但随着人口结构老龄化加深，预计五龙镇建筑业的用工成本将提高，其利润空间将逐步缩小。

旅游业方面，存在官方旅游网络信息服务缺失、在线旅游服务平台未得到足够重视、旅游公共交通信息不通畅和旅游导视信息服务不到位问题。课题组在携程、去哪儿网、马蜂窝搜索一系列关键词发现：一是以五龙镇、林州市五龙镇为关键词，基本上没有相关的游记、路线推荐等内容；二是以五龙洞、五龙洞国家森林公园为关键词搜索，三个平台均能搜索出内容，但是三个平台均没有提供交通信息、餐饮住宿等关键配套信息，景点照片只有寥寥数张，且没有突出特色，三个平台都没有相关短视频；三是以刘氏庄园为关键词搜索，只有马蜂窝平台有少量信息，其他两个平台只能定位至四川成都的同名景点。从现有旅游项目来说，五龙镇无论是官方网站、官方公众号，还是在线旅游平台、搜索引擎等途径，都缺少了解各个景点间公共交通信息。此外，尽管林州市有着打造全域旅游的目标，五龙镇的旅游景点与林州市其他景区距离较远，如五龙洞、刘氏庄园分别与红旗渠相距74.6千米与69.1千米，现有网上途径难以获取各个旅游景点间除自驾以外的交通方式。课题组利用网络爬虫技术获取了上文所述三个旅游平台关于五龙洞景区的评价，游客反映景区内缺少自助导游服务，导致产生了“走马观花”“无聊”等体验，无法结合地区文化内涵了解景区。大部分景区没有官微、官网，重点品牌景区也没有提供虚拟旅游服务。

农村电子商务方面，存在农产品附加值低、售卖渠道较少营销方法单一的问题。根据天眼查数据，五龙镇注册过农业企业商标仅有7家，其中半数以上企业仅注册1个商标，2家企业注册3个以上农业商标，7家企业共申请商标14个，但达到审查要求的已注册商标仅8个，注册商标类别主要集中于方便食品和饲料种籽。剩余143家农业企业均未注册农业企业商标，占比高达95.33%，导致农产品品牌效应较低，提高销售价格有一定难度。通过查阅五龙镇年鉴可知，镇政府每年都会提及农业产业和农产品电商发展，并且规划要打响小米、花椒和香菇等产品的名号，但限于其经济财政、交通等限制，其出售渠道被限制于传统销售和短距离直播销售，消费者难以在淘宝、京东等大型电商平台购买。课题组在淘宝、京东平台搜索“五龙小米”“五龙花椒”“五龙香菇”“五龙特产”等关键词，较难搜到相关产品信息，线上购买渠道主要是直播售卖、同城微信订购和电话订购，产品销售覆盖地区较弱，异地消费者复购率低，五龙镇仅有1家农产品企业有专门销售网站。

（三）问题分析

面对五龙镇不同产业数字化转型问题，团队通过多维度的调研和精准地分析，为提出切实可行的解决方案奠定基础。

1. 深入调研，精准定位问题

团队综合运用多种调研方法，全面深入了解五龙镇的实际情况。通过研读安阳市、林州市和五龙镇的政府工作报告、规划纲要、领导讲话以及《五龙镇志》等资料，从宏观层面把握五龙镇的发展战略、产业基础和政策环境。利用天眼查等平台获取企业微观数据，结合各类统计年鉴进行横向跨地区和纵向跨年度对比分析，精准定位五龙镇各产业在企业规模、发展水平、数字化程度等方面的现状与问题。例如，在分析工业问题时，通过企业数据发现五龙镇工业企业规模较小、数字化转型缓慢等情况。同时，团队还运用网络爬虫技术采集电商和旅游平台数据，了解五龙镇农产品和旅游产品的线上销售及市场反馈情况。此外，团队过往五龙镇实地走访报告，与政府部门、企业、农户、旅游从业者等的访谈报告，获取一手信息，深入了解他们在实际发展中遇到的困难和需求。

2. 分析问题根源，挖掘深层原因

针对调研发现的问题，团队进行深入剖析。在产业方面，发现各行业对数字化转型重视不足，主要原因在于资金短缺和人才匮乏。资金不足使企业难以投入足够资源进行数字化建设，而人才的缺乏则导致企业缺乏数字化转型的技术和能力。例如，工业企业因资金限制，无法引进先进的数字化生产设备和技术；建筑业企业由于缺乏专业的数字化人才，信息化水平难以提升。在人才方面，由于五龙镇经济发展水平在河南省内排名中后，发展机会相对较少，难以吸引和留住数字化专业人才。同时，当地缺乏完善的人才培养体系，无法满足产业数字化转型的需求。在文化方面，五龙镇丰富的文化资源未能得到充分挖掘和传播，旅游产业数字化程度低，缺乏有效的数字化营销手段。在组织方面，政府部门在推动产业数字化转型过程中，存在统筹协调不足、规划不够完善等问题。

3. 借鉴经验，探索解决方案

团队通过研读相关行业研究报告、公开发表文献，了解各产业数字化技术研发现状及转型路径，结合媒体报道的数字化转型成功案例，总结先进经验。例如，参考其他地区农村电商发展的成功模式，为五龙镇农村电商发展提供借鉴。同时，团队反向追溯相关地区发布的政策文件，研究推动数字化转型的政策体系，结合五龙镇实际情况，探索适合当地的解决方案。在这个过程中，团队充分考虑五龙镇的经济发展水平、产业基础和资源禀赋，确保提出的方案具有可行性和可操作性。通过以上做法，团队对五龙镇存在的问题有了全面、深入地认识，并为后续提出针对性的政策建议和推动五龙镇的发展奠定了坚实的基础。

（四）赋能成效及政策建议

基于上述问题，我们坚持立足五龙镇产业发展实际，从产业数字化升级、居民数字能力提升、财政政策牵引三个方面提出了建议：

1. “以小见大”，以小场景数字化撬动大收益

诸如“数字孪生”等场景，动辄需要在整个流水线上搭建传感器并以实时数字分析系统为基础，往往以前期的大量人力、物力、财力投入为必要条件。这对于人才资源以及资金都受到较大限制的五龙镇工业企业而言往往难以付诸实践。相较而言，针对自身短板，找准数字化切入点，选择合适应用，才能做到以最小成本实现最大收益。

一方面，要做到在细节处创新。如五龙镇的旅游业数字化赋能就可以从网

站运营、交通信息完善维护、信息咨询平台构建等方向出发，充分利用互联网技术，构成区域旅游信息服务一体化的平台系统。首先要保证旅游相关信息的丰富程度，为游客提供完整的解决方案。其次要保证信息更新的及时性，可以安排专门人员进行信息更新与维护，特别是景点、餐饮住宿等涉及服务体验的信息是最新的。最后要尽量丰富信息的呈现形式，例如在旅游景点的介绍上，图片、文字适当搭配，以图片吸引游客兴趣，为游客提供拍摄“打卡照”的参照，以文字丰富文化内涵，提高景点的深度，为游客提供想象空间，增强旅行参与感；用短视频进行补充，增强互动性与既视感，提高信息的吸引力。从细节处提升旅游服务水平，打响五龙镇旅游品牌的声誉。

另一方面是在已有基础上“深挖”。例如，五龙镇农产品利用短视频、直播等渠道销售情况不佳，主要在于品牌没有被发掘，缺乏知名度，没有被广大消费者所认知。要注重提高支持城峪香菇、丰峪小米、栗家洼李子和猕猴桃、石阵玉米深加工、渔村大客房手工粗布家纺等合作社走品牌化创建之路，同时尽快由镇政府牵头出台可供销售的农产品标准，尽量让消费者买到无差异的优质产品。参考辽宁“丹东99草莓”的案例，其形成了较为完善的产业科技服务支撑体系，还成立了我国唯一的省级草莓专业研发机构，政府打响了优质“丹东”品牌，再利用“直播+短视频”的销售模式，将草莓销售到全国各地，2020年线上销售草莓260万千克，品牌化发展得到“质”的飞跃。

2.“以人为本”，开拓人才的“培育+引进+合作”模式

直接的人才引进往往意味着较高水平的资金投入，这对于财力有限的乡镇政府和企业而言往往难以实现。以培育、合作模式辅助人才引进的方式或许对于五龙镇而言更为可行。一方面，要出台数字化人才政策，提供发展空间和平台以吸引人才。另一方面，可通过行业协会、培训机构等开展继续教育，提升本地从业者的数字化技能水平，招纳本地优秀青年加以培养，打造一支经过专业培训的，了解相关业务、掌握互联网技术的青年队伍。

3.“双管齐下”，以财政金融政策撬动五龙镇数字化转型

当前林州市的惠企政策虽然从“奖励发明专利”“保护知识产权”等方面鼓励创新发展，但尚未有政策直指产业数字化转型，产融结合方向也有待发力，缓解企业数字化转型道路上的资金困境乃是当务之急。一方面，林州市以及五龙镇财政部门应当对各部门数字化转型进行一定的财税政策激励，例如建立数字化转型升级基金“以奖代补”；另一方面，要促进地区金融部门与工业企业建立信息联系，推动“产融结合”的步伐，努力解决中小企业的数字化转型融资难题。

福建永定区：烟稻轮作对山地丘陵地区的种植意愿影响

指导老师：于爱芝、涂　艳、王吉元

团队成员：

2022年：王　赛、吴佩琳、徐　进、曾　佳、罗力豪、苏仟雅、黄　楠、承秋雨、王　俊、马燕来、梁　旭、赵宇辰、邵淑玲、赵　书

2021年：马燕来、张漪婷、乔彦祥、刘婧艺、郭兆丰

支持单位：福建省烟草专卖局、福建省烟草公司龙岩市公司、福建省龙岩市电视台——红土地视频网、福建省龙岩市永定区农业农村局、福建省龙岩市永定区烟草专卖局、福建省龙岩市永定区烟草党建办、福建省龙岩市永定区闽西烟草专题馆“一站式”惠农中心、福建省龙岩市永定区湖坑镇人民政府、福建省龙岩市永定区培丰镇人民政府、福建省龙岩市永定区湖雷镇人民政府、福建省龙岩市永定区湖坑烟草站、福建省龙岩市永定区培丰烟草站、福建省龙岩市永定区湖雷烟草站

报告主题

当代乡村是新时代下我国居民生活和工作的新空间、人文和社会进步的新载体，承载着中华文明的记忆和活历史。当前，世界经济复苏脆弱，我国经济社会发展面临严峻挑战。党中央提出，为从容应对百年变局，推动经济社会平稳健康发展，必须着眼国家重大战略需要，稳住农业基本盘、做好“三农”工作，持续全面推进乡村振兴[①]。正如习近平总书记发出的号召：“广大科技工作者要把论文写在祖国的大地上，把科技成果应用在实现现代化的伟大事业中。”对此，本项目秉承“财经报国”理念，旨在引导广大师生充分发挥才智优势，致力于通过调研实践深入乡村一线。对此，本团队通过梳理烟稻轮作与山地丘陵地区种植意愿的关系，为乡村振兴事业增砖添瓦。

① 《中共中央 国务院关于实现巩固拓展脱贫攻坚成果同乡村振兴有效衔接的意见》指出，支持脱贫地区乡村特色产业发展壮大，注重产业后续长期培育，尊重市场规律和产业发展规律，提高产业市场竞争力和抗风险能力。乡村振兴依靠的是产业，而产业发展的关键在于特色。《乡村振兴战略规划（2018—2022年）》强调推动农村产业深度融合、发展壮大乡村产业以推动乡村振兴战略实施。

（一）现状描述

乡村振兴战略作为党的十九大作出的重大决策部署，是我国实现共同富裕的有效实践路径。乡村振兴的基础和关键在于产业振兴，而烟草产业是助农增收的重要产业之一，也是国民经济和税赋的重要组成部分。然而，烟草种植过程中存在成本高、风险大、技术要求高、劳动强度大的鲜明特点。随着国家不断加强对水稻等粮食作物生产的扶持力度，烟粮争地矛盾日渐加剧。而“烟稻轮作”是解决烟粮争地矛盾，实现烟草产业高质量发展与保障粮食稳产、增产的重要模式。当前，随着国际形势不确定性增加，特别是俄乌战争引致的全球粮食安全危机不断升级，进一步加强国家粮食安全至关重要。龙岩市永定区烟草专卖局以烟草产业促进水稻面积稳定的做法，提升了农户的种粮、种烟积极性，是在特别不确定的国际形势下保障国家粮食安全的最直接、最具体的举措。此外，当地得天独厚的自然地理环境，也为发展“烟稻轮作”种植模式提供了优越条件。

永定区是典型的客家县（区）、著名的革命老区、侨区和对台工作重点区。位于福建省西南部，博平岭山脉西麓，属中亚热带海洋性季风气候，湿润温和，夏长而不酷热，冬短而无严寒，全境群山起伏，以山地、丘陵为主，地势东北高、西南低，素有“九山半水半分田”之说。得天独厚的自然地理环境，为烟草产业的发展提供了优越的条件。早在明朝万历年间，永定就开始栽培晒烟，迄今已有400多年历史。先进的栽培技术和精湛的加工制作技术，使永定的晒烟叶和制作的条丝烟享誉天下和海外，有“烟魁”的美誉。

从烟草种植和营收来看，2021年全区种植烟叶面积3.43万亩，收购烟叶9.8万担；上等烟比例84.5%，担烟均价1637.5元，收购量、上等烟比例、均价均居全市第二；烟农售烟收入1.6亿元，创烟叶税3531万元。经福建中烟技术中心评价，永定烟叶整体质量较好，清甜蜜甜香特征明显，烟香丰富，香气量较足，叶片结构疏松柔软、身份较好、油分较足、色泽较为鲜亮。

（二）问题研判

现阶段，烟田连作造成病虫害严重、田地肥力和肥料利用率下降、烟叶品质降低、土壤有毒物质持续积累，已严重阻滞烟草产业高质量发展。而“烟稻轮作”种植模式能有效改善土壤理化性质，均衡土壤养分利用率，大幅度降低烟草和水稻的病虫害发生。具体来说，“烟稻轮作”种植模式是指利用稻烟作物的天然茬口优势，在同一块稻田，先种植烟草，采收结束后再种植水稻，水稻收获后休养土地或种植绿肥的一种耕作模式。但是当地的山地丘陵地区特有问题会影响“烟稻轮作”的种植意愿。对此，如图1所示，本团队将围绕丘陵地区四大当地土地特有问题进行论述，并提供详细的调研数据支持。与此同时，我们将围绕问题进行一些做法路径的深入探讨，使当地土地问题得以更全面地认识。

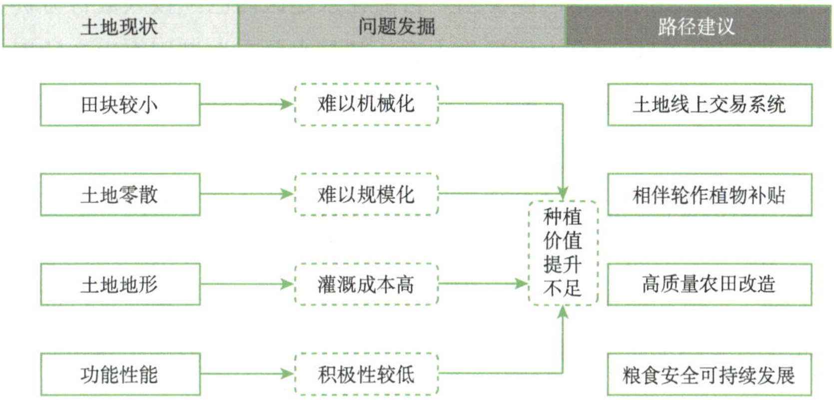

图1　永定区烟草种植问题研究技术路线

1. 田块较小，难以机械化

永定烟草种植环境以山区为主，田块散落在群山环绕的洼地、低谷处。每个田块具有面积小、不规整的特点。长期以来，是使用大量人力来辅助农业工作开展。随着用人成本的飞升，大规模机械需求日益高涨，土地小块不规整矛盾十分尖锐。这造成了大型机械难以作业，小型机械作业难的问题。机械化种植对种苗质量和整田质量要求比较高，并且要求田块平整、田面无茬（无杂草、稻茬、杂物）。土地规模经营发展不足，导致大规模机插作业组织难度较大。并且，土地分散经营，户均耕地有限，田块小而零散不规则，与农业机械化要求大规模作业之间存在较大矛盾，农业机械的效能不能充分发挥。

2. 土地零散，难以规模化

永定烟草种植土地零散表现在两个方面：一方面，在地理上，各个田块之间相隔较远，种植过程中统一管理较为困难。不能形成类如我国东北、西北地区的大型农场耕作，需要引入城市道路管理的路径规划技术，对不规则、不连续土地规划成本最低作业路径，最终需要高技术公司在这个领域有一定的利润空间才会进入。另一方面，在土地所属关系上，为数不多的连片土地分属不同烟农手里，存在“同地不同人”的现象，集约化生产困难。当前，由于依靠村“两委”去协调集体用地、土地流转问题。这造成了价格信息不透明、地方随意经营的情况。

3. 山地地形，灌溉成本高

永定地形以山地丘陵为主，部分田块之间梯度大，需要利用柴油抽水泵等方式远距离调水浇灌。相比于在山谷、山沟修建小型的拦水坝和水塘，或者雨水期蓄水，相对成本高，不利于低价值农作物的种植灌溉。这一问题同样造成烟草种植灌溉难度较大，用水成本问题突出。目前在永定区内已经投入数百万资金去打井解决用水问题，但是放在市场运作来看，部分水井存在挪用去生产饮用水方面的产品，因为可以更好地为当地运营水井部门产生利益。

4. 功能性强，积极性较低

永定“烟稻轮作”的水稻种植规模小，并且“功能性”突出，主要用来改良土壤和自给自足，多余水稻收购渠道少、价格低。想要提升水稻附加值，就得引入绿色种植、品牌包装概念。目前烟草系统没有专项资金支持烟草以外的作物种植，如果能有大量的正面证据可以说明相伴种植可以提升烟草质量和产量，未来可以依据地区情况不同，有针对性开展相伴种植作物的补贴。

（三）问题分析

本实践团队于2022年7月20日至8月20日，赴福建省龙岩市湖坑镇开展为期1个月的实践调研及挂职工作，并通过实地调研、问卷调查、半结构访谈、文献梳理和案例研究等方法，肯定烟稻轮种植模式，对解决烟粮争地矛盾，提高烟农的种粮、种烟意愿的积极作用。

1. 调研地点

实践团队深入实践地福建省龙岩市永定区湖坑镇，当地有近400户烟草种植户，种植面积3000余亩，烟草收购13860余担，种植形式以烟稻轮作为主。具体来说，挂职调研团队走访了6个自然村、3个烟草站、4个政府机关单位，2个烟草相关单位。具体如表1所示。

表1　　永定区调研地点及调研形式

实践类型	调研地点	调研形式
自然村（6个）	大溪村	实地考察
	南江村	实地考察
	南中村	实地考察
	奥杳村	实地考察
	楼下村	实地考察
	大德村	实地考察
烟草站（3个）	湖坑烟草站	实地考察、生产线调研
	培丰烟草站	实地考察、生产线调研
	湖雷烟草站	实地考察、生产线调研
政府机关（4个）	湖坑镇政府	单独访谈
	永定区农业农村局	单独访谈
	永定区烟草专卖局	单独访谈、座谈会
	永定区烟草党建办	单独访谈
相关单位（2个）	闽西烟草专题馆	实地考察
	“一站式”惠农中心	实地考察

2. 调研内容和技术路线

永定烟魁文化因烟草产业而生，烟草产业的兴旺，带来了极为可观的经济效益，成为永定的支柱产业，也造就了属于几代人的“烟魁传奇”。然而，随着国家不断加强对水稻等粮食作物生产的扶持力度，烟粮争地矛盾日渐加剧。而“烟稻轮作”是解决烟粮争地矛盾，实现烟草产业高质量发展与保障粮食稳产增产的重要模式。随着以大数据为主的新一代信息技术的迅猛发展，“数字技术+”为特色的产业融合新业态成为新时代产业振兴、乡村振兴的重要手段。基于此，永定区烟草局以烟稻轮作，烟粮融合稳定粮食安全，解决烟粮争地矛盾，助力乡村振兴。并利用数字技术的发展，强化烟稻轮作种植模式，再创永定“烟魁传奇”新辉煌，整体共分为四部分。

首先，提出不同研究观点冲突和本研究切入点。分别从宏观层面分析我国粮食安全问题迫在眉睫，以及微观层面永定区烟草产业发展面临烟粮争地的矛盾，催生出当地农民种烟、种粮积极性不高的现象。对此，提出烟稻轮作，烟粮融合稳定粮食安全，解决烟粮争地矛盾，助力乡村振兴的解决思路。

其次，梳理永定区山地丘陵地形下烟草产业发展特有问题。该部分基于当地烟草种植过程中存在的制约因素，分别从土地问题、田块问题、地势问题和种植问题角度入手，梳理和总结当地烟草种植特有问题，挖掘影响当地烟农种植意愿的影响因素。

再次，利用数字技术强化烟稻轮作种植模式的理论机制。分别为数字技术赋能烟草产业；烟草产业孕育烟魁文化；烟魁文化吸引烟草人才；烟草人才创新数字技术，从而形成循环往复的发展模式，以数字技术更好推动烟草产业发展。

最后，介绍烟稻轮作提升山地丘陵地区种植意愿的提升策略。总结烟稻轮作种植模式的相关经验做法，并基于现状，通过校企合作等方式，对更好发展烟稻轮作种植模式提供政策建议。从而进一步提高当地农民种烟、种粮的积极性，保障粮食安全；也为我国其他山地丘陵地区发展烟稻轮作种植模式提供经验借鉴。

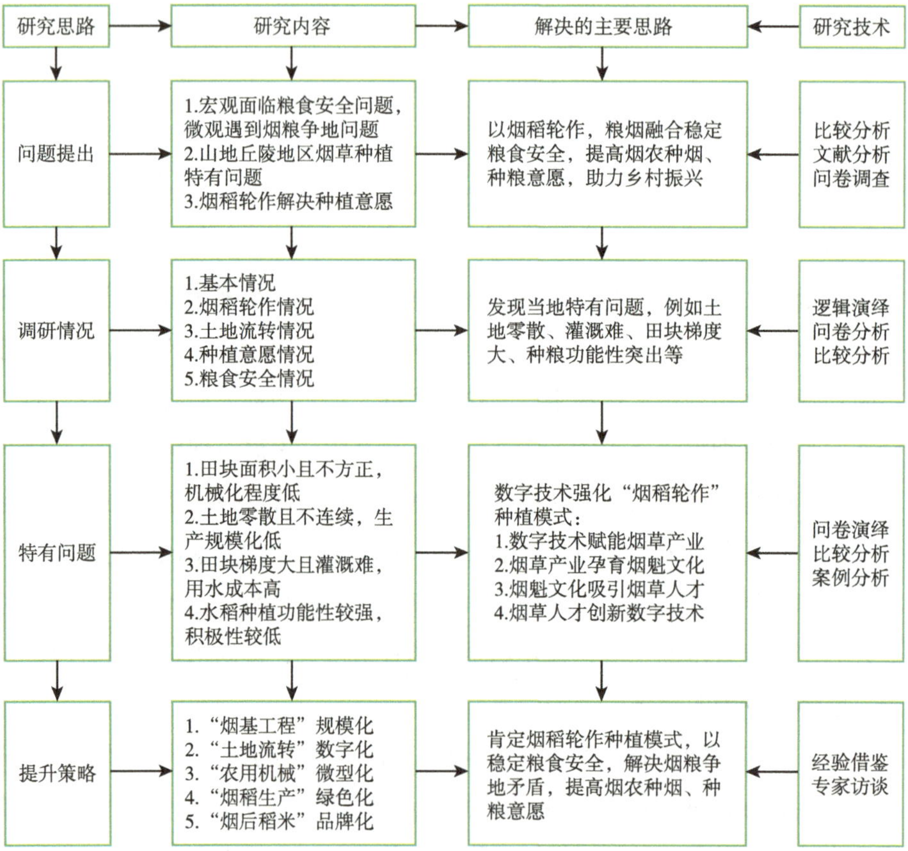

图2　永定区“烟稻轮作”调研内容

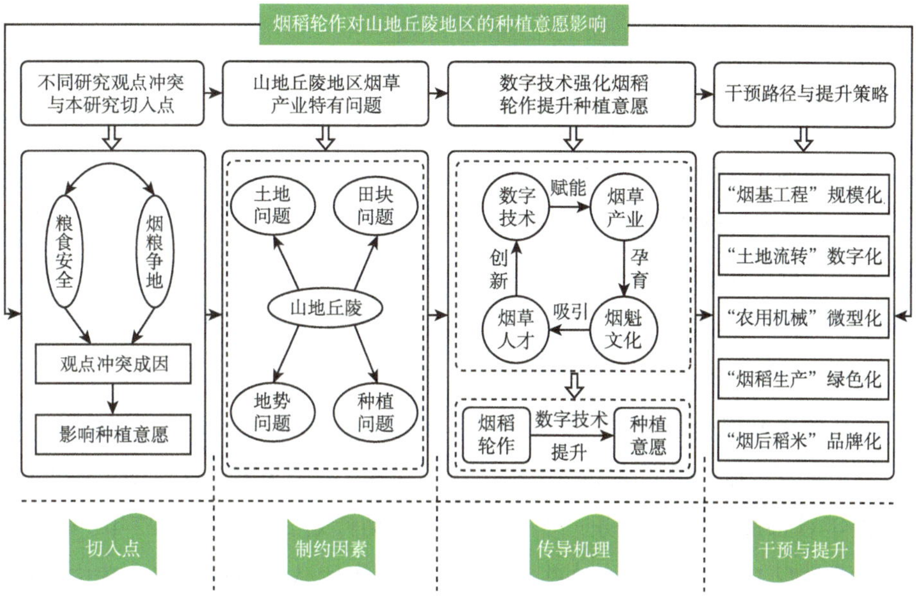

图3 永定区"烟稻轮作"研究技术路线

（四）赋能成效及政策建议

1. 以数字化驱动乡村振兴，产出务实成果

中央财经大学团队深入福建龙岩，通过校企合作、政策研究、实践调研等方式，为地方经济和乡村产业升级提供了有力支持。团队的努力得到了地方政府和企业的高度认可，并在多个媒体平台上获得广泛报道，形成了一系列可持续、可推广的成果。

2. 数字化赋能产业升级

团队与福建省烟草公司龙岩市公司、永定烟草等企业合作，探索乡村特色产业的数字化发展模式，助力产业升级，提升地方企业的市场竞争力。相关成果在《校企携手数字化赋能产业发展助力乡村振兴》等新闻报道中获得宣传，并先后被龙岩市电视台、红土地网、福建省烟草专卖局等主流媒体报道，推动了地方政府、企业与高校的深度合作，促进产业发展与人才交流的双向互动。

3. 产学研结合解决地方痛点

团队围绕永定烟草产业发展、乡村产业数字化转型等议题展开调研，与中央财经大学共建项目取得丰硕成果。相关案例在福建省烟草公司龙岩市公司官网发布，如《永定区局与中央财经大学持续开展联创共建活动》，展现了团队在政策建议与技术支持方面的贡献。此外，依托财经专业背景，团队为地方政府和企业撰写了关于产业升级、乡村振兴路径的专题研究报告，为地方发展提供了重要的政策支持。

4. 传播地方特色，提升区域品牌影响力

团队充分利用新媒体平台，通过公众号推文、短视频等方式扩大乡村振兴项目的社会影响力。例如，V思想公众号发布的“服务‘乡村振兴’行动计划——中央财经大学福建龙岩研究生实践团：客里烟魁闻天下，稻烟良田振乡村”，有效提升了福建龙岩在乡村振兴方面的知名度。同时，中央财经大学研究生院公众号推送了《财经人·济世路——乡村振兴研究生服务站福建龙岩分站二期建设》，展现了该团队在乡村振兴行动中的持续投入，为地方乡村发展贡献了高校智慧和创新实践。

5. 研究成果和实践行动得到认可

团队的研究成果和实践行动在多个乡村振兴相关赛事中获奖，包括第一届中央财经大学乡村振兴调研大赛二等奖（2022年6月，中央财经大学研究生工作处）和2022年首都高校师生服务“乡村振兴”行动计划二等奖（2022年9月，中共北京市委教育工作委员会）。这些荣誉不仅证明了团队在乡村振兴实践中的价值，也为未来深化校地合作、探索更多创新实践提供了激励与借鉴。

6. 政策建议

基于实践成果和调研经验，团队提出以下政策建议，以进一步推进乡村振兴的深度发展：

（1）加强校企合作，构建可持续的数字化赋能模式。建议深化高校与地方政府、企业的合作机制，发挥高校在经济管理、政策研究方面的优势，为地方提供产业数字化发展路径的咨询与解决方案。依托高校的科研资源，为地方企业提供定制化的数字化转型方案，提高乡村产业的现代化水平。

（2）优化政策支持，推动产业转型升级。政府应加大对乡村特色产业的扶持力度，通过财政补贴、税收优惠等方式，鼓励企业采用数字化技术，提高产业竞争力。在政策制定上，可参考本团队的研究成果，结合地方特色打造符合区域发展的产业振兴方案。

（3）推动人才下沉，助力乡村可持续发展。建议政府、企业与高校共建“乡村振兴人才培养基地”，鼓励高校师生深入乡村，结合地方需求提供精准服务。加强青年人才培养，通过大学生实践项目，引导高素质人才进入乡村，为地方政府提供政策咨询、数字技术支持、品牌推广策略等服务。

（4）利用新媒体传播，提升乡村品牌效应。乡村振兴不仅需要产业发展，还需要品牌塑造。建议地方政府、企业加强新媒体运营，借助微信公众号、短视频平台等宣传乡村特色产业，扩大市场影响力。结合高校的传播资源，打造“乡村振兴+数字营销”模式，提高地方农产品的品牌知名度，吸引更多外部资源投入乡村建设。

江西兴国县：芦笋产业的数字化转型研究

指导老师： 张学勇、陈运森、王曰涵、徐振东、赵克法、任　阳

团队成员： 王叶碧、曹奥臣、毛奕骁、张鐾凡、杜昕洋、许一帆、马文洁、白云昀、尹安琦、曹奥臣、张涤霏、李　薇、宋　岩、穆希腾、方　麟、李　坤、彭浩晟、陈　款、冯宁静、梁梦迪

支持单位： 江西省兴国县人民政府、兴国县农业农村局、兴国县乡村振兴局、兴国县财政局、兴国县发展和改革委员会、兴国县果茶发展服务中心、兴国县文化广电新闻出版旅游局、梅窖镇人民政府、高兴镇人民政府、兴国拓诚农业科技股份有限公司、梅窖镇芦笋种植专业合作社、兴国县鼎龙乡麦鹅基地、兴国县太平洋商贸有限公司、兴国县新阳光商贸有限责任公司、中央广播电视总台经济之声

报告主题

在国家全面推进乡村振兴和建设农业强国的战略背景下，农业农村的特色产业发展和数字经济的深度融合已经成为推动农业现代化的重要路径。江西省兴国县作为原中央苏区核心区域和著名的“将军县”，肩负着巩固脱贫攻坚成果同乡村振兴有效衔接的重任。中央财经大学积极响应国家战略，深入兴国县开展实地调研，探索革命老区特色数字农业高质量发展的创新路径。

调研团队系统梳理了兴国芦笋产业的发展现状与发展瓶颈，发现兴国县作为农业大县，依托芦笋、脐橙等特色产业推动乡村振兴，但在发展中仍面临多重挑战：从产业链看，上游育种技术薄弱、基础设施滞后制约规模化生产，中游智能化监测不足导致抗风险能力弱，下游仓储加工短板使产品附加值流失，亟须通过技术升级完善全链条布局。特色品牌建设方面，尽管拥有富硒土壤优势，但“兴国芦笋”“富硒吉禅橙”等品牌辐射力不足，销售依赖传统渠道，电商融合度低，尚未形成全国性市场认知，制约产业溢价能力。高校赋能潜力有待挖掘，在育种研发、智慧农业、产品深加工等领域缺乏产学研深度合作，高校的科研资源与产业需求未有效对接，导致技术转化滞后。此外，财政依赖与社会资本利用失衡问题突出——农业补贴难以覆盖全产业链升级需求，而风险投资、金融资本因农业回报周期长、风险高等特点参与不足，需创新融资模式吸引多元资本。

基于上述调研发现，团队充分发挥财经院校专业优势，提出从品牌打造、市场体系建设、数字化基础设施建设、大数据中心培育和人力资源培养五个维度系统推进打造当地特色芦笋产业。这些建议注重发挥数字技术对产业链各环节的赋能作用，既针对当前种植、加工、销售中的具体问题提出解决方案，又着眼于构建长效发展机制，为其他地区因地制宜的特色农业数字化转型提供了可借鉴的经验模式。本次充分发挥高校智库作用，通过产学研深度融合，为县域特色产业发展提供智力支持。调研成果不仅获得了当地政府的高度评价，也为高校服务乡村振兴探索出了一条切实可行的路径。

（一）现状描述

1.地方基本情况

兴国县属江西省赣州市，位于江西省中南部、赣州市北部，是著名革命老区，也被称为“将军县”。毛泽东同志曾称赞兴国人民创造了“第一等工作”，并亲笔书写了“模范兴国”的奖旗授予兴国。

2022年，全县地区生产总值达241.04亿元，三次产业结构为15.7∶33.4∶50.9，其中农业占比15.7%，是赣南革命老区乡村振兴的重点县域。得益于独特的自然条件，县域内富硒土壤面积达114平方千米，且属亚热带季风气候区（年均气温18.8℃，年降水量1515毫米），为芦笋生长提供了优越环境。自2019年试种设施芦笋以来，兴国县将其列为“135”现代农业首位产业（以富硒蔬菜为核心），截至2023年6月，全县芦笋种植面积达6540亩，年产量超2000公斤/亩，位居江西省设施芦笋种植规模首位。通过“公司+基地+农户”模式，全县累计带动6000余户农户参与产业链，户均年增收1.2万元，初步形成以龙头企业引领、散户协同发展的产业格局，成为巩固脱贫攻坚成果的重要支柱。

2.政策支持

兴国县芦笋产业的快速发展得益于多层次政策体系的叠加支持。国家层面，国务院《关于新时代支持革命老区振兴发展的意见》明确提出“支持赣南地区建设设施蔬菜基地”，为兴国县芦笋避雨大棚扩建、冷链物流中心建设等项目提供了政策依据。省级层面，江西省与中央财经大学合作共建乡村振兴服务站，设立农业数字化专项基金，重点支持芦笋产业链技术升级；同时，《江西省“十四五”农业农村现代化规划》将富硒农业列为重点方向，推动“兴国富硒芦笋”纳入省级特色农产品名录。县级层面，政策支持更为具体：一是出台《兴国县芦笋产业发展工作方案》，对新植芦笋按2800元/亩给予奖补，对冷链物流设施建设提供160万元专项补贴；二是强化技术支撑，与江西省农科院联合制定《设施芦笋避雨栽培技术规程》，建立“专家驻点指导+农户集中培训”机制，累计培训农户1883人次；三是明确产业目标，规划三年内建成3万亩芦笋种植带，推动全产业链产值突破10亿元，并加速“兴国富硒芦笋”地理标志认证进程。

政策合力下，兴国芦笋形成“一核两翼”空间布局（以9个乡镇为核心区），龙头企业拓诚农业科技有限公司种植规模占比达76.5%，并通过粤港澳大湾区

“菜篮子”基地认证，初步实现规模化、标准化生产。

3. 数字化初步成果

在数字化转型方面，兴国县以龙头企业为试点，逐步探索技术赋能路径。种植环节，拓诚农业科技有限公司投资90万元建设物联网监测系统，覆盖1000亩种植基地，可实时采集温湿度、光照强度、土壤pH值等13项环境参数，并通过大数据平台进行可视化分析。该系统可自动预警病虫害风险，指导精准施肥，使水肥利用率提升18%，人工成本降低23%，2023年基地芦笋优质率从75%提升至88%。销售环节，企业依托抖音平台开设“兴国芦笋”官方账号，通过短视频展示富硒种植场景，年电商销售额突破1000万元，其中芦笋茶、芦笋汁等深加工产品占比达35%。仓储物流环节，政府投资建设5座产地冷库（总容积2000立方米），配备-30℃速冻设备，芦笋保鲜期延长至12个月，2023年错峰销售实现冬季鲜笋价格较旺季增长40%。

（二）问题分析

1. 产业短板：产业链不完善、效率低下

上游种植：兴国县芦笋行业仍处于发展探索阶段，尚未形成统一的种植品种；芦笋实际种植过程中数字化和智能化水平较低，缺乏高素质人才和高科技手段，绝大部分农户仍依赖人工操作，数字化设备覆盖率较低。

中游加工和运输：兴国县全县芦笋精深加工企业能力和水平较低，深加工产品占比和尾料利用率较低，销售产品类型较为单一，未能充分发挥芦笋产业附加值效益；冷链仓储物流配套设施不完善，种植基地普遍缺乏贮藏保鲜冷库，且大部分种植基地仍依赖人工采收和分拣芦笋，缺乏标准化的采收分拣体系。

下游销售：普通农户对接市场困难，过度依赖中间商，芦笋采购价和售价等信息不透明；当地以传统销售方式为主，与新兴电商等网络销售方式融合度较低，尚未完全打开网络销售渠道；兴国芦笋销售缺乏品牌效应，影响力和知名度较低。

2. 人才瓶颈：老龄化、技术断层

劳动力结构：问卷调查发现兴国县近年存在青壮年劳动力外流严重的情况，芦笋种植户中30岁以上人群占比超过80%，多为50—60岁的留守中老年人员，但芦笋种植经验超过3年的种植户占比不足50%，对于信息化、数字化等高科技技术学习能力和适应能力较弱。

技术能力：兴国县当地芦笋种植户可通过微信群向县农业农村局工作人员和

省农科院专家咨询问题、反馈情况，但大多数种植户的素养无法满足当前农业生产的要求；在数字化方面，兴国县各乡镇缺乏统一的线上帮扶平台，难以为笋农提供物资、技术、信息等服务，芦笋种植户的数字化技术应用能力较低，缺乏相应的主观能动性和积极性；在电商运营、数据分析等领域，当地仍存在较大的专业人才缺口，但人才难找、难留和成本过高等难题依然存在。

3. 组织结构：协调不足

目前兴国县芦笋行业的供给端产品分级缺乏固定标准，收购方相对单一，未能建立起供给需求充分竞争的芦笋采购市场，单个种植户与市场之间缺乏有效的连接机制和渠道；当地芦笋市场缺少电商等直销渠道，芦笋种植户无法与芦笋需求端建立起直接联系，难以对芦笋供需情况和需求端要求有更为直接的感知；兴国县现有的企业、合作社和种植户缺乏足够的数字化合作能力，在产品质量、价位、标准方向等营销准备工作方面工作不到位，未能形成健全的营销体系和网络，无法形成合力，市场主体利益协调较差，市场竞争力有待提升。

4. 特色农业：品牌影响力不足，营销渠道窄

特色农业品牌影响力不足，目前兴国芦笋产品主要以线下超市零售的方式进行销售，知名度有限，缺乏品牌效应。兴国脐橙虽有“赣南脐橙”品牌的加持，但当地特有脐橙品牌比较优势还未凸显，尚未打开外省消费市场，品牌影响力较小。产品网络营销渠道较窄，兴国芦笋产业与网络电商融合程度较低，网络销售渠道未完全打通，销售策略与方式比较传统，消费者黏性不高。兴国脐橙市场较为局限，并且没有建立有效的网络电商平台，品牌知名度不高，销售渠道也较为单一。

5. 资本：地方财政依赖明显，社会金融资本利用率低

农业产业对地方财政依赖明显。这种依赖主要由于：一方面，农业作为兴国县经济的支柱产业，占据了经济总量的绝大份额；另一方面，兴国县农业产业现代化程度较低，农产品价格波动大，政府对农业产业进行补贴扶持也成为必然选择。社会金融资本利用率低，农业投资面临较大的风险，回报率通常更低，投资周期更长，因此社会资本会更谨慎地对待农业领域投资，同时银行贷款审批也具有诸多限制，使农业产业往往较难融资。

（三）赋能成效及政策建议

1. 以产业链数字化助力特色农业高质量发展

2022年，中央财经大学乡村振兴调研团队依托高校科研优势，聚焦兴国县

芦笋产业，以数字化赋能为切入点，探索农业转型升级路径。团队构建“田野调研—技术研发—成果转化—实践验证”的闭环创新体系，采用实地调研、问卷调查、深度访谈、文献分析等方法，系统研究芦笋产业链的发展困境，并提出基于数字化转型的综合政策建议。

（1）赋能成效。团队通过一系列深入细致的工作，为兴国县芦笋产业的高质量发展注入了强劲动力，取得了显著的赋能成效。

针对兴国县芦笋产业链中存在的信息化水平低、管理粗放等问题，团队初步设计了“芦笋通”微信小程序的UI界面。这一平台集成了数字化大棚管理、市场价格展示、种植政策与技术辅导、种植经验分享等功能，为农户提供了全方位、便捷化的服务。通过实时采集大棚内的温湿度数据，农户能够远程监控芦笋的生长环境，及时预警并采取措施，有效提高了芦笋的产量和品质。同时，平台还整合了全国主要农产品批发市场的芦笋价格信息，为农户提供了精准的市场指导，帮助他们合理安排生产和销售计划，进一步提升了经济效益。

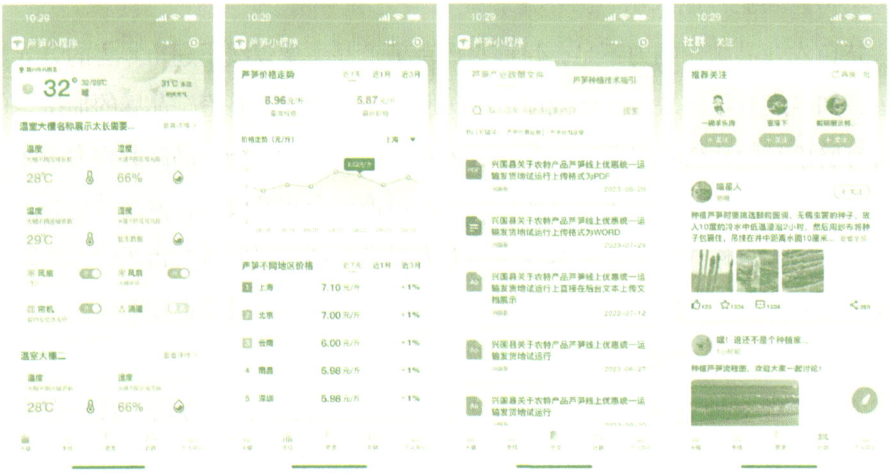

图1 “芦笋通”微信小程序UI界面

在调研过程中，团队深入分析了兴国县芦笋产业的现状和问题，撰写了详尽的政策建议报告。报告针对资金投入、土地流转、产业链条延伸、组织化程度提升、技术水平提高、服务体系完善等方面，提出了切实可行的解决方案。兴国县政府对报告给予了高度评价，并采纳了其中的多项建议，制定出台了一系列扶持政策，为芦笋产业的持续健康发展提供了有力保障。同时为了提升兴国县芦笋品牌的知名度和美誉度，团队积极与主流媒体合作，对芦笋产业进行了广泛宣传。通过中央广播电视总台经济之声《共同富裕中国行》等节目的播出，兴国县芦笋产业走进了千家万户，获得了广泛关注。

团队的调研成果也得到了广泛认可，荣获了多项荣誉。调研报告在北京市首都高校师生服务乡村振兴行动计划中荣获二等奖，并在第三届中央财经大学乡村振兴大赛中夺得一等奖。尤为值得一提的是，兴国县政府对团队的工作给予了高度评价，并专门发来感谢信。信中充分肯定了团队在推动兴国县芦笋产业发展方面所作出的重要贡献，并表示将继续加强与中央财经大学的合作，共同推动当地农业产业的高质量发展。

（2）政策建议。基于兴国县芦笋产业的实际情况和我们的深入调研分析，团队提出以下政策建议，以期为兴国县芦笋产业的持续健康发展提供有力支持。

首先，建议兴国县政府继续加大对芦笋产业的政策扶持力度。通过出台更多优惠政策，吸引更多社会资本投入芦笋产业，促进产业规模的不断扩大。同时，加大对芦笋种植户的技术培训和指导力度，提高他们的种植技能和管理水平，推动芦笋产业向科学化、规范化方向发展。

其次，完善产业链条建设是提升芦笋产业附加值的关键。建议政府加大对芦笋加工企业的扶持力度，鼓励企业引进先进技术和设备，提高芦笋产品的加工能力和附加值。通过引进和培育芦笋产业相关的配套企业和服务机构，形成完整的产业生态体系，推动芦笋产业向全链条、高效益方向发展。

推进数字化转型是推动芦笋产业高质量发展的重要途径。政府应加大对芦笋产业数字化转型的支持力度，鼓励企业引进和应用先进的数字化技术和设备，提高芦笋产业的数字化水平。同时，加强对农户的数字化培训和指导力度，提高他们的数字化素养和应用能力。通过搭建芦笋产业数字化平台，实现芦笋种植、加工、销售全链条的数字化管理，提高产业的整体效益。

品牌建设是提高兴国芦笋市场竞争力和附加值的重要手段。政府应加大对芦笋品牌建设的支持力度，鼓励企业积极参与品牌创建和认证工作。通过加强对芦笋品牌的宣传推广力度，提高兴国芦笋的知名度和美誉度。同时，加强对芦笋品牌的保护力度，打击假冒伪劣产品，维护兴国芦笋的良好形象。

最后，培育新型农业经营主体是推动芦笋产业高质量发展的重要力量。政府应加大对新型农业经营主体的培育力度，鼓励农户、合作社、企业等多元主体参与芦笋产业的发展。通过提供政策、资金、技术等方面的支持，帮助新型农业经营主体做大做强。同时，加强对新型农业经营主体的指导和培训力度，提高他们的经营管理水平和市场竞争力，为芦笋产业的持续健康发展提供有力支撑。

2. 数字经济助力兴国特色优势农业产业高质量发展

2022年，中央财经大学“财经人·济世路”乡村振兴服务站江西兴国调研队来到江西省赣州市兴国县展开实地调研，旨在针对当地实际情况，运用所学经济金融等专业知识，探究如何以数字经济助力兴国县特色优势农业产业高质量发展，并提出基于数字化转型的综合政策建议。

（1）赋能成效。2022年7月，调研团队首次来到兴国县进行实地调研，同月，中央财经大学研究生工作部在兴国县设立乡村振兴研究生服务站，为后续合作奠定良好基础，此次调研活动也受到了兴国发布、东方烟草报等多家媒体的宣传报道。随后，调研团队基于调研结果撰写了6万余字的专题调研报告与9000余字的政策建议提交给地方政府。此外，该项目还获得了第二届中央财经大学乡村振兴调研大赛二等奖。

（2）政策建议。完善产业链及配套设施，促进三产有效融合。兴国县应依托“135”现代农业产业政策，构建现代农业全产业链体系。一是在全链层面，建立质量安全监测与溯源机制，应用智能设备实现全流程监控，实现对生产、库存、销售等环节的精细化管控，精准追溯产品全周期数据，提高农产品准入门槛和生产标准化水平，维护产业信誉；二是在上游层面，强化品种研发与智慧农业投入，推动规模化生产；三是在中下游层面，引进特色农产品精深加工企业或自行研发，提升产品附加值，打通深山优质农产品外销通道，形成“研发—生产—加工—销售”一体化产业生态。

进一步，兴国县应聚焦三产融合，打造多元业态。一是构建高效现代农业产业园，在丘陵山地发展林果苗木、蔬菜茶叶。各乡镇应发挥所长，积极联动周边县市，建成“农产品外延基地”，着力打造集“生产+加工+示范”于一体的优势特色农业产业园，吸引优秀农产品企业入驻，加快建设兴国县精品“菜篮子”定制基地；二是升级休闲农业，建设生态园区，开发“自然观光+农旅体验”复合业态，结合当下潮流、注重文创开发，如茶姜饮品结合健康潮流等，提升产品附加值；三是深挖生态康养潜力，整合生态优势、红色基因与医疗资源，打造医养旅居综合体，承接周边养老需求，形成三产互促的现代化产业体系。

提升特色农业品牌影响力，拓宽产品网络销售渠道。一方面，兴国县可依托红色文化背景和富硒产业优势，讲述本土品牌故事，提升品牌价值。一是政府出资打造“兴国公共品牌+企业商标”双商标。设置准入门槛，通过政府信用背书提高消费者信任度；二是打造农产品网络化品牌，如“赣都正品”。打响兴国特色“富硒芦笋”品牌，稳定芦笋产量质量。发掘“赣南脐橙”品牌优势，推进脐橙精深加工，研发特色产品；三是依托赣南苏区红色文化资源，讲好品牌故事。积极推出“兴国特色游”“红色文化游”“客家美食宴”等各类主题旅游活动，规划“富硒+休闲农业”“硒+康养旅居”路线，多途径宣传本土品牌。

另一方面，兴国县应加快布局仓储物流交通网，辐射县城周边150公里范围。一是建设兴国县冷链物流仓储中心，完善道路及硬化等市政配套设施；二是积极引进规模物流企业，在纳税、货运补贴、投资补助、信息化改造等方面给予支持；三是积极建设网上商城平台与电商客服平台。基于与京东、阿里巴巴的合作，开设“兴国馆”购物平台，全面展销兴国优质农产品；四是向先进的互联网农业产业学习定价策略，增加利润空间；五是加强与自媒体运营单位或个人的接洽合作，发挥其流量优势，增强品牌的知名度与影响力。

提高财政补贴效率，善用社会金融资本。农业产业的高风险性导致了其对财政资金依赖明显，进而加大了财政负担，因此兴国县需优化财政补贴机制，实现精准增效。一是整合涉农资金，按乡镇基建成本差异实施差异化补助，扩大受益面并精准投放，发挥资金靶向作用；二是构建透明监管体系，强化资金流向全流程跟踪，提升使用规范性；三是建立绩效考核机制，按照“优续劣汰”“压一般、保重点”原则，依据成效动态调整补贴项目，优化资源配置；四是推进信息化与法治化建设，搭建信息化管理平台，实现补贴全链数字化审批监管，同步完善制度漏洞。通过“精准投放—严控流程—动态评估—数字赋能”全面提升资金效能与政策绩效。

同时，兴国县需构建“政策引导+多元融资”机制，激发社会资本活力。一是制定指引文件，聚焦设施农业、冷链物流等偏市场化项目，创新合作模式，健全对接渠道；二是完善农业保险产品体系，借鉴山东经验，按照“保大宗、保特色、保价格、保大灾”的总体原则，覆盖种植户的风险敞口，打通索赔路径；三是推动银行开发差异化涉农信贷产品，参考徐州模式，依托农村大数据降低贷款门槛，降低担保要求；四是活用地方专项债，精准投入农业农村，提升债券资金使用绩效。

推进人才建设，加快技术向成果转化。如今，人才支撑成为制约农业经济数字化发展的主要因素，应当重视人才，培养人才，大力开展“人才引进”“数字人才队伍建设”专项工作。一是创新引才机制，通过企业家返乡创业、青年下乡任职、退休专技人员返聘指导，构建多元人才梯队；二是强化育才体系，开展营销能力、科学生产、风险防控等专项培训，提升农业经营者专业素养。组织龙头企业与合作社联合培育新型职业农民，打造“技能型+创新型”人才队伍；三是注重模式创新，探索“企业以资金入股+职业农民以技术入股+土地承包农户以土地经营权入股”的股权模式，实现合作共赢。

要加强技术提升与转化。一是完善数字基建，依托区块链、物联网技术构建多主体协作平台，实现生产、流通、销售全链信息共享。建设“数字兴国”电商体系，融合客家文化、红色IP打造特色产业带，精准对接市场需求；二是推动智能技术应用，推广智能农机，运用云计算等技术降低农资成本，优化生产流程。运用大数据分析市场动态，指导种植结构与营销策略调整；三是强化技术赋能，政企联动开展数字技能培训，支持企业设备升级与技术创新；四是深化产学研融合，注重技术成果转化，联合高校、科研机构保护开发种质资源，提高农产品品质。

发展“互联网+农业”，布局智慧农业新态势。赣州市近年来积极推动智慧农业建设，建成了赣南脐橙大数据平台，倾力打造5G+赣南果业大数据服务平台和5G+赣南富硒产业数字化管理平台。在这一环境下，兴国县具备发展数字农业的良好基础，应加快布局建设农业大数据试点示范县和农业农村数字经济示范区，重视数据的生产要素作用。

一是建立六位一体的数字化平台“数字兴国”，集生产数据、市场行情、技术支持、村集体服务、产品溯源、电商销售于一体。分别面向农户与消费者，该平台可以实现日常订单处理、种植技术指导、农情预警、精准营销、优化配送路径等功能。具体而言，“数字兴国”平台可与中国网库等公司合作，为种植户提供全国市场实时价格数据，打破信息不对称；平台可实行“订单化”销售，以需求指引生产、以需求促进生产；平台可实现农户与消费者直接对接，减少中间环节，使农户利润最大化，也可与“美团优选”等生鲜电商合作，提升销售效率；以平台为依托加快实施“互联网+”农产品出村进城工程，以农产品电子商务为重点，大力发展品质电商、视频电商等，实现精准营销；平台还可邀请金融机构入驻，为种植户提供便捷的金融服务，开展助农贷款等政策讲解，与科研机构合作，提供种植技术培训与在线答疑等服务。

二是政府牵头建设县域“数字大脑”，建设县域农业数据中心与数字化农业管理决策系统，把数据“管起来”“用起来”，将资源分散的数据管理转变为由专门责任机构统一管理，实现统一指挥、统一调度，完善顶层设计。

三是通过打通销售链享受数字经济带来的高效益，进而倒逼产业上游进行规模化、标准化生产，以及基础设施机械化、数字化改造，最终实现把数字技术嵌入从田间地头到消费终端的供应链管理全过程，形成营销、物流、技术、资金、人员培养等全方位数字化赋能，推动农业高质量发展。

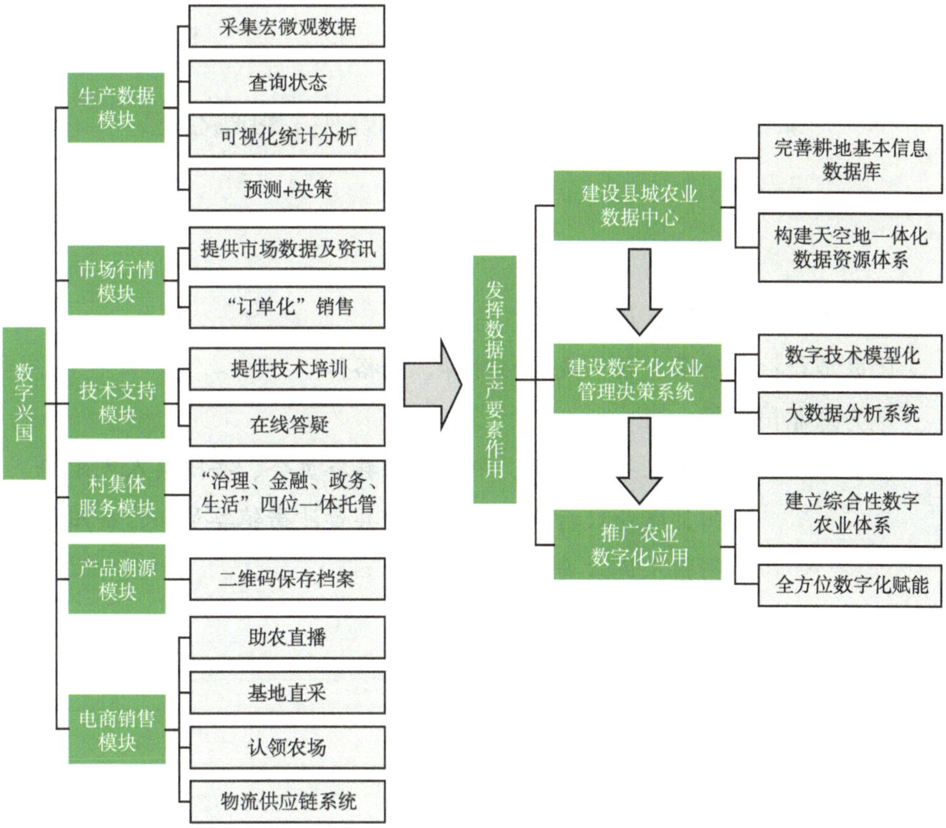

图2 兴国县大数据平台构建与数据生产要素作用的发挥

湖南岳阳县：茶香小镇产业融合的践与思

指导老师：于　鹏、周湘林
团队成员：武思豪、杨　威、赵叶梓、涂裕仁
地方联络员：梁　丽
支持单位：岳阳市农业农村局、中共岳阳县委员会、岳阳县人民政府、岳阳县农业农村局、中共岳阳县黄沙街镇委员会、岳阳县黄沙街镇人民政府

报告主题

在全面推进乡村振兴的伟大征程中，湖南省岳阳市岳阳县黄沙街镇以其独特的“茶香小镇”发展模式，为乡村振兴提供了生动的实践样本。本调研通过深入实地调研、访谈调查、座谈会议、文献研究和案例分析等方法，全面考察和分析了黄沙街镇的产业发展现状，从特色小镇、产业链打造、产业集聚效应、产业融合等角度，总结了黄沙街镇以“串珠成链”模式为核心的特色小镇产业发展助力乡村全面振兴的新路径。

黄沙街镇位于岳阳县南部，生态环境优越，土壤肥沃，气候温和，雨量充沛，为农产品的生产、加工和销售提供了得天独厚的条件。该镇以茶产业为主导，通过发挥茶产业优势，打造精品特色，其中“洞庭春”茶作为发展核心，曾获国家优质产品奖，并被认定为“中国驰名商标”。依托于此，岳阳县举办了“茶绿樱花红·洞庭春”茶文化节，为黄沙街镇擦亮招牌，扩大品牌影响力奠定了坚实基础。然而，黄沙街镇在茶产业、果林种植业、畜牧业、旅游业发展中也面临挑战。

针对黄沙街镇产业发展的优势、劣势、机会和威胁，团队提出以下政策建议：一是打造统筹规划管理协调机制，构建“政府—企业/经营者—农户/生产者”的互动沟通机制，深化产业融合与协同发展，加强产业统筹发展，推动产业集聚与升级；二是构建产业发展特色品牌，加强品牌建设，提升品牌影响力，创新营销方式，采用多元营销手段，提升基础设施建设和服务水平，培养和引进专业人才；三是大力推广数字化产业发展，优化种植业布局，开展产品精深加工，推动科技创新与应用，建立可持续发展机制；四是建立健全金融保险服务体系，创新设计金融产品投融资机制，拓展融资渠道，强化农业保险保障能力，建立健全风险保障体系。

黄沙街镇的乡村振兴实践，不仅为当地经济发展注入了新动力，也为其他地区提供了宝贵的经验借鉴。通过“串珠成链”的发展模式，黄沙街镇正逐步实现产业高质量发展，助力乡村全面振兴。黄沙街镇将继续坚持产业融合的发展路径，不断优化产业结构，提升产业竞争力，为实现乡村振兴的宏伟目标而努力奋斗。

（一）现状描述

2024年5月27日，中共中央政治局召开会议审议《新时代推动中部地区加快崛起的若干政策措施》，会议强调，要坚持城乡融合发展，扎实推进乡村全面振兴，湖南等中部六省要切实扛起主体责任，凝聚强大工作合力，奋力谱写中部地区崛起新篇章。湖南省作为中部地区关键省份，中部崛起战略与乡村振兴战略有力提供了强大动力。基于此，湖南省积极探索符合自身特点的乡村振兴路径，注重人才振兴，通过实施一系列人才计划和政策，吸引和培育了一批懂农业、爱农村、爱农民的“三农”工作队伍，为乡村振兴提供了坚实的人才支撑。加强了农村基础设施建设和公共服务配套，提升了农民的生活品质，为乡村振兴奠定了坚实的基础。

湖南省岳阳市岳阳县上承中央和省级重点战略，坚持产业强县、坚持统筹兼顾，立足资源禀赋和产业基础，全域推广王鸽和金盆柚两个特色产业，重点培育油茶、茶叶、中药材、水产四个优势产业，巩固提升粮食、生猪两个传统主导产业，加快建设省级现代农业产业园，实现园区总产值80.56亿元，园区农村居民可支配收入突破3万元。成功创建杨林鸽业、黄沙街茶叶、新墙葡萄种植、中洲生态农业、麻塘办事处农文旅融合等8个全市党建引领乡村振兴示范基地，全县196个村（社区）平均集体经济收入达到22万元。依托旅游项目基础，加快发展全域旅游，2023年前三季度接待境内外游客642万人次，实现旅游总收入66.74亿元，获评全国2023年“深呼吸生态旅游魅力名县”和全省推进乡村振兴战略先进县。

在各级政府的重视下，黄沙街镇发挥自身优势，于2014年被评为全国重点镇，2020年成功创建全市农业产业化特色小镇“茶香小镇”，2023年获评省级文明村镇。黄沙街镇形成了以茶产业为主导产业，通过发挥茶产业优势打造精品特色，其中“洞庭春”茶是发展核心，该产品2014年被国家市场监督管理总局认定为“中国驰名商标”，曾获国家优质产品奖。依托于此，岳阳县举办了“茶绿樱花红·洞庭春”茶文化节，为黄沙街镇擦亮招牌，扩大品牌影响力奠定坚实基础。建设“一村一品”金玉产业，构建“村村有产业，村村有亮点”的产业发展格局，全镇共发展翠冠梨、黄桃、猕猴桃、栀子花、稻虾等农业产业23个，其中黄沙街镇百叶被评为国家地理标志。把“迎老乡、回故乡、建家乡”作为重要抓手，建立“合作社+农户”的运营模式，形成村集体经济蓬勃发展的态势。

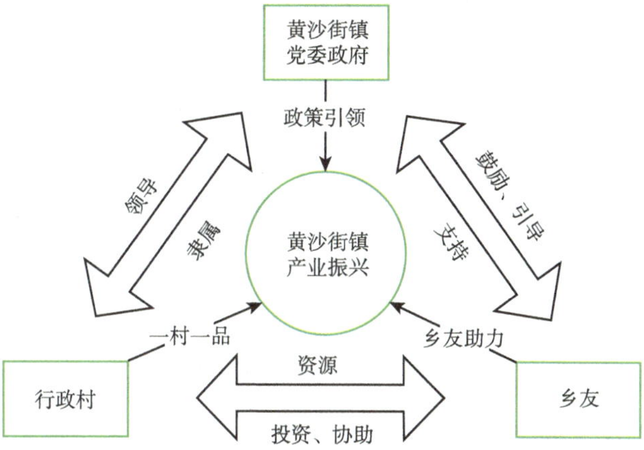

图1　黄沙街镇三方主体协作推进产业发展

（二）问题研判

黄沙街镇在产业发展中形成了“村村有产业，村村有亮点”的产业发展格局，但产业之间的联系较弱，各产业处于“单打独斗”的境地，部分产业已逐渐形成独有纵向产业链，但横向间的关联性不强，产业集聚效应较弱，产业融合基础不足，基于此调研团队对其产业发展的现状进行了调研整理。

1. 茶产业

黄沙街镇茶叶示范场以“洞庭春”品牌为龙头，大力推进高标准茶园建设，确保茶叶的优质生产。目前，茶场以4000亩核心茶园为中心，拓展周边茶叶种植面积近9700亩，产业基地面积达到1.37万亩，产值已超过1亿元。黄沙街茶叶示范场积极探索产业融合的发展路径，通过推动茶旅融合发展，将茶叶产业与乡村旅游紧密结合，带动周边村民就业和增收。同时还积极响应乡村振兴战略，通过土地流转、集中经营等方式，推动农业规模化、标准化发展，促进农村经济的全面振兴。

存在问题：一是国企改制存在困难，政企分离落地难，现有负责人仍为政府部门外派干部，未引入职业经理人进行精细化管理和市场化运作，退休人员待遇尚未完全解决，存在一定程度的发展风险和权责不明的情况；二是市场竞争压力大，黄沙街镇茶叶生产有三方主体，分别是国有茶场、民营茶场与散户，形成了三方竞争或协作的方式，对茶场发展产生不同影响；三是销售渠道较狭窄，主要依赖政府采购、门店销售和零售，未充分利用电商销售的优势，导致失去先发优势；四是生产设备较为落后，仍处于半自动化状态，导致人力成本上升，利润下降。

2. 果林种植业

黄沙街镇在种植业领域展现出了多元化与特色化发展态势，其中黄桃、翠冠梨、猕猴桃、雷竹、金盆柚等特色农产品的种植尤为突出。黄桃种植规模不断扩大，近年来在多个村庄得到广泛推广，产量逐年增加。翠冠梨种植面积和产量均有所增长，各村均有广泛种植，形成了一定的产业规模。猕猴桃种植逐渐形成规模化生产，培育出了口感鲜美、营养丰富的猕猴桃。栀子花种植也有广阔前景，栀子花基地是岳阳市最大的栀子花基地，形成了稳定的种苗繁育、种植、加工、销售产业链，产品远销国内外市场。

存在问题：一是病虫害防控压力，随着种植规模的扩大和种植年限的增长，农作物病虫害的发生频率和危害程度也在增加，防控效果不理想，影响农作物的产量和品质；二是市场竞争与品牌建设，虽然黄沙街镇的农产品在市场上具有一定的知名度和美誉度，但随着市场竞争的加剧，品牌影响力和市场竞争力有待提升；三是产业链不完善，部分农产品在加工、销售等环节还存在短板，导致农产品的附加值不高，农民的收入难以进一步提升。

3. 畜牧业

黄沙街镇鹿场已初具规模，正处于逐步扩大规模的过程中。公司成立至今现拥有梅花鹿100头，养生酒品牌三个，发明专利一项。鹿产品如鹿茸、鹿肉等具有较高的营养价值和药用价值，在市场上受到一定的欢迎。

存在问题：一是受瘟疫影响大，疫病的暴发不仅会导致鹿只死亡、流产和品质下降，直接影响鹿茸等产品的产量和质量，进而造成经济损失；二是基础设施不完善，鹿场所处位置较为偏僻，交通不便，且鹿场面积小，可容纳的游客数量也非常少。

4. 旅游业

黄沙街镇近年来在旅游业发展上取得了显著成效，特别是黄秀农耕文化园、栀子花种植基地以及“茶绿樱花红”等项目，增添了浓厚的文化底蕴和丰富的旅游体验。黄秀农耕文化园已发展成为集观光农业、传统农耕文化体验、科普教育和新型农业科研于一体的综合性园区。栀子花种植基地依托良好的自然环境和丰富的土地资源，成功流转土地发展栀子花种植，带动了当地农民增收。“茶绿樱花红”则是黄沙街镇近年来全力打造的旅游品牌，依托现有的茶叶示范场和丰富的樱花资源，形成了独特的茶旅融合景观。

存在问题：一是季节性依赖强，樱花园和栀子花基地的主要吸引力在于花的盛开，这导致旅游活动存在较强的季节性依赖；二是基础设施和服务水平需提升，随着游客数量的增加，基础设施和服务水平可能面临考验；三是市场竞争激烈，随着乡村旅游的兴起，越来越多的地方开始发展赏花旅游项目和乡村研学，导致市场竞争日益激烈。

（三）问题分析

1.研究设计

实践团队基于对黄沙街镇产业发展现状的调研，以实地观察法、访谈研究法、会议调查法、文献研究法探究黄沙街镇产业发展存在的问题，总结黄沙街镇“茶香小镇”产业发展的经验，并从产业融合的视角出发，运用SWOT分析方法全面分析黄沙街镇产业发展的优势、劣势、机会和威胁。同时结合现有研究的经验和特色小镇建设的案例为黄沙街镇产业高质量发展提出可行性的政策建议，助力乡村全面振兴。

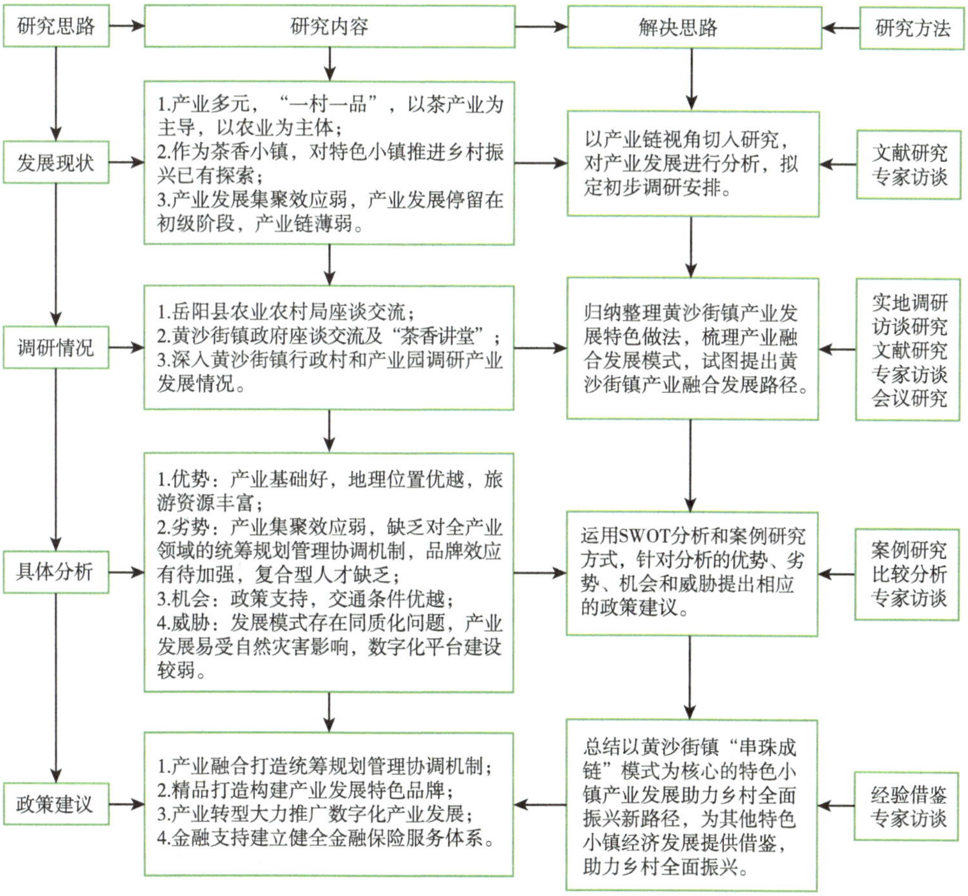

图2 黄沙街镇调研研究思路

2. 调研地点

实践团队深入实践地走访调研茶产业、畜牧业、果林种植业和旅游业等类别的产业发展现状，调研地点类别分别有政府机关、国有企业、民营企业、个体经营者等，具体如表1所示。

表1　　黄沙街镇调研地点及调研形式

类型	地点	形式
政府机关	岳阳县农业农村局	座谈
	黄沙街镇政府	座谈、专家访谈
国有企业	洞庭春茶场	实地考察
民营企业	黄秀农耕文化园	实地考察
	大明村金盆柚种植基地	实地考察
	大明村梅花鹿鹿场	实地考察
个体经营	苍坪村黄桃种植园	实地考察
	四英豆制品加工作坊	实地考察
	刘士奇村翠冠梨种植园	实地考察
	新天村猕猴桃基地	实地考察
村集体入股	复兴村苗木基地	实地考察
	和谐村栀子花基地	实地考察
	龙凤村樱花苗木基地	实地考察
	茶绿樱花红·樱花园	实地考察
	茶园社区民营茶场	实地考察
旅游景点	刘士奇故居	实地考察

3. 产业发展分析

本节基于产业链视角从农村产业融合模式角度切入，并结合黄沙街镇产业发展的实际嵌套产业融合逻辑进行深入分析。目前，黄沙街镇经济发展处于弱融合阶段，主要表现为农业龙头企业引领型融合和合作型融合。茶产业作为龙头企业，带动周边民营茶场和散户，形成“龙头企业+散户”模式；其他农业产业如种植业和畜牧业则以合作型融合为主，通过合作社整合技术和资源，降低交易成本。

随着发展，茶产业将向功能拓展型融合转变，通过政策支持，举办“茶绿樱花红·洞庭春”茶文化节，将茶产业与旅游业结合，形成休闲农业和体验农业的新业态。其他农业产业则向产业链延伸型融合发展，通过与上下游企业合作，打通产业要素流通，促进产品销售。

最终，黄沙街镇将形成强融合模式，即产业集聚型融合，以本地优势产业为核心，实现产业链的交叉融合和网络链接，提高产业效率，促进规模扩大。为推进产业融合，黄沙街镇需采取以下措施：一是实行积极的金融供给配置政策，增强要素驱动力；二是引进高技术人才，提升产业创新能力；三是加大创新力度，营造良好的创新环境，推动制度创新和数字化业务治理。

对于黄沙街镇产业融合发展而言，基于农业为主体的农业、工业、旅游业产业融合发展是接下来乡村振兴在经济发展方面的重要着力点，通过SWOT对其进行深入分析如下：

优势：黄沙街镇传统农业产业基础良好，茶叶示范场是湘北地区规模最大的生产基地，拥有“洞庭春”等知名品牌。地理位置优越，生态环境良好，土壤肥沃，气候温和，雨量充沛，周边经济发达，可吸引大量游客。旅游资源丰富，有“茶绿樱花红”、黄秀农耕文化园、刘士奇故居等重点旅游景点。

劣势：农产品生产方式相对传统，产业集聚效应较弱，部分加工环节仍依赖原始加工方式。缺乏全产业领域的统筹规划管理协调机制，品牌效应有待加强，复合型人才较为缺乏。

机会：政策支持力度大，县委、县政府大抓“三茶统筹”，提供政策和资金扶持。交通基础设施日趋完善，有利于旅游业的发展，为产业融合提供有力支持。

威胁：发展模式缺乏创新性，存在同质化问题，对周边地区游客的吸引作用较弱。自然灾害影响较大，农业产业仍以原始生产方式为主，缺乏相关保险产品的支持。数字化平台建设不足，缺乏对数字化技术的运用和深度融合。

（四）赋能成效及政策建议

团队根据黄沙街镇产业发展现状，通过产业融合模式分析和SWOT分析提出黄沙街镇产业发展的各项举措，结合弱融合模式向中融合模式转变的具体举措，为黄沙街镇产业高质量发展提供政策建议。在研究生院和政府管理学院的支持下，建立了中央财经大学“财经人·济世路”乡村振兴研究生服务站，受到当地媒体和学校媒体的宣传支持。实践报告获得岳阳市农业农村局和岳阳县农业农村局的感谢信。

1.产业融合，打造产业统筹规划管理协调机制

一是构建互动沟通机制，建立“政府—企业/经营者—农户/生产者”互动平

台，确保政策传达、市场信息流通和生产需求对接。通过定期座谈会、信息共享平台、政企合作机制等方式，促进各主体间的互联互通。

二是深化产业融合与协同发展，以茶产业为主导，推动茶产业与文旅产业融合，如建设茶文化体验馆、开发奶茶等新产品；种植业与文旅产业结合，打造采摘体验、观光种植等项目；养殖业方面，梅花鹿养殖产业可建设养殖业综合体；旅游业方面，整合黄秀农耕文化园、刘士奇故居等资源，形成旅游环线。

三是加强产业统筹发展，设计制定《黄沙街镇产业发展三年行动计划》，培育梯度化产品，鼓励农产品加工企业集聚发展，打造特色旅游线路，加大新型经营主体和特色优势产业培育。

2. 品牌建设，构建产业发展特色品牌

一是加强品牌建设，基于“洞庭春”品牌优势，打造特色旅游品牌，挖掘品牌内涵，建立品牌发展策略，开发文创产品提升品牌竞争力。

二是创新营销方式，利用线上线下多渠道营销，借助社交媒体、电子商务平台等数字化手段，拓宽销售渠道，吸引更多年轻消费者。

三是提升基础设施建设和服务水平，加快交通、停车场、住宿餐饮等基础设施建设，提高游客旅游体验。

四是培养和引进专业人才，培育本土农业人才，加强与高校和研究机构合作，引进旅游项目开发、品牌营销等方面的高端人才。

3. 产业转型，大力推广数字化产业发展

一是优化种植业布局，对低质种植园进行优化升级，引进优质品种和苗木，推广现代化、机械化、集约化种植模式，推进产品精深加工。

二是推动科技创新与应用，鼓励企业采用智能农业、物联网等新技术，提高农业生产智能化水平，加快数字化监管联网系统建设。

三是建立可持续发展机制，探索“政府引导、市场主体”模式，加强环境保护与可持续发展，推广绿色生产方式。

4. 金融支持，建立健全金融保险服务体系

一是创新设计金融产品投融资机制，针对龙头企业和农民合作组织开发特有金融产品，利用财政资金撬动社会资本，构建市场化机制。

二是强化农业保险保障能力，争取各级专项资金支持，扩大农业保险覆盖面，为产业发展兜底，避免产业主体“靠天吃饭”。

产业振兴

特色路径点亮乡村风土新活力

特色路径点亮乡村风土新活力

中央一号文件多次强调要因地制宜发展特色产业，打造乡土特色品牌，推动乡村产业与生态旅游、民俗文化等融合发展；工信部等多部门发布指导意见，推动传统优势食品产区和地方特色食品产业发展，构建多元化、差异化的产业体系。习近平总书记多次指出，要着力做好“土特产”文章，以产业振兴促进乡村全面振兴，强化科技创新与产业创新融合，推动传统产业升级，培育新兴产业集群，提升品牌价值。这些政策与指导为特色产业的发展提供了明确方向和强大动力。

中央财经大学“财经人·济世路”调研团队深入宕昌、涪陵等地进行全面调研，总结出乡村特色产业培育与发展的三类核心问题：其一，资源利用低效，表现为特色禀赋开发不足、生产要素配置低效、生态资源使用粗放等；其二，品牌建设滞后，表现为品牌价值挖掘不足、市场推广形式单一、区域特色辨识度不高、营销策略定位不准等；其三，激励机制缺位，表现为利益结构松散、农户参与机制不健全、收益分配不均衡、农户生产积极性受挫等。

针对上述问题，调研团队提炼了四大应对策略：一是，构建资源共享平台，推动生产要素高效流动；二是，挖掘独特文化历史，整合当地资源培育统一品牌；三是，加强激励机制建设，构建多方利益共享机制；四是，畅通政企沟通渠道，加强优势产业政策设计。

甘肃宕昌县：电商赋能下的中药材产业的新质生产力路径研究

指导老师：杨 武、于 来、周世民

团队成员：刘天宇、徐良劼、魏荣豪、余周婧淳、田昕懿、任 刚、李子逸、阮氏凤、阮氏翠庄

支持单位：宕昌县人民政府、宕昌县电子商务中心、甘肃新陇羌源电子商务有限公司、宕昌县理川丰达中药材农民专业合作社

报告主题

2024年中央一号文件明确指出："实施农村电商高质量发展工程，推进县域电商直播基地建设。"农村电子商务事业作为深入推进乡村振兴的新引擎，对改善农产品质量、增加农民收入、推进农村产业数字化转型升级等方面发挥着重要作用。甘肃省陇南市宕昌县，作为"千年药乡"拥有丰富的中药材资源，近年以来，当地围绕特色中药材产业出台了大量关于"甘味"农产品品牌建设、电商助农等系列支持政策，推动了宕昌中药材产业的数字化转型。但当前，宕昌中药材产业仍然存在着生产标准化水平低、品牌影响力不足、线上平台运营粗放、电商人才匮乏等发展问题。

针对上述问题，调研团队以"产业标准化、品牌IP化、人才专业化、物流高效化"为目标，引入GAP中药材标准化种植，利用多种举措提高中医药产品附加值；挖掘红色文化与药乡历史，推出地域特色产品设计，举办跨境电商直播活动；打造电商人才培训基地，邀请专家传授电商运营经验；协助政府规划中药材产品物流网络，优化物流时间和成本；搭建政企沟通桥梁，推动建立产品质量检测中心，协助制定产业政策，引导对接外部大型药企，为宕昌中医药产业的高质量发展提供有力的支撑。

调研团队根据宕昌县地方发展经验，充分发挥中央财经大学的科研与人才优势，构建了中药材产业、红色旅游、康养文化相结合的"药旅融合"新业态，总结了以"产业+电商+农户"发展模式为路径的宕昌经验，推动宕昌中医药产业从"小特产"走向"大市场"，为西部县域经济发展提供产业振兴的示范样本。

（一）现状描述

1. 政策扶持奠定发展基础

自2013年起，陇南市紧跟国家发展电子商务的步伐，积极探索“电商+劳务”模式，构建了“产业+农民+合作社+网店+平台+市场”的电商发展路径。宕昌县作为陇南市下辖县，积极响应政策，出台了一系列涵盖税收优惠、资金扶持、项目补贴等方面的政策，鼓励企业和农民专业合作社投身农村电子商务领域。进入乡村振兴新时期，陇南市大力打造本土电商平台，积极探索电商模式创新、品牌建设与市场拓展，宕昌县也顺势而为，不断优化电商发展环境，推动农村电商服务站点建设，完善物流配送体系，使电商对农村居民可支配收入的贡献持续增长。

2. 地方特色产业蓬勃发展

宕昌县素有“千年药乡”“天然药库”的美誉，中药材产业是其富民强县的支柱产业。境内中药材种植历史悠久，种类繁多，已普查到药材种类692种，占全省的43%，当归、党参、黄芪、大黄等四大宗药材种植面积常年稳定在40万亩以上。近年来，宕昌县依据相关产业发展文件，全面谋划中药材产业，构建了“一品、四宗、五基地”的发展思路，培育了众多农业企业和农民专业合作社。在电商的助力下，宕昌县中药材产业与电商深度融合，通过线上线下相结合的销售模式，拓宽了销售渠道，促进了农民增收。

3. 电商产业助力乡村振兴

宕昌县积极发展电商产业，建成了集多种功能于一体的电商公共服务中心，为电商企业提供全方位支持。截至2023年，全县网店数量达到540家，完成销售额7.4亿元。同时，通过开展电商人才培训，提升了从业人员的专业素养。此外，宕昌县注册了县域公共品牌“羌源味到”，并采用“1+N”母子品牌运营管理模式，培育出多种县域网红产品，推动了当地农产品的销售，助力农民增收致富。

（二）问题研判

1. 中药材产业发展困境

生产端问题突出：宕昌县中药材产品标准化程度低，技术标准整体落后，大部分产品处于初级加工阶段，附加值不高。产品同质化严重，缺乏地域特色，在全国市场上竞争力较弱。种植、加工、销售环节参与者分散，生产效率低下，且存在产能过剩的问题。部分生产及销售参与者知识产权意识淡薄，手续办理困难，资质缺失影响产品口碑和市场认可度。

流通和销售端阻碍重重：中药材市场结构固化，内部资源整合困难，外部资源引进受阻，产品与市场创新乏力。销售渠道方面，合作收购出货量不稳定，电商渠道存在发货、运营、人员等难题，传统线下零售受客流量制约，且部分产品对帮扶采购依赖度高，自主开拓市场能力不足。此外，中药材产品价格波动大，政府缺乏有效的价格维稳措施，部分产品定价缺乏市场竞争力。

2. 电商产业发展瓶颈

人力资源矛盾凸显：宕昌县部分电商企业规模较小，供货量大时需临时增加人员，导致人力成本升高。而这些工作人员大多缺乏专业电商知识，人力成本与人员素养不匹配，影响了电商企业的运转效率。

平台运营问题重重：电商销售平台多而杂，缺乏统一管理，对外部平台依赖性大。在淘宝、拼多多等平台上，宕昌县中药材产品面临激烈竞争，且受平台规则限制，店铺运营困难，销量增长受限。

品牌宣传与直播带货短板明显：中药材产品宣传思路片面，缺乏对宕昌县风土人情、产业沿革和产品优势的深入介绍，品牌知名度低。同时，中药材产品宣传受限较多，优秀宣传案例匮乏。电商直播方面，运行模式粗放，专业化程度低，直播主体不明晰，形式单一，流量变现困难，对产品外销助力较小。

（三）问题分析

1. 深入调研明确问题

中央财经大学调研团队深入宕昌县，通过与政府部门、企业、合作社及农户开展座谈，收集各方对产业发展的看法和诉求；对相关负责人和从业者进行访谈，获取一手资料；发放问卷调查，广泛收集数据，从多维度深入剖析中药材和电商产业发展现状、优势、问题及瓶颈。经过深入分析，明确了宕昌县在产业标准化、品牌建设、人才培养、物流体系等方面亟待解决的关键问题，为后续赋能行动提供了精准方向。

2. 多维度赋能举措

（1）推动标准化与产业升级：高校发挥科研和人才优势，与宕昌县合作开展中药材种植标准化研究项目。组织专家团队深入田间地头，指导农户按照GAP标准进行种植管理，从选种、施肥、病虫害防治等环节规范操作流程，提高中药材品质。同时，协助合作社建设初级加工厂和储存设施，引入先进加工技术，延长产业链，提升产品附加值。例如，在黄芪加工方面，帮助企业开发黄芪切片、黄芪粉等深加工产品，提高了黄芪的市场价值。

（2）强化品牌建设与推广：高校帮助对接专业团队助力宕昌县打造县域统一中药大品牌。挖掘宕昌县红色文化和中药材产业历史，将文化元素融入品牌故事，设计具有地域特色的品牌标识和包装。通过举办品牌推广活动，利用新媒体平台进行宣传，提升品牌知名度和美誉度。如开展跨境电商直播带货系列活动，吸引了众多海内外消费者关注。

（3）开展人才培养与培训：高校与宕昌县合作设立电商培训基地，制定系统的培训课程体系。邀请电商领域专家和企业高管授课，内容涵盖平台操作、店铺管理、营销推广、数据分析等方面。为提高培训积极性，推行“带薪培训”政策，并引入电商平台专业运营人员进行实战指导。此外，还为宕昌县培养了一批具有创新能力的电商人才，为产业发展注入新活力。

（4）促进政企合作与交流：搭建政企沟通桥梁，组织政府部门和企业开展交流活动，共同探讨产业发展策略。协助政府制定科学合理的产业政策，引导企业合理布局和发展。同时，推动政府加强公共服务平台建设，如设立产品质量检测中心，为企业提供质量检测服务，确保产品符合市场标准。

（5）优化物流体系建设：高校利用自身的专业知识和资源，为宕昌县物流体系建设提供规划建议。协助政府优化物流配送网络，合理布局县级物流中心和乡镇配送站点，提高物流配送效率。推动政府与电商平台合作，争取物流补贴政策，降低电商运营成本。例如，通过优化物流路径，减少了中药材产品的运输时间和成本。

（四）赋能成效与政策建议

1.赋能成效

（1）产业发展成果丰硕：在中央财经大学助力下，宕昌县中药材产业标准化水平显著提高，产品质量得到提升，市场竞争力增强。产业链不断延伸，产品附加值增加，带动了农民增收。电商产业发展迅速，网店运营更加规范，销售额稳步增长，“羌源味到”品牌知名度大幅提升。

表1　宕昌电商主要中药材及农副产品认证情况

序号	类型	产品	认证单位	产量（吨）	持证单位	证书编号
1	农产品地理标志认证	宕昌大黄	农业农村部	38000	宕昌县中药材开发服务中心	AGI2015-02-1727
2	农产品地理标志认证	宕昌党参	农业农村部	42000	宕昌县中药材开发服务中心	AGI2011-02-00641
3	农产品地理标志认证	宕昌黄芪	农业农村部	36000	宕昌县中药材开发服务中心	AGI2014-01-1445
4	农产品地理标志认证	哈达铺当归	农业农村部	22000	宕昌县中药材开发服务中心	AGI2011-02-00639
5	农产品地理标志认证	宕昌百花蜜	农业农村部	700	宕昌县畜牧兽医局	AGI02592
6	无公害农产品认证	马铃薯	甘肃省农业农村厅	250000	宕昌县丰民马铃薯农民专业合作社	WNCR-GS01-1900330
7	绿色食品认证	香菇（鲜）	国家绿色食品发展中心	180	宕昌县两河口镇石院村特色产业发展农民专业合作社	LB-21-19122712109 AGF621223193714
8	绿色食品认证	香菇（干）	国家绿色食品发展中心	32.5	宕昌县两河口镇石院村特色产业发展农民专业合作社	LB-21-19122712110 AGF621223193714
9	绿色食品认证	花椒	国家绿色食品发展中心	54.9	宕昌县两河口镇石院村特色产业发展农民专业合作社	LB-21-19122712108 AGF621223193714
10	绿色食品认证	木耳（干）	国家绿色食品发展中心	200	宕昌县兴宕菌业有限责任公司	LB-21-21052705715 AGF621223212031
11	绿色食品认证	宕昌百花蜜	国家绿色食品发展中心	537	宕昌县兴昌蜂业科技有限责任公司	LB-35-21052705703 AGF621223212031

（2）人才培养效果显著：通过培训和指导，宕昌县培养了一批懂电商、会经营的专业人才，为产业发展提供了坚实的人才支撑。这些人才在企业运营、品牌推广、直播带货等方面发挥了重要作用，推动了产业的创新发展。

（3）社会影响力不断扩大：通过中央财经大学的对接与引入，多方企业、单位与宕昌县的合作得到了社会各界的广泛关注和认可，多家媒体对合作成果进行了报道，提升了宕昌县的知名度和美誉度。同时，宕昌县的成功经验也为其他地区提供了借鉴，促进了乡村振兴战略的整体推进。

2. 政策建议

（1）持续加强产业标准化建设：政府应加大对中药材标准化种植的扶持力度，完善相关标准体系，加强质量监管。鼓励企业加大研发投入，开发更多高附加值的产品，推动产业升级。

（2）深化品牌建设与推广：持续挖掘宕昌县的文化内涵，丰富品牌故事，创新品牌宣传方式。加强品牌保护，打击假冒伪劣产品，维护品牌形象。

（3）加大人才培养与引进力度：建立长效的人才培养机制，与高校、职业院校等建立长期合作关系，定期开展培训。制定优惠政策，吸引更多优秀人才到宕昌县发展，为产业发展提供人才保障。

（4）强化政企合作与协同发展：政府应进一步优化营商环境，加强与企业的沟通与合作，及时了解企业需求，解决企业发展中的问题。加大对电商产业的扶持力度，完善公共服务平台建设，推动产业协同发展。

（5）完善物流体系建设：持续加大对物流基础设施的投入，优化物流配送网络，提高物流配送效率。加强与电商平台和物流企业的合作，争取更多的物流补贴政策，降低物流成本。

重庆涪陵区：榨菜特色产业驱动下的农文旅融合路径探索

指导老师：何　杨、于爱芝
团队成员：赵　姗、寇明珠、张紫慕、陈俊汐、何浩瑞、李沛霖
支持单位：重庆市涪陵区人民政府、重庆市涪陵区农业农村委员会、重庆市涪陵区人民政府江北街道办事处、重庆市涪陵区江北街道大渡村村民委员会、重庆市涪陵区江北街道二渡村村民委员会

报告主题

“农业+文化+旅游”融合发展不仅是推进乡村全面振兴的重要抓手，也是乡村振兴的新引擎，能够有效地盘活闲置资源。

涪陵区位于重庆主城都市区，以榨菜产业而闻名。调研团队以当地“世界榨菜第一村”二渡村为调研重点。二渡村地处涪陵国家现代农业产业园核心区，村内有渝东南农业科学院和全国酱腌菜行业唯一的上市企业——涪陵榨菜集团，拥有最大的优质青菜头选育栽培基地。通过实地调研，团队发现，当地主导产业不断提升发展、产业融合发展不断推进，并通过“三变”改革探索盘活沉睡要素的新路径，但也存在着利益联结机制不完善、优质生产要素集聚作用发挥不充分以及“三变”改革中的利益联结机制和风险问题有待解决等问题。

对此，一方面，调研团队高质量完成调研任务，撰写了调研报告《特色产业驱动下的农文旅融合与乡村振兴路径探索——以重庆涪陵榨菜产业为例》，为当地榨菜产业驱动下农文旅融合路径提供了优化利益联结机制、加强产业园区建设、完善“三变”改革配套措施以及加大政策支持力度等建议。进一步梳理了当地结合特色产业驱动农文旅融合发展的先进经验，撰写了《重庆涪陵区：一碟小“菜”绘就农文旅“咸”香画卷》的新闻报道，于《农民日报》发表。

另一方面，调研团队通过签约授牌搭建校地合作桥梁，积极践行“将论文写在祖国大地上”的长期主义。调研团队与重庆市涪陵区江北街道举行了中央财经大学乡村振兴研究生服务站共建合作协议签约授牌仪式，标志着中央财经大学与江北街道共同开启了面向未来的乡村振兴领域合作，特别是该地将成为中央财经大学师生参与“三农”改革的“试验田”。重庆市涪陵区人民政府微信公众号对“中央财经大学乡村振兴研究生服务站在涪陵江北街道挂牌”进行了报道，充分肯定了服务站建设对以专业知识赋能乡村振兴、助力乡土人才培养的重要意义。

（一）现状描述

涪陵区位于重庆主城都市区、长乌两江交汇处、三峡库区腹心地带，幅员面积2942.37平方千米，辖27个乡镇街道，建成区面积78.89平方千米，常住人口111.52万人，城镇化率73.36%，以“世界榨菜之乡”、水下碑林“白鹤梁”和国家级页岩气示范区而闻名。

我们的调研重点江北街道二渡村被誉为“世界榨菜第一村”，地处涪陵国家现代农业产业园核心区，幅员面积3.76平方千米，辖7个村民小组，1050户、3071人。村内有渝东南农业科学院和全国酱腌菜行业唯一的上市企业——涪陵榨菜集团，拥有最大的优质青菜头选育栽培基地，建有绿色标准化青菜头种植基地3000亩，常年鲜菜、半成品和传统手工成品榨菜加工销售收入2000万元以上。二渡村初步形成了集育种研发、示范推广、标准化种植、精深加工为一体的榨菜全产业布局，除大规模现代化和标准化加工外，还通过深入挖掘涪陵榨菜传统生产工艺，开发出了具有“二渡味道”的北山手作农副产品，培育了“王婆婆”“彭婆婆”等传统非遗手工榨菜品牌，打造了以榨菜产业为主导的“一村一品”特色村，主导产业综合收入占全村经济总收入的70%以上。近年来，二渡村还大力推进农文旅融合发展，“农户入股+集体管理+企业运营”模式催生15个庭院经济项目，乡野茶食、金颐榨菜体验馆等新业态吸引3.2万人次游客。

（二）问题研判

1.行前沟通，明确诉求

为确保调研工作走实走深，团队通过与当地相关部门组织多次线上会议，收集涪陵区人民政府、江北街道办事处及所辖村的诉求，明确了“榨菜产业发展”与“农村宅基地闲置‘三变’改革”两个调研重点问题。一方面，团队依托“涪陵青菜头”“涪陵榨菜”两个国家农产品地理标志登记产品，调研二渡村榨菜特色品牌培育和榨菜加工联农带农机制中面临的难题；另一方面，团队对江北街道在二渡村开展的农村闲置农房“三权分置”改革试点开展调研，聚焦试点推进股份运作过程中面临的风险监管缺乏、农村土地交易体系不完善、承包地有偿退出机制不明确及农业产业招商引资困难等难题，为其下一阶段深化相关改革提出具有可行性的对策建议。

2. 实地调研，找准问题

（1）利益联结机制不完善，农户难以分享加工增值环节的利润。经过实地调研走访，我们发现：二渡村作为涪陵国家现代农业产业园核心区和优质青菜头示范种植基地，为涪陵榨菜集团提供了稳定优质的加工原料，后者与农户之间以“订单农业”方式达成“契约”，按照约定的价格收购青菜头。涪陵榨菜集团属于典型的准纵向一体化模式下的龙头企业，其优点是效率较高、能够实现规模经济。但是，当前集团仅以榨菜产品为核心，侧重下游加工的拓品种、拓市场，而对上游种植的联结不够。一方面，其难以完全掌控农户的种植环节，无法保障针对市场需求变化的及时调整；另一方面，其与小农户的利益联结机制不够健全，在提升农户收入和环境绩效等方面难以实现企业的社会价值。因此，我们建议，涪陵榨菜集团作为国家级农业产业化龙头企业，必须承担在乡村全面振兴中的企业社会责任，以ESG为发展指引，构建符合新阶段乡村振兴战略的企业—农户利益联结机制，带动小农户融入大市场，通过多形式的利益分配机制让小农户共享产业链延伸和价值链增值成果。

（2）优质生产要素集聚作用发挥不充分。在涪陵榨菜集团的引领下，涪陵形成了初具规模的农产品加工产业集群，农产品加工产值位居重庆市前列，促进了一批从事榨菜加工的农业企业、合作社等成立。但是，整体而言，其他农产品加工企业的规模相对较小，生产方式相对落后，并未形成与涪陵榨菜集团在技术水平、产品差异化方面梯度合理的产业矩阵，既无法成为涪陵榨菜集团生产链与产业链的一环，也无法分享“涪陵榨菜”公共品牌的红利。同时，涪陵国家现代农业产业园也没有充分发挥对优质生产要素的集聚作用，园区内其他榨菜加工企业规模较小，无法在更大规模市场上形成有效竞争优势，销售范围相对有限，产品附加值有待提升。此外，涪陵依托青菜头种植和加工开发特色旅游，构建起了农文旅、工业旅游的业态。这些业态是集聚优势资源要素、实现农村三产融合发展的重要途径，但仍处于较为初级的发展阶段，品牌影响力不足、配套设施不完善，导致其对优质资源要素的集聚作用仍然有限。

（3）“三变”改革中的利益联结机制和风险问题有待解决。其一，股份运作风险缺乏监管；其二，农业产业的市场经营主体主要为中小型企业和农民专业合作社，二者本身存在风险，主要表现为经营主体资产规模较小、经营项目单一、信用等级不高、抗风险能力不强、容易出现资金链断裂的问题，企业一旦中途退出或中断发展，老百姓的土地流转费将不能及时兑现；其三，部分专业合作社没有按合作社章程运作，更没有以合作社的名义开展农业生产经营活动；其四，农业产业招商引资困难，农村产业扶持政策少，经营主体规模相对较小，拓展多元化市场能力有限，且相对于收益来讲投资较大，导致经营主体对产业市场前景缺乏信心，不愿投入。

（三）问题分析

1.调研地点及方法

团队成员围绕涪陵区农文旅深度融合进程中榨菜产业发展、“三变”改革资源整合面临的主要问题，前往涪陵区多村进行深入的实地调研，通过实地考察、深度访谈等形式，获取多方一手资料。

表1　调研内容

实践类型	实践地点	调研形式
龙头企业	涪陵榨菜集团历史陈列馆	实地考察、访谈
	涪陵榨菜集团智能化生产车间	实地考察、访谈
政府机关	涪陵区农业农村委员会	单独访谈、座谈会
	江北街道办事处	单独访谈、座谈会
	“世界榨菜第一村”二渡村乡村振兴“五大中心”	实地考察、访谈
科研机构	渝东南农科院植物工厂	实地考察、访谈
农业科技园区	涪陵区国家现代农业产业园	实地考察、访谈
乡村（农户）	江北街道大渡村	实地考察、深度访谈
	江北街道二渡村	
农文旅融合基地、商户、消费者	二渡村改革示范成果“万和归居”等民宿	实地考察、深度访谈
	参观“二渡农场”	
文旅融合示范基地、消费者	白鹤梁水下博物馆	实地考察、访谈
	816军工洞	

2.调研情况总结

通过实地调研，我们以最具代表性的“世界榨菜第一村”——二渡村为研究重点，将当地特色产业、“三变”改革资源整合中的做法和成效凝练如下。

（1）主导产业提升发展。二渡村注重发挥村辖区内位于国内榨菜领域科研水平前列的重庆渝东南农科院在人才、科技要素的集聚功能。目前，重庆渝东南农科院和榨菜集团有高级职称以上人才57名（其中研究员5名），建有1个院士工作站、2个博士后科研工作站，挂牌“国家蔬菜改良中心涪陵榨菜研究中心”，自主育成“涪杂系列”优质青菜头新品种11个，研究出早晚两季青菜头栽培技术。村内的榨菜集团白鹤梁榨菜厂拥有6条现代化生产线、年产榨菜6万吨，带动全村建成以榨菜产业为主导的“一村一品”特色村，种植收入超过750万元，主导产业综合收入占全村经济总收入的70%以上。其叠加上市龙头企业“涪陵榨菜集团”，同时借势国家现代农业产业园、国家农业科技园建设，以科技为引领，正在推动形成以榨菜产业为主导，“科+工+农+文旅”一体化的产业群，并努力打造“高科技+精加工+大基地+强旅游”的榨菜产业集群式的布局。

（2）产业融合发展不断推进。二渡村依托涪陵榨菜集团、渝贵乐食品公司，采用“村企合作模式”开展手工风脱水榨菜传统加工，建设风脱水榨菜长廊共5处500余米，推动本地“彭婆婆”“王婆婆”等传统风脱水手工榨菜品牌影响力不断上升，形成农业产业园—植物工厂—渝东南农科院—二渡村新品种新技术栽培示范基地的科研旅游、榨菜集团榨菜陈列馆—智能化生产线的工业旅游、依托榨菜大基地开展的观光旅游等多元化的榨菜产业特色乡村旅游线路。涪陵区还连续两年在二渡村举办了涪陵榨菜产业博览会分会现场活动。

（3）“三变”改革探索盘活沉睡要素的新路径。当前，江北街道在二渡村开展试点，着力推进农村闲置农房“三权分置”改革，探索出一条“村集体+合作社+经营业主+农户”的发展思路。农户将闲置房屋使用权入股合作社，由村集体全资公司主导运营，引进业主自主经营，通过盈利分红推进参与各方受益。目前，全村共收储闲置房屋15户2800平方米，2024年前三季度实现集体经济收入209万元、增速248%。二渡村以探索盘活闲置农房为出发点的改革创新，在推动吸引社会资本参与乡村建设和孵化创业方面也取得一定成效，具体运营模式如下表所示。

表2　二渡村“三变”改革运营模式梳理

类别	主要内容
运营主体	村集体、二渡农业发展公司（二渡村集体全资公司）和农户按不同的占股成立绿之创专业合作社，合作社将收储的闲置房屋使用权全权委托二渡农业发展公司通过招商引进业主方式来开展运营。
利益分配	二渡农业发展公司每年将闲置农房盘活盈利的8%用于全村所有村民分红，37%用于扩大规模（比如后期若还有农户加入的话用于增资扩股等），55%进入绿之创合作社分红池按占股比例进行分红。其中对入股农户实行的是300元/股·年的保底收入+分红。
股权比例	合作社股份构成为：农户以闲置房屋使用权入股占股25%（闲置房屋按建筑面积20平方米折算为1股，院坝20平方米折算为0.1股，闲置土地1亩折算为1股），村集体以投入资金占股15%（通过项目资金投入），二渡农业发展公司以运营投入占股60%。

3. 存在问题的深度解析

第一，在利益联结机制方面，涪陵榨菜产业的农户难以分享增值收益的原因包括以下三点。一是产业实行准纵向一体化经营模式。涪陵榨菜集团等龙头企业占据产业链中加工和品牌营销等利润空间较大的环节，农户局限在原材料供应这一初级环节，缺乏深加工能力和品牌打造能力，主体间的结构性失衡导致农户难以分享增值收益。二是农户组织化程度偏低。榨菜产业的技术壁垒相对较低，合作社组织尚未发挥提高农户生产组织化水平的能力，企业仅通过订单农业等模式维系与农户的契约关系，难以形成“风险共担、利益共享”的命运共同体。三是涪陵榨菜集团虽然为农业产业化龙头企业，但当前阶段下更侧重于经济效益，未从根本上树立起社会责任发展理念。

第二，在吸引优质要素集聚方面，涪陵榨菜集团发展以内部纵向扩张为主，未能积极带动其他中小企业共同发展；产业链分工协作薄弱，没有形成以大带小的集群化效应；现代农业产业园对中小企业、新型经营主体缺乏实质、有效的帮扶措施；园区内中小企业的同质化明显，与龙头企业未形成“梯队化”产业结构，缺乏有效的技术扩散和产业链合作体系，导致少数龙头企业独占“涪陵榨菜”的品牌红利，中小企业品牌难以进入更广阔市场；此外，在农文旅融合发展过程中，特色资源开发处于初级阶段，“榨菜文化”的IP塑造较浅，无法有效吸引外部资金和人才。

第三，在“三变”改革中，风险防控机制不够健全，市场主体融资渠道狭窄，农户对改革的认知不足。首先，“三变”改革涉及集体资产股份化运作，中小企业与合作社资产薄弱，经营模式单一，容易受到市场波动影响，导致资金链断裂。现有监管机制、风险预警、应急管理等机制均不够成熟，容易给农户带来经济风险。其次，地方政府的财政金融扶持有限，社会资本积极参与的动力不足，产业规模偏小，投资收益率低。最后，部分农户也缺乏对“三变”改革本质的深入理解，阻碍了“三变”改革对沉睡要素的盘活。部分招商来的租户缺乏长期创业动机，投入不足，未能充分挖掘涪陵榨菜文化和农业资源的潜力，对本村就业吸纳不够；加之由于对土地流转政策认识不深、了解不够，部分农民特别是年龄较大的农民因为“念土情节”以及对土地流转政策稳定性的疑虑，缺乏主动流转土地的动力。

（四）赋能成效与对策建议

1.赋能成效

（1）高质量完成调研任务，调研报告助力地方解决实际问题。通过总结调研成果，调研团队撰写了调研报告《特色产业驱动下的农文旅融合与乡村振兴路径探索——以重庆涪陵榨菜产业为例》，为当地榨菜产业驱动下农文旅融合路径提供了建议；在此基础上，还进一步梳理了当地结合特色产业驱动农文旅融合发展的先进经验，撰写了《重庆涪陵：小“菜”一碟绘就农文旅融合的“咸”香画卷》的新闻报道，已于《农民日报》发表。对此，中共重庆市涪陵区江北街道工作委员会回函感谢调研团队的工作，认为调研团队实地调研形成的成果能在实际工作中转化运用，为加强榨菜产业链条建设、强化优质要素集聚、持续推动“三变”改革、助力乡村振兴提供了有力支撑。

（2）签约授牌搭建校地合作桥梁，践行“将论文写在祖国大地上”的长期主义。我国“三农”领域改革在不断深入，经验总结、问题发现离不开高校的智库支持。调研团队与重庆市涪陵区江北街道举行了中央财经大学乡村振兴研究生服务站共建合作协议签约授牌仪式，标志着中央财经大学与江北街道开启了面向未来的乡村振兴合作，该地将成为我校师生参与“三农”改革的“试验田”。重庆市涪陵区人民政府微信公众号对“中央财经大学乡村振兴研究生服务站在涪陵江北街道挂牌”进行了报道，充分肯定了服务站建设对以专业知识赋能乡村振兴、助力乡土人才培养的重要意义，并指出未来校地双方将以服务站为抓手，为推动乡村振兴事业贡献智慧和力量，共同书写乡村振兴新篇章。

2. 措施建议及展望

（1）优化利益联结机制，完善企业与农户利益共享模式。建议涪陵榨菜集团积极履行社会责任，推行“订单+保底+利润返还”的多元分配方式，确保农户不仅能够获得基础订单收益，还能共享加工与销售环节的利润增值，鼓励企业将初级加工环节适当向农户或合作社开放，以利润二次分配提高农户在产业链附加值中的收益。

（2）加强产业园区建设，强化产业集聚效应。建议政府加大对涪陵现代农业产业园的支持力度，建立园区公共技术平台、品牌共享机制和金融支持机制，吸引中小企业和创业者集聚园区。明确园区内各企业的产业定位，培育差异化发展梯队，构建结构合理、协同发展的产业集群，提升产业整体竞争力。

（3）推动农文旅融合发展，释放高端要素集聚潜力。建议深度挖掘榨菜产业的文化内涵，打造特色文化IP，构造集榨菜种植体验、加工工艺展示、文化展示和休闲旅游于一体的综合性产业体系。加大财政税收优惠政策，吸引社会资本进入，完善旅游配套设施和服务体系，开展丰富的产业节庆活动，提高对资金、人才、技术等优质要素的集聚吸引力。

（4）完善“三变”改革配套措施，防范经营风险。针对“三变”改革中暴露的经营风险，政府及相关部门要健全风险监管和预警体系，保障农户利益与资金安全。加大金融创新力度，设立专项资金缓解经营主体的融资难题，提高其抗风险能力与发展能力。

（5）要加大政策支持力度，为盘活资源资产保驾护航。一方面，将盘活资源资产的成功案例以群众喜闻乐见的形式广泛宣传，持续推进送法下乡活动，让有意向投身于乡村产业振兴的市场主体和群众能够得到及时的政策解惑和法律咨询；另一方面，在招商过程中进一步系统评估租户长期发展规划，甄别筛选有长期创业动机和就业辐射带动能力的企业。

未来，团队将持续关注涪陵区榨菜产业的发展动态，进一步追踪上述建议措施的实践实效，及时发现发展中的新问题、新挑战，并结合新情况、新实践，提出针对性的解决方案，真正实现调研成果的持续转化应用，以高校智力赋能地方乡村振兴事业，助推涪陵榨菜产业持续升级发展、促进农文旅深度融合，推动乡村振兴高质量发展。

江西章贡区：食用菌特色产业的乡村振兴经验

指导老师：王春飞
团队成员：江思雨、黄绥靖、郭泽菁、何忻宸、左　婧、周本森
地方联络员：谢振良
支持单位：江西省赣州市章贡区政府、江西省赣州市章贡区农业农村局、中国华东农副食品综合商贸物流城、赣州农商银行章贡支行、江西赣州兴万家现代农业发展有限公司、赣州利辉农业开发有限公司、江西燕兴农业科技发展有限公司

报告主题

本案例以江西省赣州市章贡区为研究对象，深入探讨了食用菌产业在推进乡村振兴战略中的核心作用。章贡区凭借其独特的自然条件和市场需求，结合国家层面的政策支持，将食用菌产业定位为推动区域经济和农业发展的重点领域。在这一背景下，食用菌产业逐渐发展为当地农业经济的支柱，并为区域经济的可持续发展提供了新动能。本报告通过实地考察和多方访谈，详细分析了章贡区食用菌产业的发展路径、现存问题及其未来发展潜力。

调研显示，章贡区的食用菌产业采取了“龙头企业+合作社+农户+市场”的协同发展模式，逐步构建了从生产到市场的完整产业链。在这一模式的推动下，龙头企业以技术创新和市场开拓为驱动，不断引领产业升级；合作社通过资源整合与资金注入，有效提升了产业的生产效率；农户则通过利用冬闲田种植食用菌，增加了家庭收入。与此同时，随着冷链物流的完善和市场渠道的拓展，产品销售网络得以扩大，进一步推动了地方经济的发展，并显著提升了农民的生活水平。

调研发现，章贡区食用菌产业仍面临一些制约因素，如土地流转不畅、技术人才短缺、农业保险覆盖率低等问题，这些问题限制了产业的进一步扩展和升级。因此，报告提出了针对性建议，如优化土地资源配置，推进技术培训和人才引进，以及完善农业保险体系，以增强食用菌产业的抗风险能力和可持续发展能力。

本次调研强调了发展地方特色产业对乡村振兴的重要性，特别是通过全产业链的构建、品牌效应的提升以及多方服务体系的建立，将是推动章贡区食用菌产业高质量发展的关键路径。这些经验不仅对章贡区具有重要意义，也为其他地区在实施乡村振兴战略中提供了有益的实践借鉴。

（一）现状描述

1.地方基本情况

章贡区位于江西省赣州市中偏西北部，面积529平方千米，截至2023年6月，辖7个街道、8个镇。其地势由东南、西北向中部倾斜，气候属亚热带季风湿润类型，森林植被繁茂，水热条件充沛，适宜发展食用菌产业。

截至2023年末，章贡区城镇化率90.89%，存在发展农业空间小、耕地稀缺的短板，地区生产总值681.27亿元，产业结构以第三产业为主，第一产业比重较小，但近年来农业发展取得了一定成果：2023年，全区粮食总产量2.375万吨；园林水果产量2258吨；水产品产量2151吨。特色产业不断壮大，建成蔬菜基地45个，食用菌年总产量超8000吨。

2.政策支持

（1）土地政策。国家"十一五"规划提出坚守18亿亩耕地红线，设施农用地按农用地管理。江西省出台政策，探索地票交易制度，落实土地整治和高标准农田建设，赣州市预留了10%建设用地指标用于农村三产融合发展，章贡区扎实推进农村土地改革试点。

（2）财政政策。省级层面，江西省人民政府办公厅2021年发布《关于推进食用菌产业高质量发展的实施意见》，提出到2025年全省食用菌总产量达200万吨、产值200亿元，鼓励企业申报国家重点和省级龙头企业，并通过政策性信贷担保引导金融机构提供贷款支持。江西省农业农村厅2023年发布《关于2023—2025年设施蔬菜高质量发展的实施意见》，优化设施蔬菜布局，推动良种繁育体系建设和设施装备升级。

在省级政策指导下，章贡区自2013年起出台《章贡区支持生态农业特色产业的发展意见》，并于2021年进一步细化政策，先后发布《加快推进食用菌产业发展的实施方案》和《章贡区农业主导产业发展奖补办法》等文件，对食用菌产业给予财政金融、基础设施、生产种植等方面的支持。具体措施包括对新建厂房、大棚及生产设备给予一次性奖补，投入近千万元扶贫资金搭建种植大棚，提供场地和菌包给农户，并整合赣州市冷链物流补助资金，对食用菌流通企业进行奖补扶持。

（3）金融政策。赣州市创新开发"农业产业振兴信贷通"，设立风险缓释基金，撬动银行信贷资金，为农户和农业经营主体提供免抵押免担保贷款及贴息优惠。赣州农商行构建“银行+商户+服务站点”金融服务布局，推出多种金融产品，优化涉农资金统筹整合机制，解决农业农村发展融资困难。

3. 食用菌产业分布

章贡区现有食用菌经营主体17家，种植基地分布在沙石镇、沙河镇和水西镇的12个村，截至2023年末，生产规模达521亩，菌棒总计约2200万袋，主要种植品种包括平菇、木耳、滑子菇等9种，总产量超8000万吨。

4. 产业模式

章贡区形成了“龙头企业+合作社+农户+市场”发展模式，以龙头企业带动产业发展，合作社承接企业与农户资源，农户参与种植，依托市场销售渠道，增强产业竞争力。同时，食用菌产业链雏形初现，覆盖采购研发、生产加工、储运销售等环节。

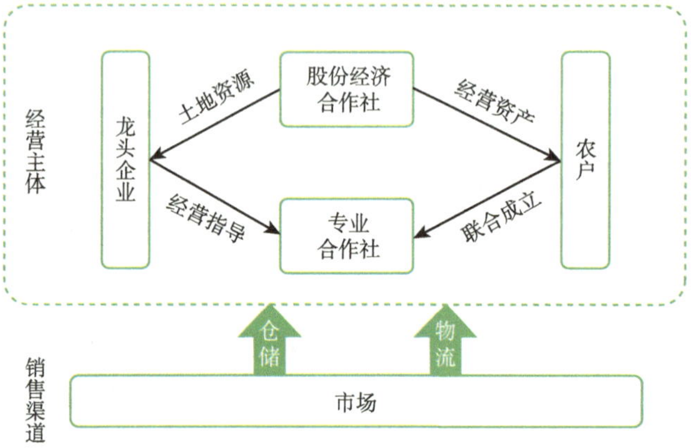

图1　章贡区食用菌产业发展模式

（1）龙头企业与合作社。章贡区共有两家食用菌龙头企业，其中江西赣州兴万家现代农业发展有限公司工厂化、规模化生产高品质食用菌产品，经济效益和社会效益显著。

合作社在食用菌产业中发挥重要作用，股份经济合作社通过扶贫资金建设种植大棚等基础设施，专业合作社则依托龙头企业经营，带动产业发展。截至2023年底，章贡区经营食用菌的合作社有1家股份经济合作社和2家专业合作社。

（2）农户与经营主体培育。章贡区通过引进外地种菇能手、培育新人和吸引乡贤回乡投资等方式，提升食用菌产业活力。例如，利辉农业利用先进栽培技术和稳定销售渠道实现经济效益，彭友彬等农户通过学习实践和政策支持开展食用菌种植，为产业发展提供经验借鉴。章贡区食用菌产品以鲜销为主，销售渠道较为单一，主要集中在华东城批发市场和就近销售，部分企业尝试线上电商和“加工+销售”模式。

（二）问题研判

章贡区食用菌产业在乡村振兴战略中虽取得一定成效，但仍面临一系列亟待解决的突出问题与发展瓶颈，尤其在产业升级、人才支撑、文化挖掘、生态协调及组织优化等方面亟须高校“赋能”介入，具体问题如下：

1.产业层面：产业链薄弱与创新力不足

（1）产业链条短、附加值低。当前，章贡区食用菌产业仍以初级产品（鲜菇）生产为主，精深加工环节基本空白。产品多停留在烘干、盐渍等初加工阶段，缺乏高附加值的功能食品、保健品或预制菜等深加工产品，导致利润空间受限，抗市场波动能力弱。

（2）科技研发滞后、自主创新能力不足。菌种研发依赖外部引进，仅个别企业具备本土化菌种培育能力，但尚未形成知识产权保护体系。产学研合作松散，科研机构与企业对接不畅，技术转化效率低。例如，龙头企业兴万家虽自研滑子菇菌种，但未建立专利壁垒，难以抵御市场竞争风险。

（3）销售渠道单一、品牌影响力弱。食用菌产品的销售高度依赖线下批发市场（如华东城）和本地商超，线上电商仅处于探索阶段。龙头企业品牌辐射范围有限，缺乏全国性知名品牌，“赣菇”区域公共品牌未形成合力，市场议价能力不足。

2.人才层面：专业人才短缺与技能断层

（1）技术人才储备不足。食用菌产业涉及菌种选育、环境控制、病虫害防治等多个技术环节，但章贡区缺乏专业研发人员和复合型管理人才。例如，企业普遍反映难以招揽具备生物技术背景的科研人员，基层技术推广人员数量不足且经验有限。

（2）青年人才流失导致技能断层。章贡区农村青壮年劳动力外流，留守农户年龄偏大，对新技术的接受度低。多数农户依赖传统种植经验，缺乏标准化生产技术培训，导致生产效率和产品质量参差不齐。高校与地方合作培养的农业人才难以扎根乡村，导致“引才难、留才更难”的恶性循环。

3.文化层面：产业文化挖掘与品牌建设缺失

（1）食用菌文化价值未充分开发。章贡区虽具备“蘑菇小镇”等文旅资源，但未能有效整合食用菌文化与乡村旅游。例如，火燃村“蘑菇特色小镇”因宣传不足、管理粗放，未能形成可持续的产业融合模式，游客吸引力有限。

（2）品牌体系不健全。食用菌的区域公共品牌与企业品牌协同不足，缺乏统一策划与推广。龙头企业虽注册“菇蔬城”等商标，但未形成差异化定位，消费者认知度低。中小农户品牌意识淡薄，产品多以散装形式流通，难以提升溢价空间。

（3）文化传播手段单一。当前食用菌品牌的推广依赖传统展销会，缺乏新媒体营销与IP打造。对比福建古田“县长带货”“银耳姐姐”等创新案例，章贡区在直播电商、文化节庆等领域的探索明显滞后。

4. 生态层面：资源利用低效与绿色发展不足

（1）土地资源紧张与利用粗放。章贡区耕地稀缺且分布零散，食用菌种植基地难以规模化扩张。部分土地因流转不畅导致闲置，而现有种植模式仍以分散经营为主，土地集约化利用率不足30%。

（2）循环经济模式未普及。农业废弃物（如秸秆、菇渣）的高值化利用不足，多数菌渣未转化为有机肥或生物质能源，造成资源浪费和环境污染。对比江苏灌南“菌光互补”模式，章贡区在绿色能源与产业结合方面尚未突破。

5. 组织层面：治理机制滞后与主体协同不足

（1）集体经济组织效能低下。村股份经济合作社普遍存在“空壳化”问题，现有专业合作社多依附于龙头企业，未能有效整合农户资源。村委会与合作社职能混同，村干部缺乏专业经营能力，导致资产运营效率低下。

（2）金融支持体系不健全。当前农业保险产品单一，缺乏针对食用菌产业的专项险种，农户抗风险能力较弱。金融机构对食用菌产业信贷投放保守，黑中介乱象加剧融资难问题，制约了产业扩产与技术升级。

（三）问题分析

1. 文献研究法：构建理论基础与政策框架

在调研初期，中央财经大学会计学院的师生调研团队通过系统性的文献研究，为后续实地调研奠定了坚实的理论基础。团队查阅了中国知网、国家乡村振兴局官网、章贡区人民政府官网等权威平台，重点分析了《关于推进食用菌产业高质量发展的实施意见》《章贡区农业主导产业发展奖补办法》等政策文件，梳理了食用菌产业在乡村振兴中的战略定位、政策支持及发展目标。此外，团队还参考了国内外食用菌产业发展的典型案例（如福建古田、江苏灌南），总结了其在产业链延伸、品牌建设、金融创新等方面的成功经验。通过对章贡区历年经济数据的分析（如2022年食用菌总产量8000吨、农业总产值6.92亿元），团队初步掌握了当地食用菌产业的规模、结构及发展趋势，为实地调研提供了数据支撑与理论依据。

2. 访谈调研法：多主体对话获取一手信息

为了深入了解章贡区食用菌产业的实际发展情况，团队采用访谈调研法，对政府部门、企业、农户、金融机构等五类主体进行半结构化访谈，同时还实地考察了产业的各个环节。

（1）深度访谈。团队访谈对象涵盖章贡区农业农村局、江西兴万家现代农业发展有限公司等龙头企业、种植大户彭友彬等农户、赣州农商银行以及章贡区农业农村局合作社工作负责人，访谈过程采取了座谈会、面对面交流、电话采访等多种形式，与各访谈主体进行深度交流。

通过访谈，团队了解了政府在食用菌产业发展中的政策支持（如《章贡区农业主导产业发展奖补办法》）、土地流转难点及未来发展规划，并发现政府在土地资源配置、技术推广及资金扶持方面存在一定的政策盲区，亟须优化；与企业负责人深入交流了技术研发（如滑子菇自研菌种）、市场拓展（线上平台合作）及人才短缺问题的过程中，企业普遍反映技术人才匮乏、品牌推广力度不足等问题；农户分享了其利用冬闲田种植大球盖菇的经验及资金、技术需求，也普遍反映土地流转不畅、技术培训不足等问题；访谈发现金融机构在支持食用菌产业发展中的信贷产品（如“农业产业振兴信贷通”）覆盖不足问题，银行方面表示，由于农户缺乏有效抵押物，贷款审批难度较大；合作社存在“空壳化”现象及利益分配矛盾，由于缺乏专业管理人才，合作社的经营效益较低。

（2）实地调研。为了全面掌握章贡区食用菌产业的发展现状，团队深入生产、加工、销售环节进行了实地考察，涉及火燃村、沙石镇等种植基地、兴万家公司、华东城批发市场等多个点位。

团队详细记录了层架栽培与覆土栽培模式的实际操作流程。通过实地观察，团队发现土地碎片化、设施利用率低等问题较为突出。例如，部分农户的种植基地未能实现集中连片化种植，导致土地资源浪费。参观了兴万家公司的烘干、腌制初加工流程，发现深加工技术缺失是制约产业附加值提升的关键因素。调研还发现，本地食用菌产品在大型农批市场上的竞争力较弱，主要原因是产量少且价格高于外地大规模企业。

3. 案例对比法：借鉴他山之石

团队选取了福建古田和江苏灌南两地推广食用菌产业的做法作为对标案例，通过案例对比，为章贡区食用菌产业发展提供可借鉴的经验。

（1）福建古田。团队重点研究了古田县“光伏菇棚”模式，分析了其在绿色能源与生态种植融合方面的创新实践。古田县通过“棚上发电、棚下种菇”的方式，实现了土地资源的高效利用，同时降低了生产成本。此外，古田县在金融创新方面也取得了显著成效，推出了“福菇宝”供应链金融平台，为菇农提供了便捷的融资渠道。

（2）江苏灌南。团队深入分析了灌南县在产学研一体化方面的成功经验。灌南县通过与江苏省农业技术推广总站、中国农科院等科研机构合作，建立了食用菌产业研究院，推动了科技成果的快速转化。此外，灌南县还通过严格的品质把控与多元化的推广活动，打造了“灌南金针菇”等知名品牌。

（四）赋能成效及政策建议

针对调研过程中发现的章贡区食用菌产业发展问题，调研团队撰写了超4万字的调研报告，梳理了章贡区食用菌产业发展现状、问题，并提出了福建古田及江苏灌南两大案例进行对比分析，最终形成了四大发展建议，为章贡区解决食用菌产业发展问题提供参考。

1. 土地资源提效

报告提出，应加强土地资源统筹规划，明确界定食用菌产业用地需求和空间布局，优先分配适宜土地；同时，提出了土地流转补贴、税收优惠等激励政策框架，助力规范土地流转市场机制；在土地整治与复垦方面，强调废弃土地使用价值，保障产业用地；建议不断完善利益分配、宣传引导及政策资金支持体系，进一步提升农户参与度。

2. 技术人才支持

技术与人才方面，报告从企业、政府、高校及农户四个主体层次提出了建议。企业应设立专门的研发部门，完善人才培养体系，积极引入信息技术和控制系统；政府需持续完善奖补政策，推动产学研合作；高校持续加强专业人才培养与科研创新，培养符合产业需求的复合型人才；农户的思想教育工作也应持续开展，通过科普宣传资料和活动，提高产业认知认同水平。

3.金融平台建设

金融平台建设是提升赣州市章贡区食用菌产业抗风险能力和经营稳定性的重要措施，主要包括农业保险和资金保障两个层面。

农业保险方面，政府应出台扶持政策补贴参保主体，与保险机构合作研发特色险种，于重点产区设立服务站；企业应提升风险管理意识，运用组合型金融工具等，龙头企业牵头组建共保体；保险机构可以创新产品，提升服务效能，缩短理赔周期并预警风险。

资金保障方面，应构建政府、金融机构、行业协会联动机制，整合信息，建立信用档案，创新风险管理，开发风险评估模型，构建风险缓释池，提升产业融资能力；资金投放向产业链高附加值环节倾斜，建立奖补政策动态优化机制，限时办结，设置阶梯奖补标准，建立包联督导机制，实现精准扶持。

4.产业链完善

产业链方面，报告提出应推广企业自研菌种，建设原材料采购渠道；龙头企业应制定并推广食用菌生产标准操作规程，企业和农户应采用现代化智能设备，推动生产标准化、专业化；政府需要持续引导企业开发精深加工，提升食用菌产品的附加值，提高食用菌产业价值及稳定性；在此基础上可以拓宽销售渠道，并鼓励企业建立销售联盟，提升章贡区品牌竞争力；推动循环经济模式发展，开发农业废弃物利用及副产品利用途径，加强清洁能源利用，同时可设立专项资金并加强监管措施。

调研团队形成的报告得到了章贡区农业农村局的认可和采纳，章贡区农业农村局为感谢调研团队通过深入工厂车间、田间地头访谈调研形成的调研成果，特撰写了感谢信。在感谢信中，章贡区农业农村局强调，调研报告对指导当地食用菌产业持续健康发展具有重要意义，同时也为乡村治理与乡村振兴提供了宝贵的参考意见。在未来的项目中，团队师生和章贡区农业农村局都希望能够继续关注和支持章贡区的乡村振兴工作，充分发挥中央财经大学在学术研究方面的专业优势，为乡村提供更多智力支持，共同推动新时代背景下乡村振兴建设。

新疆霍尔果斯：综合保税区的提质增效研究

指导老师：王生辉、杨中英
团队成员：杨进京、王志跃、屈筠翔、焦雅侦
地方联络员：穆沙江·努热吉
支持单位：霍尔果斯市发改委、霍尔果斯市商务局、霍尔果斯综合保税区、中哈霍尔果斯国际合作中心、霍尔果斯自贸办及其他职能部门和相关企业

报告主题

霍尔果斯综合保税区作为“一带一路”倡议的重要节点，毗邻哈萨克斯坦，是连接中亚、西亚乃至欧洲的陆路交通要道。2023年新疆自贸试验区霍尔果斯片区的设立，进一步强化了政策叠加优势，包括税收减免、外汇便利化及进出口特殊政策，为区域吸引外资、发展外向型经济提供了强劲动力。国家通过政策倾斜，推动其成为连接中亚、欧洲的陆路枢纽，助力区域经济一体化。

近年来，霍尔果斯综合保税区发展成效显著，然而，其发展仍面临多重挑战。微观层面面临招商引资困难、劳动力和专业技术人才缺乏、技术和研发能力不足、数字化水平亟待提高、土地资源紧缺和要素收益率低等问题；中观层面则在产业发展、产业生态、产业转型方面存在问题；宏观层面，政策落地滞后、跨部门协同低效等问题制约了发展潜力。

针对上述问题，调研提出多项对策建议。强化要素支撑方面，需制定差异化税收政策吸引外资，优化土地规划提升投资强度，实施个人所得税税率降至15%等高层次人才引进计划，推动校企联合培养技术工人，并引入智能物流技术如无人仓储系统等。优化产业生态方面，应制定清晰产业图谱，重点培育研发设计、终端制造等高附加值产业链，探索与哈萨克斯坦共建“园中园”跨境合作模式，制定差异化竞争策略避免与疆内其他保税区同质化。完善政策机制方面，需建立政策执行数字化平台简化申报流程，强化跨部门信息共享与权责划分，推动税收优惠过渡期等长效激励机制等。

霍尔果斯的实践经验表明，沿边开放需注重“政策+区位+产业”三重驱动。政策创新上，叠加自贸区与保税区政策形成制度型开放优势；国际合作上，依托中哈边境合作中心探索跨境联动路径；产业升级上，推动从通道经济向“保税加工+数字贸易”双轮驱动转型，提升价值链地位。这一模式为其他沿边地区提供了重要借鉴，即通过开放促进改革、政策引导产业、创新突破瓶颈，实现高质量发展。

（一）现状描述

1.霍尔果斯自贸试验区的独特地位与优势

霍尔果斯位于中国西北部，与哈萨克斯坦接壤，是连接中亚、西亚乃至欧洲的陆路交通要道。霍尔果斯蒙古语意为“驼队经过的地方”，哈萨克语意为“积累财富的地方”，均象征着其独特的地域优势。其独特的地理位置不仅使其成为中国与哈萨克斯坦经贸往来的重要门户，还具备辐射中亚地区的独特优势。随着“一带一路”倡议的推进，霍尔果斯逐渐成为国际陆路运输的重要枢纽，为区域贸易合作提供了坚实的基础。

2023年11月，中国（新疆）自由贸易试验区霍尔果斯片区挂牌成立。自设立以来，国家出台了一系列优惠政策，旨在推动该地区的快速发展。霍尔果斯综合保税区作为自贸区的重要组成部分，享受国家特殊的税收、外汇管制和进出口政策优惠，为国内外投资者营造了良好的营商环境。这些政策优惠不仅降低了企业成本，还提高了区域竞争力，吸引了大量高质量的企业入驻。

2.综合保税区的功能定位与发展现状

霍尔果斯综合保税区是2020年9月9日经国务院批复同意，由中哈霍尔果斯国际边境合作中心中方配套区域整合优化设立，区域批复面积3.61平方公里，主要功能为保税加工、保税物流和保税服务。2021年9月29日获得国家正式验收批复，成为全疆第四个综合保税区，政策叠加优势和对外开放平台作用更为凸显。产业发展方向主要聚焦“保税”功能，以实体经济为核心、加工贸易为焦点，大力发展外向型加工和进出口贸易产业，重点培育跨境电商、国际物流、检测维修、设计研发、融资租赁等新业态，全力打造以仓储物流、加工贸易产业为基础、关联产业为支撑的优势突出、特色鲜明的沿边开放产业示范区。

综合保税区自批复以来，贯彻落实国务院和自治区人民政府关于推动综合保税区高水平开放高质量发展的相关要求，立足保税加工、保税物流和保税服务的功能定位，推动海关，税务等相关部门加强政策研究和对外宣传、加大招商力度、优化投资环境、培育新型业态，在园区规划，项目建设、招商引资、产业发展等方面取得了显著成效。截至目前，累计注册各类企业613家，涉及保税加工、仓储物流、跨境电商、进出口贸易、货运代理、检测维修及融资租赁等新领域。

2021年完成进出口总值36.65亿元，同比增长270.8%；2022年完成进出口总值233.96亿元，同比增长近六倍；2023年实现进出口总值411.19亿元，同比增长78.1%。在全国159个综合保税区中位列第34位，在全疆综保区位列第二位。2024年计划实现进出口总值500亿元，到“十四五”末力争实现进出口总值700亿元以上。目前已形成集聚效应的优势产业主要有跨境电商、保税物流、保税加工和一般贸易等。

（二）问题研判

（1）霍尔果斯综合保税区自身发展挑战多。霍尔果斯综合保税区在发展过程中也面临若干挑战，这些问题包括全球经济形势和国际贸易环境的不稳定性、管理体系的不完善、区域发展不平衡、物流行业的效率和成本问题、创新缺乏自主研发能力和核心技术、核心专业人才吸引与留存难题、产业集聚效应的未充分发挥、贸易便利化措施的加强需求、跨境电商业务的加速发展需求以及中欧班列运营效率的提升需求。这些挑战的存在，不仅制约了霍尔果斯综合保税区的进一步发展，也影响了其在促进区域经济一体化和提升国际贸易竞争力方面的潜力发挥。

（2）霍尔果斯综合保税区外部竞争压力大。在全球经济一体化的大背景下，综合保税区之间的竞争也日益激烈。霍尔果斯综合保税区虽然具备独特的地理位置和政策优势，但仍需不断提升自身竞争力，以应对来自其他地区的挑战。通过提质增效，可以进一步优化营商环境，提高服务水平，吸引更多高质量的企业入驻。

（3）霍尔果斯综合保税区区域经济发展的客观要求。霍尔果斯作为新疆自贸试验区的核心片区，其经济发展对于整个新疆乃至中国西部地区都具有重要意义。提质增效不仅是综合保税区自身发展的需要，也是推动区域经济发展的客观要求。通过推动综合保税区的提质增效，可以进一步促进区域经济的繁荣与发展，实现互利共赢的局面。

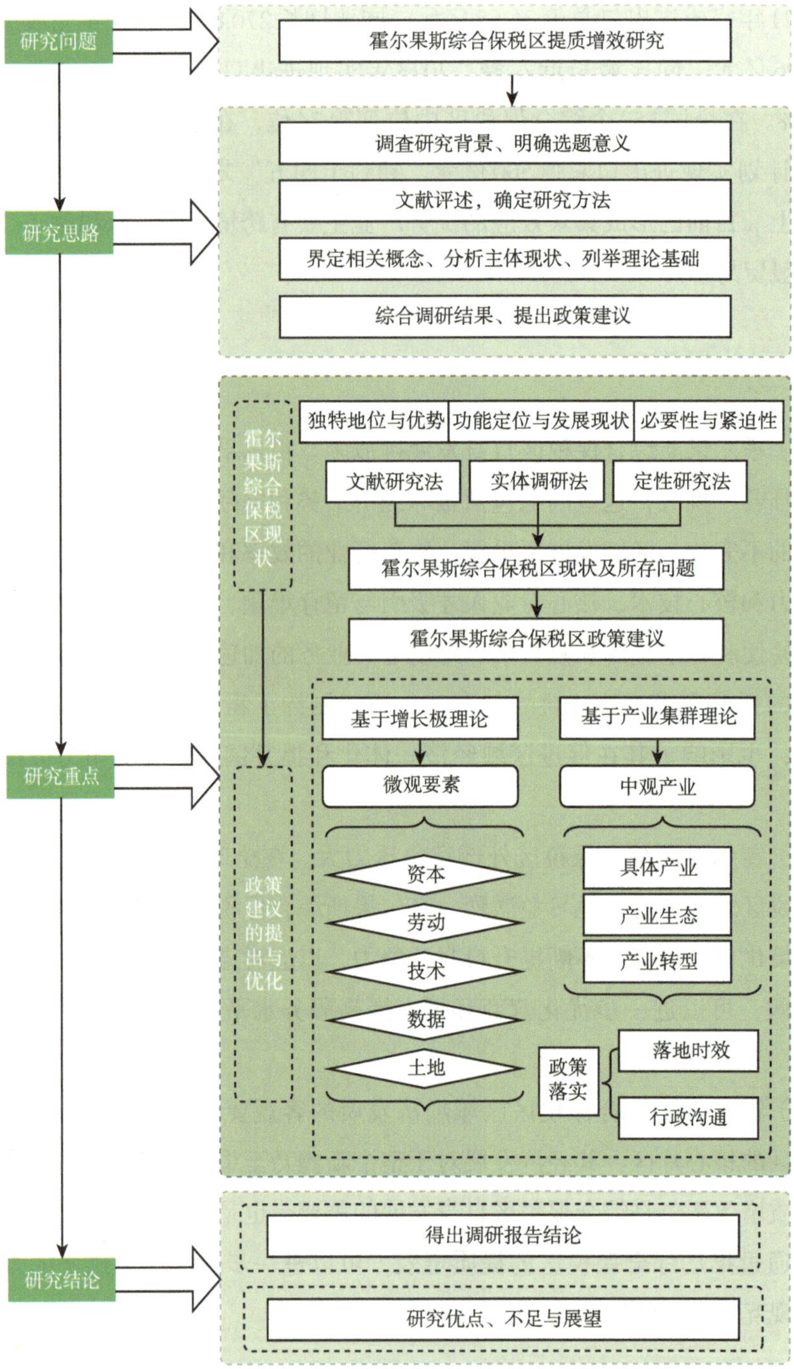

图1　霍尔果斯综合保税区研究框架

（三）问题分析

1.微观要素层面的主要问题

（1）招商引资面临困难。第一，中亚国家资本输出能力有限，导致外商投资流入不足，新增外商企业有限；第二，区域经济活力和土地资源利用效率不足，土地投资强度低；第三，缺乏富有竞争力的盈利政策和产业吸引力，金融支持不足。

（2）劳动力和专业技术人才缺乏。当前，该地区面临劳动力短缺的问题，尤其是在技术产业工人、中高层管理人员等关键岗位上，即使工资水平高于乌鲁木齐，但依旧很难招到合适的人才。

（3）技术和研发能力不足。当前，该地区的研发投入水平较低，研发支出占国内生产总值（GDP）的比例远未达到国际标准或国内平均水平。这种低水平的研发投入限制了创新活动的规模和质量，从而影响了技术进步和新产品、新工艺的开发。

（4）数字化水平亟待提高。霍尔果斯自贸试验区尤其是综合保税区的数字化水平仍处于极低水平。这一现象主要归因于高新技术企业的缺乏，导致保税区内企业对数字化转型的需求和动力不足。

（5）土地资源紧缺，要素收益率低。霍尔果斯地区正面临土地资源紧张的状况。该地区可利用土地面积约为2.4平方千米，相当于3000亩，与整个片区的总面积6.58平方千米相比，这一比例显著偏低。

2. 中观产业层面的主要问题

（1）具体产业发展存在的问题。第一，保税加工产业目前尚不成熟；第二，跨境电商贸易发展不稳定；第三，保税服务业务现有需求不足，缺乏应用场景。

（2）产业生态存在的问题。横向对比来看，霍尔果斯综合保税区未能发展独特的产业生态，与阿拉善综合保税区差异不大——如二者保税加工的主体都是粮油加工、饲料加工；纵向来看，自2019年后未能全面系统地梳理自身产业图谱，没有形成细致可落地的产业规划，发展较为无序。

（3）产业转型存在的问题。综合保税区产业低端化，通道经济转型产业经济承压较大。经过调研发现，目前入驻综合保税区和整个自贸试验区的非农加工业主要包含动力指向型企业和高污染企业，对地方经济发展贡献有限，同时带来较大的环境治理成本。

3. 宏观政策与管理机制层面的主要问题

（1）优惠政策落实存在的问题。通过深入企业调研，我们提炼出以下核心问题及其背后更为多元、深层次的成因：政策实施滞后性、政策认知障碍、政策持续性挑战、经验借鉴的局限性、政策与需求的精准对接缺失。

（2）行政部门之间沟通存在的问题。这一问题的根源可归结为以下四个方面：职级划分模糊与沟通机制缺失、信息不对称与权限差异、文化与制度障碍、技术与资源限制。

表1　霍尔果斯综合保税区三个层面问题总结

层面	问题层次	问题关键词
微观层面	资本	招商引资、融资渠道、金融支持不足
	劳动	人才缺乏
	技术	研发不足
	数据	数字化低
	土地	土地紧缺、收益率低
中观层面	具体产业	保税加工、跨境电商、保税服务发展不成熟
	产业生态	发展无序、关联度低
	产业转型	产业低端
宏观层面	政策落地	政策时滞、认知障碍、持续挑战、水土不服、精准需求
	行政沟通	职级模糊、权限差异、制度障碍、资源限制

（四）赋能成效及政策建议

1.提升微观要素水平的对策建议

（1）加大招商引资的力度。第一，增强外商投资吸引力。可以通过制定并实施一系列优惠政策；建立外商投资服务中心；加强与中亚国家的经贸合作。第二，提升土地投资强度和利用效率。优化土地使用规划，明确土地用途，优先保障重点产业和项目的土地供应。第三，改善招商引资环境和金融支持体系。加大对优势产业和战略性新兴产业的扶持力度，提高产业吸引力，吸引更多优质企业投资。

（2）吸引和培养人才。第一，实施税收优惠政策以吸引和留住高收入人才。考虑对高收入人才实施税收优惠政策，如参照海南或上海的做法，将个人所得税税率降至15%，以提高对高收入人才的吸引力。第二，加强领军人物引进和本地人才培养。积极引进领军人物和核心人才，以牵头和支撑关键项目的发展。第三，建立人才共享和服务平台。由霍尔果斯政府牵头成立行业协会或人才协会，整合人才资源，避免资源浪费。第四，加强校企联合育人。通过政府、学校和企业的联合，建立校企合作的实习实践基地或研究基地，为霍尔果斯企业输送经过实践检验的人才。

（3）提高技术水平和研发能力。第一，加强基础设施建设与技术投入的指标考量。在基础设施建设中，将技术投入作为关键指标之一，确保技术设施与经济发展同步规划和实施。第二，与行业领先企业合作，引入先进技术。霍尔果斯政府和企业可以探索与华为等在智慧智能化领域领先的企业合作的机会。第三，推动物流行业的技术创新与智能化升级。针对物流行业，引入无人驾驶零售车、人工智能仓库等新技术，以提高物流效率和促进产业规模的发展。第四，支持企业加大技术创新与研发。通过优化政策环境，制定支持技术创新和产业发展的政策，包括税收优惠、资金支持、市场准入等。

（4）提升数字化水平第一，构建全国性的人力资源大数据平台。利用现有的人力资源产业园平台，建立一个全国性的大数据平台，整合各地的人力资源数据。第二，加强数据存储与处理能力。加大投资数据存储和处理硬件设施，以提高数据的存储能力和处理速度。第三，推动智慧平台建设，提升基础设施的数字化水平。借鉴国内外成功案例，加强数字技术基础设施建设，搭建智慧平台，鼓励企业培育数字化新业态。第四，促进数据资源安全共享。促进跨行业数据整合，在做好数据安全设计的基础上，鼓励不同行业和领域之间的数据共享与整合。

（5）克服土地资源瓶颈。第一，灵活运用用地指标并优化土地规划。考虑到土地资源的紧缺性，应灵活运用用地指标，优化土地规划，确保土地资源的合理分配和高效利用。第二，推动区域联动发展。加强与国内不同地区自贸试验区之间的联动发展，探索疆内外区域的协同发展模式。第三，创新跨境合作模式。探索与邻国如哈萨克斯坦的创新合作模式，例如“园中园”模式。

2. 推动中观产业发展的对策建议

（1）优化产业发展环境。第一，对外积极与哈方沟通、共同制定商贸规则；第二，政府设立相关研究中心，帮助企业加强对全球经济形势的监测和分析；第三，打破应用场景受限，拓展服务范围。

（2）构建产业生态。第一，抓紧构建清晰细致的产业规划。首先，明确综合保税区产业发展的长远目标和短期目标；其次，构建一个量化的指标体系，用以实时观察产业发展的最新进度并作出改进。第二，构建一个结构合理、协同高效的产业生态。坚持链式思维，充分发挥产业链链长制作用，引进一批投资强度大、经济效益高、产业链条长、成长速度快的龙头企业、链主企业和终端消费品生产企业。第三，发掘本综合保税区的比较优势，扬长避短和其他疆内综合保税区差异化竞争。同时，要寻找分析相对比较优势，保持与其他综合保税区的协调发展，建立紧密的产业联系和稳固的地域根基，逐步将产业集群向更高层次推进。

（3）加快产业转型。第一，拓展产业链和价值链，提升产业集群的辐射力。

将创新、研发、设计作为产业上游重心，将半成品加工和成品制造作为产业中游主导，将物流和销售作为产业下游核心。依托完善产业链，打造高附加值产品。第二，强化研发与创新。通过优化生产技术工艺提升全要素生产率，与此同时积极响应国家低碳、数字化等新政策、新趋势，培养一批优质创新企业。第三，借鉴先进的经验和技术。借助霍尔果斯通道优势，进一步拓展与中亚、欧洲的经贸往来。充分发挥陆上“丝绸之路”的优势。

3. 健全宏观政策与管理机制的对策建议

（1）多措并举，推动优惠政策落地见效。第一，优化政策执行与反馈机制。应建立高效、便捷的政策申报与审批系统，利用数字化手段简化流程，减少企业申报成本和时间。第二，强化政策宣传与透明度。加大政策宣传力度，通过多渠道、多形式的宣传方式，如线上研讨会、政策解读会、成功案例分享等，提高政策知晓率和影响力。第三，探索创新政策工具与长期发展规划。鉴于政策有时限性，霍尔果斯市应提前规划，探索建立长效激励机制。比如，可以研究设立税收优惠过渡期，为政策到期后的企业平稳过渡提供支持。

（2）建立信息共享平台，明确职级与权限。第一，建立全面的信息共享平台。利用现代信息技术，构建跨部门、跨层级的信息共享系统，促进不同部门间的协作。第二，明确职级与权限，强化责任意识。对行政人员进行职级划分，明确其职责和权限，确保各级人员在决策和执行过程中拥有必要的自主权。第三，开展持续监督与文化建设。建立持续的监督和评估机制，定期检查行政体制的运行情况，及时发现并解决新出现的问题。

表2　霍尔果斯综合保税区政策建议总结

层面	问题层次	政策建议关键词
微观层面	资本	投资吸引、利用效率、金融支持
	劳动	税收优惠、人才引进、人才共享、校企合作
	技术	基础建设、技术投入、企业合作、智能升级、支持创新
	数据	数据平台、数据储存、安全共享
	土地	指标规划、区域联动、跨境合作
中观层面	具体产业	沟通制定、研究场景、应用场景
	产业生态	产业规划、产业生态、比较优势、差异竞争
	产业转型	产业集群、研发创新、借鉴学习
宏观层面	政策落地	执行反馈、政策宣传、创新工具
	行政沟通	信息共享、责任意识、监督文化

第二篇　人才振兴

高校“活水”润泽乡村“沃土”的两条途径

人民群众是历史的创造者。习近平总书记在党的二十大报告中指出，“坚持为党育人、为国育才，全面提高人才自主培养质量，着力造就拔尖创新人才，聚天下英才而用之”。在我国全力推进乡村全面振兴的进程中，人才振兴是乡村振兴的基础，乡村振兴的各个环节都需要相关人才进行驱动。作为最重要的生产要素，人力资本是实现乡村产业振兴的基石。在现代化建设上，乡村需要各类优秀人才提供技术创新、提高盈利能力、提升管理水平。在精神文明建设上，乡村饱含的优秀传统文化需要人才进行传承与发扬。将人才源源不断地与乡村振兴相结合，是乡村振兴的关键举措。

在“十四五”收官之年，中共中央、国务院印发《乡村全面振兴规划（2024—2027年）》强调，需要大力培养乡村人才，吸引各类人才投身乡村全面振兴。2025年两会《政府工作报告》指出，要毫不松懈巩固拓展脱贫攻坚成果。自2020年起，中央财经大学“财经人·济世路”项目以高校为出发点赋能乡村人才振兴，本章分两个角度对其进行研究探索。其一，研究高校如何将学校与科研院所等拥有高素质人才的机构直接与农村产业相结合。“财经人·济世路”项目调研团队通过实地调研、案例研究、问卷调查、行为调查等方法，发现当地问题、总结当地经验、因地制宜提出解决方案与政策建议，以更好地助力建设农业农村现代化。其二，探索高校作为高等教育机构，如何授人以渔地为乡村振兴赋能。“财经人·济世路”项目通过派遣教师、学生挂职工作等方式，通过进行宣讲、支教等具体活动，与多个地区签署长期合作协议，形成校地长期服务合作机制，源源不断为乡村培养人才、输送人才。

2022 年 7 月，云南双江服务站调研团队看望当地少数民族儿童

2024 年 7 月，走访慰问西藏研究生支教团学生

2024月12月，研支团成员贺金山在甘肃宕昌为困境儿童开展音乐疗愈团体辅导

人才振兴

人才助力农业农村现代化建设

人才助力农业农村现代化建设

农业农村现代化是实现乡村振兴的核心目标，其本质是通过科技创新、产业升级、管理优化和可持续发展，将传统农业转化为高效、集约、绿色的新型产业形态。在这一过程中，人才作为关键要素，发挥着不可替代的作用。

高校与乡村之间存在着高度互补的发展需求。一方面，高校与科研院所的创新成果需要经过产业进行转化与落地，另一方面，乡村作为技术、管理水平相对落后的地区，亟须高素质人才、创新成果帮助其进行发展。中央财经大学“财经人·济世路”项目调研团队以助力农业农村现代化为目标，深入一线调研河北省首个综合改革县威县，精准疏通其高校知识成果转化平台的痛点堵点；深入甘肃省宕昌县进行调研，立足全民健身公共服务体系，夯实体育经济助力乡村振兴的重要作用。人才是农业农村现代化的核心驱动力，中央财经大学“财经人·济世路”项目团队的实践探索，正是将学术资源与人才资源转化为乡村振兴具体效能的生动诠释。

河北威县："百校入威"驱动高校智力赋能乡村人才振兴

指导老师：王金亭
团队成员：王忆霖、张玉英、谢雨杰、宋佳谊、陈　芹、李龙训
支持单位：中共威县委员会、威县人民政府

报告主题

实施乡村振兴战略，是解决新时代中国社会主要矛盾、实现“两个一百年”奋斗目标和中华民族伟大复兴中国梦的必然要求。县域作为国家治理体系中承上启下的关键环节，是发展经济、保障民生、维护国家长治久安的基础。因此，在推进乡村全面振兴的进程中，县域层面的统筹与改革发挥关键作用，人才振兴是其中的重要一环。党的二十大以来，县域改革的方式、路径和理念发生了重大变化，高质量发展成为更加明确、更加清晰的目标和使命。实施人才振兴战略，以智力支撑赋能县域改革，依托产学研合作模式，将科技创新贯穿产业发展，激发乡村振兴的内生动力，是建设农业强国的重要举措，也是实现中国式现代化的重要路径。

作为河北省首个综合改革县，威县充分发挥改革先导作用，由2012年的国定贫困县到2018年脱贫摘帽，并于2023年实现历史性跨越，入选国家乡村振兴示范县创建名单，成为新时代全面深化改革的县级样板，在其一系列改革举措中，推动人才振兴，特别是开展“百校入威”项目，是推动乡村振兴和县域经济高质量发展的关键一招。

调研团队以“百校入威”项目及其衍生的高校知识成果转化平台为切入点，通过实地调研、座谈交流、文献梳理和案例研究等方法，探究威县针对行政体制、产业扶持、乡村治理以及社会治理多层面的创新改革措施，总结了威县“政府牵头引导、社会力量支持、农民广泛参与”的集成式改革方案。同时，研究基于深度调研结果指出，威县依托“百校入威”的相关衍生项目积极推进了科技成果在威县的本地化应用，真正落实产学研不分家，打造科技创新领航的产业升级模式，实现以人才振兴赋能乡村全面振兴。

（一）现状描述

实施乡村振兴战略是新时代中国社会发展的重要任务，是建设农业强国、实现民族复兴的关键举措。党的二十大报告明确指出，要加快乡村产业、人才、文化、生态、组织振兴，其中人才振兴是乡村振兴的根本保障。只有培养和吸引更多高素质人才，才能有效推动乡村各项事业的发展，并为乡村的可持续发展提供智力支持和创新动力。威县深入贯彻这一战略，以人才为核心，推动产学研融合，依托科技创新和人才优势推动县域经济高质量发展。

1. 政策支持人才振兴：优化营商环境筑巢引凤

威县深化“放管服”改革，先后成立全国首家县级行政审批局，河北省首家县级市民服务中心和企业服务中心，通过打造线上线下“两个服务平台”，提升营商“软环境”锻造发展“硬实力”。在此过程中，威县还特别注重人才的引进与培养，以数字化、信息化应用为支撑，强调“1+6+1”闭环型优化营商环境模式，推动了地方营商环境提质增效，进一步为人才创新和创业提供了良好的服务平台。

2. 产业扶持人才振兴：产学研结合聚智引才

为贯彻党的二十届三中全会对深化科技成果转化机制改革的要求，威县实施“百校入威”项目，引入全国80余所高校的优质资源，通过建设产教融合职教园区和知识转化中心，促进高校科研成果在本地的转化应用，推动现代农业和产业升级，为威县经济注入新动能，实现科技与产业的深度融合，打造产业高质量发展的坚实基础。

3. 乡村治理促进人才振兴：人才引进与治理优化双轮驱动

通过打造“五个10万”特色产业格局，推动农业结构调整。同时，数字技术赋能的网格化管理与“民情通办”平台改革，提升了基层治理精细化程度和响应速度，优化了服务体系，促进了乡村人才流动与资源配置。

4. 数字技术赋能人才振兴：为人才培养可持续发展注入动力

依托“百校入威”工程，威县不仅为农业科技注入了新活力，还为本地培养了大量的创新型农业人才，为乡村振兴提供了智力保障。同时，通过推动“双师课堂”改革，整合优质教育资源，利用数字技术赋能教育，推动教育公平与人才培养，进一步加大对农村人才的引进与留用，为乡村经济和社会发展提供持续动力。

（二）问题研判

实地调研发现，威县依托“百校入威”项目构建的高校知识成果转化平台，在政府主导下已显现初步成效：通过设立专职对接机构，不仅实现了南开大学与利江生物共建高分子材料研发平台、农业大学与根力多联合打造研究生实践基地等标杆性产学研项目，更构建起“政府搭台—高校供给—企业承接”的三方联动机制。然而随着平台进入快速发展阶段，其运营模式的深层矛盾逐渐凸显。

政府主导模式未能有效融合市场机制，导致平台缺乏可持续的自我造血功能。平台公益化运营与市场需求存在结构性错位，缺失知识产权运营、战略咨询等高附加值服务，创收能力薄弱使其长期依赖财政支持。市场化激励机制的不完善进一步导致高校科研团队与企业参与度不高。因此专业人才储备不足与入驻主体规模有限形成恶性循环：人才短板制约服务升级，平台吸引力不足反而抑制主体规模扩张，最终导致服务效能未能随项目增长同步提升。

平台智能化建设与信息治理的双重滞后导致平台在校企对接中存在系统性风险。技术层面，平台仍依赖传统人工匹配模式，既缺乏动态追踪企业需求的数据系统，也缺少智能推荐算法，导致平台和校企双方需反复沟通筛选，合作效率低下。运营机制层面，平台过度披露高校专家核心信息，一旦发生信息滥用事件，既损害平台公信力，也威胁企业与高校专家信息安全。

威县产业振兴面临劳动力结构失衡与高水平经济创新发展不匹配的问题。作为国家农业绿色发展示范区，威县现代农业虽呈现良好发展态势，但也遭遇人才难题。青壮年劳动力持续外流与人口老龄化加剧，导致产业升级需求与人力储备严重失衡。突出问题体现在：缺乏专业的科技成果转化人才制约技术落地效果，显著延长技术应用周期；同时，产业升级乏力又进一步削弱对人才的吸引力，最终导致高校成果陷入“有技术难推广”的困境。这种结构性矛盾暴露出县域经济转型的关键痛点：缺乏既能承接高新技术，又能留住专业人才的可持续发展生态。

（三）问题分析

本案例以实地调研、座谈交流、文献分析与比较研究等方法，对河北省威县“百校入威”人才振兴路径进行系统性分析，重点解构产学研深度融合激活“人才引擎”的作用机制，从而探究其助推乡村全面振兴的实践成效、现存约束与优化空间。案例研究发现，威县正逐步形成“政府政策引导、校企共育人才、人才驱动产业发展、产业发展反哺乡村”的协同机制，将高校智力资源精准导入乡村振兴场景，为县域经济注入科技活力与人才势能。但为突破其市场化能力薄弱、人才结构滞后等现实瓶颈，仍需构建“送技下乡—就地育才”双轨并行机制，推动人力资本培育模式由“引才输血”转向“育才造血”，建立需求响应的动态能力匹配机制，同时提速数字化基建建设，依托数字化产教融合平台实现供需精准对接。

“百校入威”重构人才—产业桥梁。实地调研发现，威县“百校入威”项目以高校知识成果转化平台为枢纽，串联起87所高校的科研人才资源与县域企业的技术需求。根力多与利江生物等诸多优秀案例印证，校企合作不仅是技术转化的通道，更是本土人才孵化的摇篮——即需通过企业实习基地、技术实训中心等载体，实现高校专家“送技下乡”与乡土人才“就地育才”双轨并行，逐步破解乡村“技术荒”与“人才荒”的双重困境。因而，校企协同创新应进一步突破传统技术转让模式，演化出“研发合作共同体—成果转化中试基地—本土人才孵化平台”三位一体的新型范式。

协同机制创新：破解人才留用难题。与政企代表座谈交流进一步揭示，人才振兴的关键在于多方协同机制的完善。相关企业反映，尽管“1+6+1”营商模式通过审批提速、政策倾斜吸引了大量高校团队扎根县域，威县目前仍然存在县域高端人才留用配套不足的问题，需加强住房、教育等保障。而在校地合作场景中，河北农业大学与龙集梨园共同培育千名具备现代农业技能的新型职业人才，却因电商营销等新技能培训人才缺位，制约了“威梨”品牌溢价空间。可见，威县需从“引才输血”转向“育才造血”，构建“需求导向”的人才培养体系，优化数智平台适农性设计，并建立长效激励机制，让人才“引得来、留得住、用得好”。

理论映照实践：人才振兴的学术支撑。结合既有文献研究，威县案例的产学研融合路径验证了人才振兴的核心价值。既有研究指出，乡村振兴的可持续性受制于人才短缺与产业链断层，而威县通过“百校入威”项目构建高校知识转化平台，精准回应了学者提出的“强化校企资源对接”诉求。同时，现有研究证实，政府主导的产学研模式虽能快速整合资源，但存在匹配效率与知识产权风险等隐患。威县实践进一步印证了这一结论：平台需通过动态定价机制与分级信息披露策略缓解供需错配问题。

多维经验镜鉴：突破发展桎梏的路径启示。对比北京科慧远“数字+知识产权”模式、迁安“北京研发—本地转化”路径及海外斯坦福OTL专利营销机制，威县可进一步全力推进数字化基建建设，改善多元资本运作与区域资源联动效率。对照案例表明，技术转化效率取决于市场化能力：科慧远依托大数据评估万件专利，迁安借京津冀协同打通研发转化链条，威县可依托“百校入威”深化区域间资源对接，进而加强技术储备，突破数字化瓶颈。文献研究进一步警示，若忽视知识产权保护与利益分配优化，技术转化易陷权责纠纷。因此，威县亟须构建“高校—平台—企业”三位一体利益共同体，以市场化规则激活创新链。

威县的探索，既为县域经济突围提供了鲜活样本，亦为全国乡村振兴战略的落地贡献了“人才兴产、产才共荣”的实践智慧。其实践昭示，人才振兴是乡村振兴的核心引擎，其效能释放需系统性改革支撑。宏观来看，人才振兴应重视数字技术应用，提升校企对接平台供需匹配精度；应完善人才留用政策，构建“技术入股”“收益分成”等利益共享机制；应深化产教融合，培育既懂技术又通市场的复合型人才。唯有将高校智力、企业载体与乡村场景深度耦合，凸显人才在资源整合与技术落地的核心作用，方能实现从输血帮扶到内生驱动的质变，为乡村振兴注入可持续动能。

（四）赋能成效及政策建议

在本次高校赋能乡村振兴的实践中，中央财经大学调研团队以“共建共享共赢”为核心理念，通过赋能行动解决了威县在乡村振兴进程中的多项问题，为地方发展注入了强劲动力。

1. 战略合作框架搭建

调研团队与威县政府正式签订“百校入威”暨乡村振兴研究生服务站共建合作协议，建立为期三年的战略合作伙伴关系。通过挂牌“财经人·济世路”中央财经大学乡村振兴研究生服务站，为校地合作建立了平台，为后续赋能奠定了坚实基础。

2. 痛点问题精准施策

针对威县发展中的关键痛点，调研团队重点聚焦高校知识成果转化平台市场化、劳动力老龄化与人才引进等核心问题，通过实地走访、数据采集、案例研究等方法，形成了具有针对性的解决方案。

3. 品牌形象塑造与推广

充分发挥高校智库优势，系统总结威县综合改革经验，提炼“威县样本”的核心价值，通过多渠道宣传推广，助力威县打造新时代全面深化改革的县级样板，为全国县域改革提供了可资借鉴的参考性措施。

4.阶段性成果获得认可

调研工作得到了威县政府的高度评价，荣获2024年中国研究生媒体联席会议优秀媒体作品奖，充分体现了赋能行动的实效性和创新性。

基于“共建共享共赢”合作理念，调研团队制定了三步走赋能行动实施战略：第一年宽度拓展。建立乡村振兴服务基地，系统梳理县域改革成效，聚焦成果转化平台市场化瓶颈与劳动力老龄化等痛点，形成诊断报告与初步解决方案，为后续深度赋能奠定基础。第二年深度挖掘。深度解析高校知识转化平台运作机制，挖掘产学研合作体系与农民增收政策潜能，推动校企联合招聘与定制化改革方案制定，并协助威县企业开展校招路演与专题招聘会。第三年试点推广。试点实施改革方案并跟踪评估，借助多方媒体平台在全国推广“威县样本”，扩大示范效应。

为加快人才振兴、推动知识成果高效转化、促进校企协同创新，报告提出以下政策建议：一是构建市场化转化机制。建议威县高校知识成果转化中心设立独立运营公司，以市场化方式提升科技成果转化效率，并通过“需求—研发—转化—应用”闭环加强高校、科研机构及企业合作，助力威县产业升级。二是深化“百校入威”效应，推动“威企入校”。建议威县企业走进高校，定期开展校招路演与人才定制培养，增强企业对高端人才的吸引力。推广“科研+实践”协同模式，构建“高校输送+企业反哺”的人才循环体系。三是优化利益分配机制。建议威县政府构建“高校—企业—平台”协同机制，优化利益分配模式，激励高校与企业深度合作。政府可设立专项基金，支持高校、企业在成果转化和人才引进中的积极参与，确保三方获益，促进科技创新落地。四是强化在地人才培养。依托“百校入威”及知识成果转化平台，建议威县联合职业院校共建“双师课堂”与数字化实训基地，开发匹配本地产业需求的职业课程，提升劳动力素质，支撑产业升级。五是完善政策保障体系。建议政府出台税收减免和孵化支持等政策，鼓励校企合作。同时，加大对职业教育、科技创新企业的投入，加强住房、教育等人才配套，提升县域人才吸引力，为乡村振兴提供持续动力。

甘肃宕昌县：体育经济助力乡村人才振兴

指导老师：陈绮文、张振磊
团队成员：黄　敏、崔译文、杜雅慧、马枢佳、王晰云、崔雅雯
支持单位：甘肃省宕昌县玉岗村村委会、宕昌县哈达铺镇人民政府、宕昌县文体局

报告主题

“财经人·济世路”调研团队通过深入调研宕昌县玉岗村公共体育供需关系，探索体育在乡村人才振兴中的作用与潜力。师生团队通过分析玉岗村公共体育设施建设与资源配置，评估居民对体育服务的需求与满意度，研究体育资源如何更好地支持乡村人才的培养与留存，提出了提升乡村公共体育服务的策略与建议，该案例旨在为乡村振兴战略中的人才发展提供理论依据与实践指导。项目落地方面，团队结合甘肃雏鹰集团与玉岗村的红色资源和地理优势，经过前期详细的沟通与调研工作，策划并实施了具有教育意义的“迷你长征”红色研学活动，彰显了体育活动在促进乡村人才振兴和提升乡村文化建设中的关键作用。

（一）现状描述

1. 全民健身公共服务体系的发展与挑战

自2014年国务院将全民健身确定为国家战略以来，中国在全民健身领域的政策体系逐步完善。国家出台了《“健康中国2030”规划纲要》和《体育强国建设纲要》，明确了全民健身的目标和公共服务体系的建设。2022年，国家进一步发布《关于构建更高水平的全民健身公共服务体系的意见》，并对《中华人民共和国体育法》进行了修订，强化全民健身与健康的深度融合。文献研究显示，关于全民健身公共服务的学术关注主要集中在公共服务体系的构建与供给上，然而，尤其是在农村地区，供给不足和供需错位问题尤为突出。学者们提出，通过完善城乡公共体育服务治理体系、推动多元化供给等手段，能够促进服务质量的提升。此外，体育产业对乡村振兴的助力也是学术关注的热点，研究认为发展体育产业有助于提高农村居民体育服务的质量和满足其多层次需求，从而推动乡村振兴和精准扶贫。

2. 玉岗村基本情况

调研以位于甘肃省陇南市宕昌县哈达铺镇的玉岗村为例，其地处西北经济不发达地区，经济发展面临着区域不平衡和城乡不平衡的双重薄弱问题，是我校助力乡村振兴的主要帮扶对象。玉岗村在发展过程中面临多方面的挑战，其中人才赋能是村庄振兴的关键因素。团队从“全民体育带动经济发展”的角度切入，探索“体育+红色文旅”方案的可行性，提高人才赋能的转化率。团队通过与当地村委会的座谈，初步了解到当地在体育经济方面的基本情况如下：

首先，玉岗村体育设施和活动供给严重不足。当地村民，特别是青少年群体，缺乏足够的锻炼机会和体育意识。体育教育资源匮乏，学校缺乏专业的体育教师，致使青少年无法接受系统的体育教育，直接影响了健康水平的提高，也间接对“体育+红色文旅”经济模式的推广造成阻碍。

其次，玉岗村产业结构单一。当地虽然拥有丰富的红色文化和自然资源，但缺乏人才将这些资源有效转化为经济增长点。人才的匮乏导致乡村产业融合缺乏创新，未能充分发挥体育与旅游等产业结合的潜力。因此，人才赋能与具体活动转化将作为团队调研活动开展重点。

最后，文化认同感有待提升。尽管红色文化资源丰富，但人才的不足使得文化的传承和激发自信的工作未能有效推进。因此，玉岗村的振兴亟须通过引进各类专业人才，尤其是在体育教育、产业发展和文化传播领域，为乡村的可持续发展注入新的活力。

基于上述初步调研结果，团队计划从产业、人才和文化三个维度展开线下调研，探究其具体攻克难点以及高效赋能关键。

（二）问题研判

1. 玉岗村特色优势

玉岗村地处甘肃省宕昌县，拥有红军长征历史遗存和红色文物，同时也是宣传哈达铺精神和长征精神的重要站点，依托高校而建的村史馆能够进一步为其提供文化宣传平台。悠久的红色历史和独特的文化含蕴赋予了玉岗村独一无二的发展优势，也成为推动乡村振兴、文旅融合的强劲动力。

根据调研，团队认为当地核心优势资源在于红军长征历史遗存，当地核心体育需求在于碎片化时间的趣味活动。因此，依托“长征旧址”以及“红色文物”这两个标签，玉岗村在文旅体育融合发展的道路上大有可为。

实践团队通过入村调研以及当地红色产业的参观，得到可行的发展路径有二：其一，红色文化挖掘。当地可开发红色旅游线路，将历史遗存和文物展示点串联起来，让游客沉浸式体验长征文化。除此之外，当地可以打造红色文化主题民宿，为游客提供具有红色文化氛围的住宿环境，并通过举办红色文化节、长征故事演讲比赛等活动，进一步提升玉岗村红色文化的影响力，吸引更多游客前来感受红色魅力，从而带动当地经济发展，促进村民增收致富。其二，建立“体育+”红色产业集群。在体育经济蓬勃发展的大背景下，玉岗村可依托当地锶畅饮用水、马铃薯粉条加工厂等产业，搭建从“红色体育活动—文创产品宣传—红色产品输出”的协同链条，不仅能够提高当地特色产业的产销规模，而且“体育+文旅”的模式还能进一步提高对多样化群体（如体育爱好者、中小学集训营、热爱群体活动的老年群体）的吸引力，实现双赢。

2. 优势开发堵点与高校赋能关键

（1）人才赋能产业层面。开发堵点：缺乏多元化发展与品牌效应。①玉岗村虽初步形成以锶畅饮用水、马铃薯粉条加工和红色旅游为主的产业体系，但仍存在三个方面的短板：第一，产业单一化。通过线下工厂走访，团队发现玉岗村核心产业集中于传统农业和初级加工业，附加值较低，且对体育旅游等新兴产业潜力的挖掘尚不充分。第二，品牌建设不足。锶畅饮用水产品虽为中央财经大学定向帮扶产业，但是相较同行业可比公司农夫山泉、娃哈哈等产品，锶畅缺乏其差异化竞争壁垒和特色品牌卖点，市场知名度较低，品牌宣传尚未打通“锚点消费群体+特色IP”的营销渠道，缺乏发展后劲。第三，与当地融合度低。玉岗村红色文化为特色优势，然而核心产业与当地文旅、生态资源结合不足，未能通过“体育+”模式激活产业链。

②高校赋能关键。基于上述分析，团队认为，高校赋能应当集中于当地特色产业创新以及后续品牌推广。在当地特色产业创新方面，高校可以通过调拨体育经济类人才的方式，协助乡镇政府制定体育旅游发展规划，设计“红色+体育+生态”融合项目。除此之外，还可引入金融专业人才，从而为当地产业进行发展规划和制定融资方案，助力产业规模化发展。在品牌推广方面，高校可引入传媒设计类人才，依托高校的知名度，进行相关文创产品的包装设计，并在营销策划上建立“大家都爱喝的红星水源”等特色卖点，在保证品控的基础上，通过在包装纸以及宣传广告上增加当地红色元素的方式，创造特色赛道，提升品牌影响力。

（2）人才赋能基层治理。①开发堵点：治理效能低与基层人才断层。为进一步了解“体育+”红色产业集群的发展可行性，团队通过座谈会的形式，与当地乡镇政府进行深入沟通。通过访谈，团队得到在产业集群构建的实际推广中，玉岗村在人才维度，存在治理效能和专业保障两方面的问题。

在治理效能方面，由于哈达铺镇与玉岗村两级均无专门体育管理部门，因此在实际推广工作中完全依赖上级统筹，这也导致当地政府在集群构建方面的自主权较低，政府、企业、村民协同性弱，难以形成合力。除此之外，受区位发展限制，当地财政支持力量有限，体育公共服务供给长期滞后。

在专业保障方面，玉岗村人才外流现象严重。根据入户调研的受访群体年龄结构来看，玉岗村青壮年劳动力多外出务工，村内老龄化严重，缺乏产业振兴的核心劳动力。不仅如此，在专业水平上，当地体育教师多由其他科目教师兼任，社会体育指导员数量为零，公共服务专业化水平低，存在严重的专业人才的供需不匹配问题。

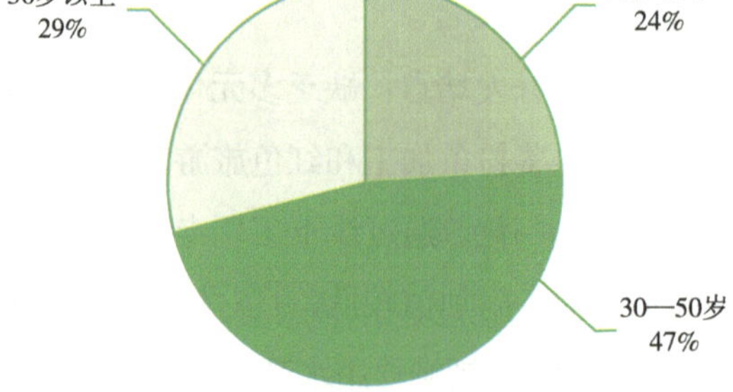

图1　玉岗村受访人群年龄结构

②高校赋能关键。基于上述分析，结合高校赋能与人才振兴主题，总结高校赋能的可行路径如下：一方面，高校可通过调派等方式，让高校职工群体进驻村政府部门，构建“政府+高校+企业+村民”四方协作机制，并依托高校导师制进行专门课题研究，从而为地方争取政策倾斜与专项资金；另一方面，高校可在当地建立实习基地，定期派遣体育经济专业、文化传媒专业的学生参与驻村帮扶，补充专业人才缺口，并与地方政府共建“乡村人才工作站”，形成常态化支持机制。

（3）人才赋能文化层面。①开发堵点：红色资源活化不足。玉岗村拥有红军长征历史遗存和红色文物，但文化价值未充分释放，且并未和当地地理特点相结合。通过对玉岗村现有红色文化开发情况的调研，团队发现在红色文化方面，玉岗村缺乏对红色故事的系统性整理，未能转化为教育或旅游产品。除此之外，红色文化缺乏向实体经济的有效转化渠道，当地多以传统节庆为主，但并没有对红色文化的经济价值进行进一步的开发，缺乏创新性与发展持续性。

在地理特点上，团队通过线下勘探发现，当地的生态资源较为优越，但是存在开发粗放的问题。例如，玉岗村具有特色的登山步道以及自然景观，农家乐与当地山水特点融合程度高，但是均未与体育、旅游产业深度结合。并且，当地的景区开发尚未成型，因此配套设施并不完善，游客体验感一般。

②高校赋能关键。基于实地调研走访，团队认为高校赋能红色文化需从以下方面着手：第一，文化IP打造，协助整理红色史料，设计研学路线与文创产品；第二，活动策划，结合高校学术资源，开发“迷你长征”等沉浸式红色教育活动；第三，生态旅游设计，设计徒步、露营等低碳体育活动，提升资源利用率。

（三）问题分析

为解决上述问题，团队以“调研—分析—实践”为主线，通过多元化方法精准定位需求，并探索高校赋能路径。

1.调研过程：多层级、多方法结合

（1）深度访谈与座谈。访谈对象：县文旅局局长、镇文化站专干、驻村第一书记、企业负责人、村民代表。访谈内容：聚焦产业现状、文化资源、公共服务短板等，获取行政视角与民间声音。访谈成果：明确“体育供给不足”“红色文化活化不足”为核心矛盾。

（2）问卷调查与行为观察。问卷设计：采用“补贴模式”量化村民体育需

求，涵盖参与意愿、项目偏好、设施满意度等。发放问卷51份，覆盖不同年龄、性别群体。实地观察：连续一周记录篮球场、登山步道使用情况，发现设施利用率随时间、季节波动大。

（3）文献与政策分析。政策文件依据：结合《全民健身计划（2021—2025年）》《关于推进体育助力乡村振兴工作的指导意见》等文件，确保建议符合政策导向。对比研究：参考“村BA”案例，提炼可复制经验。

2. 实践路径：问题导向与创新试点

（1）“迷你长征”红色研学活动。设计逻辑：将长征精神与体育活动结合，设置“飞夺泸定桥”“爬雪山”等任务，吸引青少年参与。成效：活动覆盖100余人，村民反馈“既锻炼身体又学习历史”，验证“体育+文化”模式的可行性。

（2）产业协同调研。企业调研：为进行后续产品开发，与锶畅水厂、农家乐进行走访以及企业调研，从而观察“运动补给包”“红色主题餐饮”等后续产品开发的可行性。成果转化：形成《迷你长征红色体育旅游开发方案》，提出打造“长征精神体验基地”等具体项目。

（3）方法论总结。研究方法：定性访谈与定量问卷结合，确保数据全面性。参与式行动研究：通过组织活动直接介入乡村建设，观察实时反馈并优化方案。跨学科协作：整合体育经济、公共管理、文化旅游等多学科视角，提出系统性解决方案。

（四）赋能成效及政策建议

在甘肃省陇南市宕昌县玉岗村的调研与实践中，团队围绕农村体育公共服务供需关系展开深入研究，通过一系列创新举措，有效推动了玉岗村的人才振兴与乡村体育发展，初步实现了“体育+红色文旅”经济模式的项目转化，取得了显著成效。

1. 赋能成效

（1）提升村民体育意识与参与热情。通过实地调研与访谈，团队发现玉岗村村民对体育活动存在强烈需求，但体育意识较弱。为此，团队联合甘肃雏鹰特训营举办“迷你长征”红色研学活动，将体育活动与红色文化教育相结合，吸引了大量村民与青少年参与。活动不仅丰富了村民的体育生活，还通过趣味定向、红色教育等形式，增强了村民对体育的认知与兴趣，激发了村民的体育参与热情，使体育活动逐渐成为村民闲暇生活的重要组成部分。

（2）创新乡村体育供给模式。针对玉岗村体育供给严重不足的问题，团队结合当地红色资源与自然资源，提出开发体育旅游产业的思路，并通过举办“迷你长征”活动进行了初步实践。该活动以玉岗村的红色文化为背景，设计了勇炸碉堡、爬雪山、过草地等任务，将体育活动与红色研学深度融合，为当地居民和游客提供了全新的体育旅游体验。这一创新举措不仅丰富了乡村公共体育供给内容，还为乡村产业新业态的形成奠定了基础，为乡村体育与旅游产业的融合发展提供了可借鉴的模式。

（3）培养乡村体育人才与团队协作能力。在活动策划与实施过程中，团队成员与当地村民、特训营教练、学生等密切合作，共同完成了活动的组织、布置与执行。通过这一过程，团队不仅为当地培养了一批具备体育活动组织能力的人才，还增强了村民的团队协作意识与责任感。这种人才“造血”机制的建立，为玉岗村未来持续开展体育活动提供了有力支持，也为乡村人才振兴注入了新的活力。

（4）推动乡村体育与教育协同发展。团队在调研中发现，玉岗村小学的体育课程存在师资不足、专业度不高的问题。为此，团队在“迷你长征”活动中，融入了红色文化教育与体育精神培养的内容，通过趣味任务与互动环节，为青少年提供了生动的体育与文化教育体验。这种将体育与教育相结合的模式，不仅丰富了乡村教育资源，还为乡村教育的多元化发展提供了新的思路，促进了乡村体育与教育的协同发展。

（5）助力“体育+红色文旅”项目落地。团队结合玉岗村的红色资源与自然资源优势，提出开发体育旅游产业的建议，并通过“迷你长征”活动进行了初步探索。调研团队通过体育、经管以及设计类的人才引入，在当地组织了大型的“迷你长征”系列活动，并进一步产出文创产品作为当地红色旅游路线图展板。这一举措不仅为玉岗村带来了新的经济增长点，还成功推动当地“红色文化”与当地产业链的融合，带动了当地餐饮、住宿等相关产业的发展，提升了乡村产业的整体竞争力。此外，团队还协助当地企业设计活动方案，进一步拓展了乡村产业的发展空间，为乡村振兴提供了有力的产业支撑。

（6）增强乡村文化自信与凝聚力。玉岗村拥有丰富的红色文化资源，团队通过“迷你长征”活动，将红色文化与体育活动有机结合，让村民与青少年在参与活动的过程中，深入了解家乡的红色历史，增强了对本土文化的认同感与自豪感。这种文化自信的提升，不仅凝聚了村民的力量，还为乡村振兴注入了强大的精神动力，促进了乡村文化的传承与发展。

2. 政策建议

（1）加强体育设施建设与投入。政府应加大对乡村体育设施建设的投入，完善乡村体育场地与设施，满足村民日益增长的体育需求。同时，鼓励社会资本参与乡村体育设施建设，形成多元化的投入机制，提升乡村体育设施的供给水平。

（2）推动体育与多产业融合发展。结合乡村的自然资源与文化资源，开发体育旅游、体育康养等新业态，推动乡村体育与旅游、文化、教育等产业的深度融合。通过产业融合，延伸乡村体育产业链，提升乡村产业的附加值，为乡村振兴提供新的经济增长点。

（3）加强乡村体育人才培养与引进。政府应加大对乡村体育人才的培养力度，通过培训、进修等方式，提升乡村体育教师与社会体育指导员的专业水平。同时，鼓励高校体育专业学生到乡村开展实习与志愿服务，为乡村体育发展注入新鲜血液。

（4）完善乡村体育组织与管理机制。建立健全乡村体育组织，加强对乡村体育活动的组织与管理，提高乡村体育活动的规范化与专业化水平。通过完善乡村体育组织体系，整合乡村体育资源，形成政府主导、社会参与、多方协同的乡村体育发展格局。

（5）加强体育文化宣传与推广。利用多种媒体渠道，加强对乡村体育文化的宣传与推广，提高村民对体育的认知与重视程度。通过宣传体育活动的益处与成果，营造良好的乡村体育氛围，引导村民积极参与体育活动，形成健康的生活方式。

人才振兴

人才引领乡村振兴可持续发展

人才引领乡村振兴可持续发展

人才助力乡村振兴可持续发展，指通过培养、引进、激活和留住各类人才，将知识、技术、管理、创新理念与乡村资源禀赋相结合，推动农业转型升级、农村治理优化、生态价值转化和文化传承发展，实现经济、社会、生态效益的协调统一。其核心是以人才为纽带，构建“产业兴旺、生态宜居、乡风文明、治理有效、生活富裕”的长效机制。

中央财经大学“财经人·济世路”项目团队通过政策普及与科学理念传播、教育扶智与人才培育、技术下沉与治理创新，构建宣讲政策、支教育人、挂职协作“三位一体”模式，深度践行人才引领乡村振兴的战略部署，以知识传播为基础，推动人才链与产业链、创新链深度融合，为实现农业强、农村美、农民富的目标提供持久动能，注重长远发展韧性。

宣讲叙说知识宝库

宣讲活动是一种集信息传播、交流互动和教育启发于一体的活动形式。它在不同领域有着不同的侧重点和目标群体，通常包括开场致辞、主题演讲、互动问答以及成果展示等环节。中央财经大学“财经人·济世路”项目中心协调开展的调研宣讲正是这种宣讲活动的具体实践之一。“财经人·济世路”项目中心组织调研团队深入乡村地区，在开展乡村振兴调研的同时，进行财经讲堂、红色往事、个人权益保护、红色文化传承、儿童自我保护、科学养生等主题宣讲。

（一）山东省临沂市

在山东临沂，中央财经大学创新发展学院与共青团临沂市河东区委员会举办校地合作共建启动仪式，双方签署乡村振兴服务站共建合作协议，并围绕乡村振兴、红色“大思政课”、青年创新创业、社区青少年服务等方面进行深入交流和探讨。（1）思政课堂，红色知识。马克思主义学院董良杰老师以“关于博物馆思政课建设的几点思考——学习习近平总书记关于思政课建设的重要论述”为题，多角度多方位带来一堂生动的思政课。（2）专业赋能，财经惠民。青年力量助力财智乡村，团队成员前往社区向居民们普及财经知识，从家庭理财的基本概念及必要性、科学资产配置策略和防止诈骗等多个角度出发，为社区居民呈现了一场生动而丰富的财经科普课堂，引导居民树立正确的理财观念，保障自身财产权益。（3）童心守护，同心筑梦。在河东区共青团委统一协调下，团队分别前往临沂市河东区4个社区开展形式多样、寓意深刻的公益小课堂。衣堃铭、赵晨然两位同学前往慧谷社区围绕防校园欺凌、防溺水与防诈骗三个主题，通过情境互动和案例分析，为小朋友们带来了一堂丰富的权益保护课。帮助小朋友们更加深刻地认识到什么是校园欺凌，如何应对校园霸凌，学习溺水时的救助措施以及科学防范诈骗等知识，助力青少年增强保护自身权益的意识和能力。以丹青绘就祖国山河，以赤诚擦亮红色基因。宋沂欣、逄斐然两位同学前往吾悦社区和小朋友们一起开展了“爱我中华”少儿手工绘画课程。画笔在纸上跳跃，每一个笔触都充满了童趣和创意；手工器材在小手中翻飞，每一剪刀都充满了无限的想象，小朋友们在寓教于乐中深化了对红色文化的理解和认识。舞衫回袖沐春风，歌扇当窗似秋月。李艺菲、李家辉、李祎博、王逸格等同学分别前往沂河郡府社区和怡海社区开展中国舞体验课《有我》。李艺菲和李祎博以舞蹈配乐《有我》的歌词蕴意为启，从基础步伐、动作要领等方面细致讲解，带领小朋友们进行舞蹈动作的练习，最终共同完成舞蹈作品《有我》选段。（4）龙马奋进，薪火相传。“‘沂’心向党，财菁力行”团队用脚步丈量红色土地，用心灵感悟革命精神，用专业普惠财经课堂，用知识点亮少年梦想，以实际行动为革命老区建设发展贡献青春力量。

（二）江西省遂川县

在江西遂川，马克思主义学院教师肖宁带领乡村振兴调研团队来到衙前镇溪口村、双镜村、塅尾村的“一老一小”幸福院，以实际行动为乡村振兴贡献力量，为这里的老人和小朋友们带来了一系列丰富有趣的课程和活动。（1）萤末微光筑新梦，化雨护芽润童心。团队成员分为两队，来自法学院、商学院、信息学院、金融学院的四位2024级硕士研究生组成一队，为孩子们讲授了防性侵、防拐卖、防校园霸凌等公益课程。她们通过生动的案例、形象的故事和有趣的互动游戏，深入浅出地向小朋友们传授自我保护的知识和技能。小朋友们全神贯注地聆听，积极回答问题，在轻松愉快的氛围中增强了自我保护意识。（2）情系桑榆慰晚晴，敬老爱老暖人心。法学院、经济学院两位2023级硕士研究生为老人们精心准备的防诈骗和养生课程也拉开帷幕。在防诈骗课程中，他们结合当下常见的诈骗手段，如网络诈骗、电话诈骗、养老诈骗等，详细地为老人们剖析诈骗分子的套路，并提供了实用的防骗技巧。养生课程则涵盖了饮食健康、适度运动、心理调节等方面，引导老人们树立科学的养生观念，养成健康的生活习惯。（3）古韵悠扬今风盛，非遗传承续篇章。课程结束后，一场妙趣横生的漆扇制作活动将老人和孩子们与研究生团队紧密地联系在一起。大家排好队，将选好的色漆滴入水中，以漆为笔，以水为墨，一沉一提之间，收获独一无二的漆扇。青山明月，红霞流云，老人和孩子们发挥着无限的创意，亲身感受中华优秀传统文化的魅力。在团队成员们的帮助下，老人和孩子们完成了点染漆扇。

调研团队用脚步丈量红色土地，用心灵感悟革命精神，用专业普惠财经课堂，用知识点亮少年梦想，从乡村振兴的大格局出发，关注农村地区的养老抚幼需求。他们用实际行动诠释了新时代青年的责任与担当，为建设美丽、和谐、幸福的乡村贡献青春力量。

支教点亮乡村梦想

支教活动是一种由志愿者或教育工作者前往教育资源相对匮乏的地区，为当地学生提供教育支持和帮助的公益活动。支教旨在通过分享知识、经验和技能，促进教育公平，提升受援地的教育水平。中央财经大学“财经人·济世路”项目中心积极响应国家乡村振兴战略和教育扶贫号召，组织了一系列支教活动，旨在将学校的专业知识和教育资源带到偏远地区，助力当地教育发展。

（一）山东省马集镇

在山东马集，中央财经大学统计与数学学院调研团队前往菏泽市定陶区马集镇，以“乡村教育”为切入点，与当地来自不同学习阶段的学生及家长深入交流学习心得，为来自乡镇中学的莘莘学子扫清前进的障碍。团队中四位硕士研究生成员根据自身在乡镇中学中求学的经历、“工作—读研”的人生抉择，切合实际，体贴入微地鼓励了在场的每一位学子，根据自身的学习经验与心得，从学习方法，备考思路，学习心态等多个方面进行了介绍，针对现场同学的疑问答疑解惑。在与同学们交流的过程中，调研小组成员多有感触，为了更加长期地对中学生们提供帮助，调研小组的同学与部分学生相互添加了联系方式。同学以及家长们反响热烈，受益颇深，在会后也在同老师同学们交流心得体会，调研团队也希望能通过这次行动，可以点燃每一个来自乡镇中学青年心中的理想明灯。此次调研加强了团队师生服务社会、奉献社会的责任感。在新的时代起点上，中央财经大学统计与数学学院将持续为乡村振兴助力，不忘初心，砥砺前行。

（二）西藏自治区拉萨市

在西藏拉萨，研究生工作部于西藏大学财经学院挂牌建立中央财经大学研究生社会实践基地、乡村振兴研究生服务站。调研团队的学生代表们向西藏大学财经学院的学生分享了个人推免研究生和报考研究生的经验。包括介绍推免流程、如何选择学术方向以及如何有效地制订备考计划等，此外还进行了交流与问答环节。通过这次交流会，调研团队的学生为财经学院同学们的学术旅程提供了支持和启发。同时，调研成员在教学楼会议室进行了交流座谈，中央财经大学老师介绍了研究生党建思政和社会实践工作概况和特色活动，与西藏大学财经学院师生交流学科建设经验。参与仪式的学生代表中包含四位中央财经大学研究生支教团成员。四位成员正于拉萨市柳梧新区红军小学开展为期一年的支教活动。中央财经大学研究生工作部、研究生院走访慰问西藏研究生支教团成员，邀请中央财经大学校友一同参与此次活动，以此激励他们在教育事业中继续发光发热。

（三）江西省于都县

在江西于都，社会与心理学院调研团队聚焦乡村振兴背景下家校社一体化的留守儿童心理服务体系，深入分析和挖掘留守儿童成长生态的缺失和重建机制，针对性提出相应的政策建议，为中西部地区留守儿童的健康成长提供参考性结论和方案。在于都实验中学，团队以“青少年心理健康教育”为主题对学校任课教师展开访谈，并面向高一年级开展《情绪调适》主题心理讲座，以实际行动促进乡村青少年身心健康发展，助力乡村教育振兴；调研团队面向高一年级任课教师开展了“青少年心理健康”专题访谈，旨在了解乡村教学工作者开展心理健康教育工作的一线实践情况，内容主要包括对中学生心理健康的认识、教学过程中的应对方式以及学校心理健康教育方面的需求和建议。此外，于都县作为长征出发的集结地，长征精神已然成为贯穿于都振兴发展的文化源泉，作为“中国共产党人的精神谱系”之一，这一精神是否会对于都学生身心健康的发展带来积极影响吸引了调研团队和受访教师的热烈讨论；团队面向高一年级学生开展了一次以“情绪调适”为主题的讲座体验活动。中央财经大学教授以生动的方式向同学们讲述了情绪的内涵和意义，探讨了日常生活中情绪发挥的重要影响，并向同学们介绍了四种情绪调节的日常方法，以帮助同学们更好地调节情绪、保持心理平衡。为深入理解和体验情绪的发生，实践队员张恒星带领同学们开展“雨点变奏曲”的游戏，通过随机的口令和指定动作的变换，现场气氛逐渐活跃，同学们纷纷感受到“情绪”在转换时的应激特点。随后，项目组成员以舒缓宁静的音乐开场，在言语中带领同学们展开正念冥想体验，通过专注呼吸和放松身心，同学们得以脱离压力、感受到情绪的平静和内心的安宁。最后，团队队长再次回顾讲座内容和体验，引导同学们写下自己对情绪的期待，在“一起向未来”的齐声口号中，同学们高高抛起饱含自己嘱托的纸飞机，用一种独特的方式表达了自己对未来的愿望。此外，调研团队为孩子们带来“漫游酶世界”的主题科普活动，由团队成员贺金山主讲。活动通过知识讲解、游戏互动、实践体验等方式，用简单有趣的科学实验，培养孩子们探索知识、崇尚科学的意识，同学们亲历了实验过程，增长了科学知识，享受了科学乐趣，提升了科学素养，感受到了科学的独特魅力。

（四）河北省赤城县

在河北赤城，会计学院调研团队来到龙门所九年一贯制学校开展宣讲活动。

通过和校领导的交流，团队发现目前教育存在生源不足和师资短缺两方面的问题；成员和校领导沟通了一些初步想法，初步提出书信志愿活动和教育资源共享两大帮扶项目，并意向与学校达成长期合作；团队组织了四年级和五年级共28名学生进行以“奔跑吧少年”为主题的宣讲活动，团队成员围绕“你最想去哪里？你最想做的事情是什么？你想成为什么样的人？”三大问题展开，分享自身成长经历，引导学生去思考自己的目标是什么，并和他们一起思考如何一步步实现自己的目标。通过这样的课堂互动，激发学生的学习动力，为学生提供榜样力量。最后，调研团队为学校捐赠图书，以勉励同学们多读书，读好书，好读书。实践团队深入了解了龙门所镇的农耕文明和淳朴风情，亲身体会到了基层工作者在乡村振兴事业中“服务于民、不忘初心”的奉献精神。

（五）青海省西宁市

在青海西宁，创新发展学院调研团队前往二十里铺村开展入户调查，深入了解青绣传承与乡村文化产业发展情况。调查发现虽然青绣具有产品质量高、成色好等优点，但由于缺少宣传平台和销售平台，导致青绣在商业化道路上遇到了困境。为此，团队结合实际为二十里铺村青绣传承拍摄宣传视频，打造线上宣传平台；三江源民族中学是2010年玉树地震后，在西宁市异地建设的具有特殊意义的学校，生源大多是来自三江源地区和环湖地区的藏族学生，95%以上为牧民家庭。为帮助学生开拓视野、点亮心灯、励志成才，实践团队与学校深度合作，面向初一学生，精心准备一系列兴趣拓展课程，寓教于乐地激发学生学习热情，增强学习自信，在晚自习进班答疑，分享学习故事和大学生活，鼓舞同学们只争朝夕、不负韶华；面向社团学生，实践团队精心准备了一系列课程进行兴趣拓展，课程涵盖了传统文化、自然科学等方面内容，如《自然探险家——走进生活的地理》《趣味物化实验乐园》《生活里的生物，生物里的生活》《运笔惊鹤，藏汉合并》《音乐飞扬，青春共鸣》《声入人心趣味配音课》《这！就是街舞》等。同学们在兴趣课程中领略科学的严谨深奥、书法文化的源远流长以及舞蹈艺术的精彩绝伦，找寻兴趣所在，树立高远理想；实践团队利用晚自习时间为初一班级进班答疑，或分享初高中学业规划，或介绍大学学习生活，或分享缓解压力技巧，气氛活跃，掌声连连，帮助同学们寻找未来方向、舒缓考试压力、树立人生目标，收获同学们的一致好评；实践团队师生与当地学生共同举办夏令营汇报展演，交流藏汉文化、传达美好情感。藏族舞、现代舞、街舞、配音、合唱、书法展示、现场做实验等节目异彩纷呈，不同民族师生同台、展现风采，同学们寻梦而行、向阳而生，在人生之路上勇敢前行、在人生的旷野上自由逐梦、在人生舞台上绽放荣光。财经赋能乡镇经济，励志筑梦青年成长，实践团队于乡村热土挥洒汗水，于三尺讲台挥斥方遒，用实际行动助力乡村振兴梦腾飞，助力学子成才梦照进现实。

挂职倾听地方声音

挂职活动指的是特定人员被选派到其他单位进行短期职务锻炼的一种交流方式。中央财经大学“财经人·济世路”项目中心的挂职活动，强调财经学子的社会责任和济世情怀，鼓励学生将所学知识应用于社会服务中，是挂职活动在高校与地方合作中的具体实践。

（一）山东省马坡镇

在山东马坡，金融学院、法学院与统计与数学学院派出挂职成员，协助党员干部进行“密切联系群众”工作，倾听百姓诉求，解决百姓急难愁盼，上传“民意5来听”系统数据。为学习贯彻党的二十大精神，马坡镇主办“青春向党学习党的二十大”主题演讲比赛，挂职成员在比赛中诚恳有力地分享学习心得和个人感悟，坚定担当使命的信心和决心，展现中财大学子应有的风范；宣传工作是基层工作的重要组成部分。挂职成员在基层锻炼，全过程了解宣传工作的台前幕后。跟进活动报道是挂职成员日常工作最重要的一项，在活动开始前了解活动的背景、内容和意义，在活动进行中进行会议记录、录音录像等工作，活动结束后及时补充和完善内容，形成初稿后等待审核，反复修改最后形成正式报道。

除活动报道、工作总结外，挂职成员撰写“先锋文汇”短文，将自己在基层的所见所闻、所思所想落于纸笔。挂职期间，挂职成员共发出41篇报道，发布在省、市、县、镇各级单位公众号以及大众网、鲁网等媒体网站上；产出30篇短文，并评选出优秀作品，发布在微山县马坡镇人民政府公众号上。挂职成员不仅仅在办公桌前写作，更是走进实地进行考察，他们用实际行动证明只有深入基层才能真正写好基层故事，传递基层声音；挂职成员在梁祝文化座谈会上认真聆听，走进梁祝文化产业园，看着因资金链断裂而停滞的建设，深入思考乡村文化产业发展困境和未来方向。挂职成员广泛搜集整理梁祝文化、岳飞文化、潘馥文化资料，形成“马坡文化”材料库，为后续系统性研究马坡文化、弘扬传统文化、挖掘文化价值、坚定文化自信奠定坚实的基础。

志愿服务是社会文明进步的重要标志，推动志愿服务有助于打造和谐社会，形成积极向上的社会氛围。挂职成员充分发挥自身优势，弘扬奉献、友爱、互助、进步的志愿精神，开展活动，传递爱心。在马坡中村党群服务中心，挂职成员走进“雏鹰课堂”和“四点半课堂”，丰富青少年假期生活，解决青少年的课业辅导问题。挂职成员主动帮助留守儿童解决成长中遇到的一些困难和问题，培养儿童乐观积极的生活态度；基层工作较为繁杂，加上基础设施条件相对简单和落后，办公环境有待进一步提升，挂职成员主动向镇政府提出开展志愿活动，他们在办公场所志愿打扫、整理文件、归纳办公用品，打造舒适整洁的办公环境。他们还将自己的志愿精神辐射到乡村治理中，协助开展人居环境整治工作，改善群众生活居住环境。

济宁市创业大学是济宁市打造的创新创业综合服务平台，主要面向大学生开展创新辅导和创业指导。挂职成员研讨学习创新创业的课程，将自己在学校创新创业的经历分享出来，在“把论文写在祖国大地上”的使命中汲取乡村振兴的源泉；挂职成员充分利用当地资源，开展交流互鉴活动，期望壮大团队力量，为乡村振兴提供更可靠的保障。在挂职期间，马坡镇迎来中国农业大学、山东理工大学等高校“青鸟计划”的实习大学生以及青岛科技大学、东北农业大学等高校的社会实践团队，挂职成员借此难得的机会与一批又一批的大学生就乡村振兴相关问题展开激烈的讨论，就马坡镇未来发展交换意见，并且相互分享在实践过程中的心得，共同打造互相学习、助力马坡的积极氛围。为更好地开展挂职实践活动，挂职成员在马坡镇团委的大力支持下，主动成立中央财经大学“财经人·济世路”乡村振兴主题调研团，并成功入选微山湖大学生实践联盟首批成员。调研团将密切联合各高校团队，积极对接实践联盟做好接下来的工作，为乡村全面振兴提供具有实践性、系统性和示范性的支持。

（二）福建省漳平市

在福建漳平，创新发展学院、经济学院与政府管理学院派出挂职学生，前往福建省龙岩市漳平市烟草专卖局（分公司）进行挂职锻炼。在龙岩市烟草公司漳平分公司机关工作人员的带领下，团队成员先后实地走访调研了附城收购点、白沙镇智慧烤烟集群示范基地、黄坂村撂荒地复垦现场、木村科技工业园仓库，以及赤水、双洋、新桥收购点等地。

通过实地考察，团队成员对种植、采摘、烘烤、分级、收购等流程有了初步认识，对漳平市烟草产业发展情况有了进一步了解，为此次挂职期间实地调研的深入开展奠定了扎实基础。在梳理近年来产业发展相关政策和相关研究的基础上，团队聚焦漳平烟草高质量发展，围绕农民队伍建设、新老区建设、收购工作重难点、产业生产模式等，与龙岩市烟草公司漳平分公司机关工作人员、收购站站长、基层技术人员半结构化访谈。通过访谈，团队对漳平市产业发展情况有了更为详细地了解，为此次调研工作的顺利开展提供重要支持。通过汇总挂职期间的实地调研成果，实践团队对所发现的问题进行梳理，结合团队成员自身专业知识，立足漳平市烟叶生产现状，对发现的问题进行深刻剖析，探索新区开发建设过程中的股份制种烟生产组织模式，并提出了相应对策建议。

（三）江西省石城县

在江西石城，会计学院与政府管理学院派出挂职成员，前往石城县审计局、财政局以及金融服务中心挂职锻炼，依托乡村振兴研究生服务站平台，积极开展基层工作和实践活动。

金融赋能，助力乡村振兴。乡村仍然是金融资源配置的“洼地”，尚存在诸多薄弱环节和“卡点”“堵点”。随着农村工作重心从脱贫攻坚转向乡村振兴，金融部门的服务职能和内容均随之产生了新的变化。挂职同学围绕“精准配置”和“引进活水”，以金融服务中心为载体，赋能乡村振兴。挂职成员在实习期内陪同市金融专家调研团队前往石城县大由大及德都食品科技有限公司、城投集团等多家企业公司进行走访调研、协助归集赣州智慧金融平台融资信用信息，在“精准配置”上持续发力。同时参与组织申万宏源证券（苏州分公司）来县调研座谈会，帮助石城县进一步引入金融“活水”。此外，还参与了非法集资宣传、当地企业融资洽谈会等服务活动，用行动践行了党员的信仰和理念。

审计监督，服务乡村振兴。审计是党和国家监督体系的重要组成部分，充分发挥审计监督在乡村振兴战略实施中的作用，服务乡村振兴，既是审计监督政治属性的体现，也是推进乡村振兴战略落实的需要。挂职成员参加了关于国外贷援款项目资产管理使用情况的专项审计调查培训会议，同时加入了石城县审计局根据会议文件设立的专项审计小组，协助当地审计人员对县域林业项目的合规性以及真实性进行了特定审计程序。经历了审计实践后，挂职成员对审计部门的工作原则和目的有了更加深刻地认识，更对乡村振兴中审计监督肩负的重担有了更加全面地了解。

财政保障，推进乡村振兴。财政是国家治理体系的基础和支柱，在推进乡村振兴战略中发挥着极为重要的保障作用。了解当地财政收支结构、资金投向等对于下一步政策的推进方向有着重要作用。挂职成员协助当地财政工作人员编制2022年度石城县本级政府综合财务报告、2023年1—6月收支执行情况分析表等总结性材料，对石城县过去两年的财政收支情况有了系统、全面的认知。同时，挂职成员参与编写了特定项目财政承受能力评估报告，认识到了财政推进乡村振兴的重要作用。此外，挂职成员还参与会计报表的核对与上报等日常工作，对基层严谨、有序的财政工作模式有了一定了解。

中央财经大学研究生乡村振兴服务站将继续拓展乡村振兴的研究深度，加强对乡村振兴的实践力度，基于优势互补的原则，为石城乡村的发展提供更有力的智力支持，共谋实现乡村振兴战略的新道路，共求石城乡村振兴发展的新成果。

（四）江西省兴国县

在江西兴国，金融学院与学校发展规划处派出挂职学生，在兴国县乡村振兴局挂职锻炼。挂职期间，挂职学生收集学习有关兴国县乡村治理建设情况和特色芦笋产业发展现状的数据报告和各项政策文件；与工作人员和农户交流了解防贫保险、芦笋贷等系列扶贫政策的落实情况，并积极协助工作人员整理脱贫攻坚成果和乡村振兴相关的数据和报告；结合自己的专业所学和地方发展需求，开展政策宣讲和服务活动。

实施乡村振兴战略，是解决新时代我国社会主要矛盾、实现“两个一百年”奋斗目标和中华民族伟大复兴中国梦的必然要求，具有重大现实意义和深远历史意义。此次挂职调研正是响应中央的号召，深入江西省赣州市兴国县探索数字化助力特色农业产业链发展的新路径；尝试利用所学知识为乡村振兴事业贡献我校师生的一份力量，以财经智慧助力革命老区全面振兴发展，拿出谋事干事的真本事和硬功夫，在实际行动中践行“立德树人、财经报国”的使命担当具有深远意义。

（五）江西省瑞金市

在江西瑞金，马克思主义学院与社会与心理学院派出挂职学生，赴江西省赣州市瑞金市壬田镇人民政府挂职锻炼。为做好巩固脱贫攻坚成果同乡村振兴的衔接，健全防止返贫动态监测和落实帮扶机制，挂职期间，团队成员积极配合壬田镇政府工作积极参与乡村振兴相关工作。在壬田镇政府乡村振兴办，团队成员对壬田镇下属13个村落的脱贫户结对干部帮扶情况进行了调研，配合乡村振兴办对结对帮扶情况进行了抽查，与当地脱贫户交流，掌握民情，了解民意，及时跟进切合实际的帮扶政策。在壬田镇桥岭村，团队成员深入脱贫户家中，开展入户走访帮扶活动。通过入户走访，了解他们在生产生活中遇到的实际困难和问题，并耐心细致地宣讲党委、政府关于巩固拓展脱贫攻坚成果同乡村振兴有效衔接的好政策，勉励他们坚定向更加美好新生活奋进的信心，在日常工作中，团队成员也开展了对脱贫攻坚成果在大数据平台上及时跟进、人大代表走访选民资料整理、人大代表集中学习心得体会整理等日常工作，应用专业所学，助力乡村发展，践行“立德树人、财经报国”的使命担当。

做好宣传交流，互鉴共同成长。在桥岭村，镇驻村干部林俊书记带领团队成员逐一核查村中沼气池、沤肥池是否存在安全隐患，将安全事故发生的可能性降到最低。团队成员根据需要，协助录制了《沤肥池、沼气池等有限空间安全作业指南》，于各村镇播放宣传，提升村民的安全操作意识；在下街村，团队成员旁听了村干部工作例会，镇人大主席、乡村振兴办公室主任，指出了和美丽乡村建设过程中的不足和改进方案，团队成员根据会议精神和具体村情，进行了交流探讨；在镇政府，镇党委书记组织召开了青年干部交流座谈会，各青年干部分享工作经验和心得感悟，团队成员针对近期调研实践做了汇报分享，项目组同学在分享中提到基层工作的“三不易”，分享了在镇工作的“两暖、两要”，提出了对镇产业振兴的思考，将专业所学和当地实践更加紧密地结合，以专业力量助力乡村振兴。

参与志愿服务，渲染青春底色。为服务地区乡村振兴工作，进一步弘扬“奉献、友爱、互助、进步”的志愿服务精神，在挂职工作期间，团队成员积极参与了当地义务志愿活动，用实际行动助力乡村振兴。恰逢大学录取通知书发放之际，桥岭村组织召开高考学子座谈会，广大青年学子畅谈理想，展望未来。团队成员作为青年志愿者受邀参与，对在校期间的学习和实践经历做出经验分享，并针对不同学子关于大学生活和未来发展的疑问作出了个性化回答，解决了他们当下的困惑，为其未来四年大学生活给出相应建议；在凤岗村，团队成员以志愿者身份，协助凤岗村民委员会、凤岗教育基金理事会对在高考中取得优异成绩的学子发放助学基金，并对他们大学期间的学业课程、社会实践等提出了可操作性的建议，鼓励他们勇敢追梦，在未来的学习和发展中再接再厉。

基层工作较为繁杂，团队成员在挂职期间主动向镇政府提出参与志愿活动，在办公室，团队成员积极协助打扫卫生、整理档案、写新闻稿，为基层日常工作分担压力；在下村实践中，团队成员作为高轩村志愿者，助力基层便民服务站建设；作为下街村志愿者，主动协助开展环境整治工作，改善了村民居住环境。团队成员协助推进乡村振兴工作、走访村落、参加志愿活动、下村实践等活动，针对镇情、村情推动产业振兴工作，保证实践质量，压实挂职责任，圆满地完成基层挂职工作，共同推进乡村全面振兴。

（六）广东省坪山区

在深圳坪山，财政税务学院派出挂职学生，赴广东省深圳市坪山区财政局预算科进行挂职锻炼，深入探索财政支持深圳建设中国特色社会主义先行示范区的探索与成效。预算调整，优化资源配置。

在深圳坪山，中央财经大学财政税务学院派出挂职学生，赴广东省深圳市坪山区财政局预算科进行挂职锻炼，深入探索财政支持深圳建设中国特色社会主义先行示范区的探索与成效。

建言预算调整，优化资源配置。预算调整作为优化资源配置、控制成本和支出的重要政策程序，对于提高财政资金使用效率具有重要意义。挂职成员参与了坪山区财政局2023年中期预算调整集中审核会议，对区内石井、坑梓、马峦、坪山、龙田、碧岭六个街道以及其他区属单位等48家政府机关事业单位所提交的中期预算调整申报表进行了为期五天的集中审核，由此挂职成员对于区内各单位开展的重点事项有所了解，对预算调增调减的原则有了更为深刻的认识，如“三保”和专项转移支付资金一般不压减，各单位申请的调增资金大多可以从机动预备费划拨。

改进绩效评价，提高预算管理效率。挂职期间，挂职成员深入研读了《深圳市坪山区保障性住房项目绩效评价报告》以及《坪山区2022年龙田街道文体中心项目绩效评价报告》，对深圳市预算绩效评价的流程架构、指标体系等有了深刻了解，并结合所学专业知识提出建议。此外，挂职成员还参与了坪山区财政局与第三方评价机构的洽谈，对于绩效评价开展的前期准备工作和绩效评价侧重点有了进一步认识。

支持智慧财政，提高财政运行效率。在全面推进工业信息化的全新时代，各行各业都在进行信息化发展，财政领域的信息化也在不断进步。随着财政业务体系的逐渐完善与发展，相应财政数字平台的建设显得至关重要。广东省响应财政部号召积极开发“智慧财政”系统，完成财政管理一体化。挂职成员运用“智慧财政”预算管理一体化系统完成坪山区教育指标下达，体验了该系统的操作流程和使用方法，相较于之前的手工整理，预算管理一体化系统提升了职员操作效率，但是仍存在模块设置不合理、使用时操作繁琐等问题，这让挂职成员对于系统有了更加深入的了解。

绩效评价，提高预算管理效率。挂职期间，挂职成员深入研读了《深圳市坪山区保障性住房项目绩效评价报告》以及《坪山区2022年龙田街道文体中心项目绩效评价报告》，对深圳市预算绩效评价的流程架构、指标体系等有了深刻了解，并结合所学专业知识提出建议。此外，挂职成员还参与了坪山区财政局与第三方评价机构的洽谈，对于绩效评价开展的前期准备工作和绩效评价侧重点有了进一步认识。

智慧财政，提高财政运行效率。在全面推进工业信息化的新时代，各行各业都在进行信息化发展，财政领域的信息化也在不断进步。随着财政业务体系的逐渐完善与发展，相应财政数字平台的建设显得至关重要。广东省响应财政部号召积极开发“智慧财政”系统，完成财政管理一体化。挂职成员运用“智慧财政”预算管理一体化系统完成坪山区教育指标下达，体验了该系统的操作流程和使用方法，相较于之前的手工整理，预算管理一体化系统提升了职员操作效率，但是仍存在模块设置不合理、使用时操作烦琐等问题，这让挂职成员对于系统有了更加深入的了解。

第三篇　文化振兴

以“文化+”融合催生发展新动能

文化振兴是乡村振兴的灵魂工程。在“百县千村”行动中，中央财经大学乡村振兴实践团队以文化基因解码为切入点，通过“红色文化传承链+乡土遗产保育圈+文旅产业创新网”三位一体赋能模式，实现了文化资源的创造性转化、创新性发展。通过系统梳理红色文化脉络、构建非遗档案库、开发新型文旅体验场景、打造文创产品矩阵，不仅让沉睡的文化遗产焕发新生，更培育出“以文塑旅、以旅彰文”的产业新生态，为乡村全面振兴注入了强劲的文化动能和精神滋养，走出了一条文化遗产保护与经济社会发展互促共荣的特色道路。

乡村文化是流淌在土地深处的血脉，承载着红色基因的热烈奔涌与乡土文明的静水深流。在乡村振兴的宏大叙事中，红色文化以其革命精神的永恒感召，构筑起乡村发展的精神脊梁；乡土文化则以千年的农耕智慧与民俗积淀，滋养着乡愁记忆的情感根系。二者交织共振，既需在历史深处打捞薪火相传的文化密码，更要在当代语境下激活其赋能发展的现实价值。让红色故事在沉浸式体验中焕发新生，让老手艺、古村落通过文创设计重获话语权——这正是以文化之力重塑乡村灵魂、实现“精神共富”的关键命题，也是高校赋能乡村从“文化寻根”走向“产业破局”的深层逻辑。

2022年7月，挂职学生为江西南康区镜坝镇设计多份视觉系统方案及文创产品
设计者：周逸航

2022年7月，挂职学生为江西南康区镜坝镇设计多份视觉系统方案及文创产品

设计者：周逸航

文化振兴

红色文化赋能新时代：在乡村振兴中激活精神引擎

红色文化赋能新时代：在乡村振兴中激活精神引擎

红色文化作为党和人民在革命、建设与改革历程中积淀的精神财富，蕴含着深厚的历史底蕴与独特的价值内核，为新时代乡村振兴提供了强劲的精神引擎与实践动能。中央财经大学乡村振兴实践团队驻扎研究生服务站，通过深挖各地本土红色资源，将红色文化与乡村产业、生态、文化、组织振兴深度融合，以红色遗址、革命故事为载体，助力乡村打造红色旅游、研学体验等特色产业，激活乡村经济“造血细胞”，带动村民增收致富，推动“红色资源 — 红色产业 — 红色经济”的价值转化。“精神铸魂 + 产业塑形”的双轮驱动模式，既让乡村在经济发展中彰显红色底色，更在文化传承中筑牢振兴根基，为乡村振兴注入了历久弥新的信仰力量与创新活力，印证了红色文化在新时代乡村振兴中既是“根”与“魂”的精神依托，更是“行”与“效”的实践路径，推动乡村在现代化进程中实现物质文明与精神文明的协调发展，走出一条具有中国特色的乡村振兴之路。

甘肃宕昌县：哈达铺镇玉岗村红色旅游产业发展规划

指导老师：戴俊骋
团队成员：董　潇、吴怡静、蒋丁溪、康方萌、谢　帆
支持单位：甘肃省宕昌县人民政府

报告主题

2022年1月，国家发展和改革委、文化和旅游部、国家文物局着眼“十四五”革命老区红色旅游高质量发展，联合印发推动革命老区红色旅游高质量发展有关方案，明确提出支持革命老区活用好各类红色资源，积极发展红色旅游，加强红色资源保护利用，推进红色旅游品质升级，优化红色旅游发展格局。然而，如何结合当地禀赋优势，因地制宜发展红色文化与在地文化有机融合的文化旅游产业，避免红色文化资源开发时常面临的“同质化”问题，是红色文旅发展亟待破解的理论难题。

位于甘肃省陇南市宕昌县的红色重镇哈达铺，被誉为红军长征路上的“加油站”，是中国工农红军长征历经千难万险后的绝处逢生之地。哈达铺镇玉岗村，地处哈达铺红色旅游核心景点与宕昌生态旅游风景区的连线上，风景宜人、物产丰沛、交通便利，具有得天独厚的自然资源禀赋与区位优势。借力周边红色文旅产业的发展，玉岗村形成了以红色山庄为代表的红色住宿业，成为哈达铺镇与周边村落联合推出的“重走长征路”“战地重游”“英雄城市游”“伟人故里游”等主题活动中的一环。然而，由于红色文化资源开发不足、与生态民俗禀赋结合不充分，玉岗村文旅产业结构较为单一、规模发展有限。截至2020年，玉岗村经济总量仍然较低，农民经济来源主要为劳务输出和中药材种植。如何构建多元化产业体系，持久助推本地经济振兴与文化振兴，是玉岗村红色文旅产业发展面临的核心问题。

2021年，中央财经大学调研团队在玉岗村展开调研，立足文旅产业规划原理，综合研判其红色旅游资源优势及市场条件，为其定制了体系化的红色旅游产业发展策略，全面赋能玉岗村红色文旅产业振兴。发展策略涵盖战略发展定位、产业空间布局、核心项目策划、精品线路设计、优势要素提炼和营销方案规划等内容。意在将其打造为集红色旅游、生态旅游、生态休闲、生态文化、民俗文化旅游为一体的新型红色旅游胜地和山水农家风情精品体验地。

（一）现状描述

玉岗村周边的旅游资源总量丰富、类型多样。包括红军长征纪念馆在内，宕昌县共有52项旅游资源被微思收录，其中自然资源15处、人文资源37处。一方面，红色历史遗址保存良好，红色旅游资源十分丰富：哈达铺镇共有革命遗址8处，5处为国家级重点文物保护单位，3处为县级文物保护单位。另有毛泽东、周恩来、刘少奇、邓小平等革命领导人居所22处。另一方面，自然民俗资源类型多样，与红色旅游资源可结合性强。玉岗村内，“陈家水泉”水质清澈、水量丰沛，以之为依托打造的水景观成为吸引游客的重要景点；宕昌县内，“千年药乡”物产丰盈，中药材种类达690多种，尤以当归、党参、大黄、黄芪为甚，为健康养生旅游发展创造了条件。除中药材资源外，陇南酿皮、哈达铺粉条、蔓箐油、土蜂蜜、中药饮片等产品类目多元，为吸引游客、发展旅游打下了良好基础，具备延长旅游产业链的良好条件。

玉岗村具有极佳的区位优势。玉岗村南临红色文旅重镇哈达铺，北靠宕昌县4A景区官鹅沟，与两大文旅重点区域紧密联结。国道212线穿村而过、哈达铺火车站仅2.1千米之遥，路网发达、交通便捷，加之宕昌县、哈达铺政府大力发展红色文旅的政策支持，构成了该地旅游发展的坚实基础。

（二）问题研判

尽管玉岗村红色文旅产业具备深厚的发展潜力，其红色旅游资源开发和客源市场开拓上存在诸多困难。

调研团队就红色文化资源开发对宕昌全县文旅产业建设进行了全面走访。团队发现：第一，当地革命历史文化内涵挖掘不够，缺乏震撼力及感染力。哈达铺镇内的红军一条街是承载红军长征烙印的老街，也是助力全镇商业发展的现代化商业步行街；玉岗村内的红军山庄也不应仅是吃饭住宿的场所，而应该是推动红色文化传播的主要阵地。然而，当地红色资源的开发方式相对粗放落后，旅游场馆仅作简单陈列，未对红军文化及红军精神进行生动深刻的表达；商业街缺乏凸显红军文化内涵的产品，缺乏吸引力和感染力；红军山庄等与红色文化联系紧密的景点，也同样存在红色内涵挖掘不够深入等问题。第二，现代科技手段利用不足，红色内容呈现效果不佳。一方面，宕昌县尚未拥有通过景区大数据对游客行为、消费进行分析的能力，导致红军一条街商业化程度低、红军山庄现代化程度弱；另一方面，智慧景区的建设亟须推进，应尽快实现借助科技手段优化景区产品，及时进行品质升级、成本控制等，多种手段并举优化红色内容的呈现效果及游客的沉浸式体验。第三，红色旅游与当地其他旅游资源结合不足，尚未形成发展合力。宕昌县共有六大类旅游资源，除红色旅游资源外，还拥有优质自然旅游资源如官鹅沟风景区、珍珠潭、雷古雪山等。红色旅游资源与自然资源尚未连接成线，红色旅游景点相较自然景点"配角"色彩浓厚，观赏性较低，成熟的红色文化旅游路线亟待开发。第四，红色旅游产业化开发程度不够，尚未形成吃住行游购娱一体的要素支撑体系。不成熟的游览线路、缺乏具有深度参与感和体验感的娱乐项目、缺少使游客产生购买意愿的文创产品，要素支撑体系的不完善严重影响红色旅游的进一步发展。

（三）问题分析

调研团队另就玉岗村旅游客源市场现状进行了全面理论分析，团队发现，玉岗村文旅发展整体仍处于初级阶段，存在四点关键问题：第一，游客总数逐年提高，但规模较小，在整个陇南市客群中占比不高。第二，市场吸引范围较小，客源主要源自本省其他市县及邻近省市，而对距离较远的红色旅游主要客源地——北京、上海、广州等一线都市涉及面较窄。第三，游客停留时间短。《中国红色旅游消费大数据报告》显示，全国红色旅游市场中，3天周期的游客占44%，4—8天周期的游客占56%。相对全国平均水平，玉岗村游客停留时间偏短，中远程游客出游周期为2—3日，短途游客则是当天往返。较短的停留周期弱化了配套增值服务对经济的提振作用。第四，出游目的单一。玉岗村目前的红色旅游发展还是处在粗犷式发展阶段，旅游者以景点参观为主，参观完毕旋即离开，游客长期价值未能得到发挥，没有带来相应的社会经济效益。因此，要积极发展红色民宿、红色文创产品等旅游产品，延长游客的消费时间和提高游客的消费频次。

团队基于对国内红色旅游市场发展趋势的总结，为玉岗村红色文旅产业发展划定了细分目标市场。团队发现，开展爱国主义教育的学生、机关企事业单位员工和基层党团组织成员和拥有浓厚爱国情感、对红色革命主题感兴趣的中老年人是红色旅游的主要客源市场。而重在"玩"和"体验"的年轻群体则是红色遗址参观、农家乐体验、自然民族观光的主要客源市场。玉岗村应针对细分市场定制系列游览主题产品，立足本省基础市场，把握周边省市核心市场，拓展一、二线城市的广阔市场，不断扩大玉岗文旅产业的知名度和影响力。

（四）赋能成效及政策建议

调研团队结合对玉岗村资源禀赋及客源市场的全面研判，为玉岗村红色文旅产业制定了精细的发展战略定位，并对玉岗村文旅产业发展的空间格局和核心项目进行了全面布局。在此基础上，团队为玉岗村红色文旅产业设计了两条精品旅游路线，并提炼了六大发展核心要素，为其高质量多元化发展提供了切实抓手与样例。最后，团队对玉岗村红色文旅产业的营销策略及配套政策保障体系给出了详尽建议。

1. 发展定位与战略

发展定位对于地区旅游产业的接续发展有提纲挈领的作用。精准的发展定位，可以明确地区旅游产业的成长立足点和发展方向，展现地区旅游产业鲜明形象，影响和把握旅游市场受众认知。团队为玉岗村红色旅游产业确定了“宕昌县红色旅游必经站与山水农家风情精品体验地”的总体发展定位，充分结合当地的红色文化资源与自然民俗资源优势，凝练出“长征军民情常在，山水玉岗迎客来”品牌形象。在发展功能上，红色旅游预期在村内发挥带动经济发展、解决就业问题、助力脱贫致富的经济功能，发挥依托红色历史、传承红色文化、打造乡村红色教育基地的社会功能，发挥有机结合红色爱国教育与农村旅游产业发展的政治功能。在县域层面，玉岗村则将作为融合红色生态旅游空缺、承担县域旅游住宿通勤重点功能的关键节点。

团队为玉岗村红色文旅产业制定了政府主导、高校联动、资源及品牌整合、革命老区产业结构优化升级、红色文化与在地文化融合五大发展战略，划定了以哈达铺镇红色文化遗产为魂，以村庄自然风光和文化产业资源为体，以玉岗村红色旅游资源为核心，以点串线、以线带面，将玉岗村打造为集红色旅游、生态旅游、生态休闲、生态文化、民俗文化旅游为一体的宕昌县新型红色旅游胜地和山水农家风情精品体验地的总体目标，并规划了2022—2035年分阶段的发展目标。

2. 空间格局规划

团队充分考虑玉岗村现有交通格局及旅游资源分布，旅游业与村内、县域总体经济发展之间的协调关系，为玉岗村规划了“两点一线”的村内格局和“红色生态休闲毕竟体验站”的县域定位。“两点一线”是指玉岗村内的红色旅游重点项目红军山庄和自然生态体验区陈家水泉；“一线”指的是串联“两点”及村内各民俗体验项目的一条龙旅游路线。从县域格局来看，宕昌县内的全国红色旅游经典景区哈达铺红军长征纪念馆坐落于县北，唯一4A级旅游景区官鹅沟国家森林公园则坐落在县南。二者之间的玉岗村，拥有周边地区内唯一一家特色鲜明、服务齐全的度假村——红军山庄，是二者之间旅游廊道内特色民俗住宿的最佳选择，也是县域内生态度假休闲的品质之选。由此，玉岗村可被整体定位为“红色生态休闲必经体验站”。

3. 核心项目布局

为了进一步发掘玉岗村红色旅游的发展潜力，调研团队依托宕昌县本土特色资源优势与区位优势，为玉岗村文旅产业打造了一系列核心项目，以突破当地较为单一的业态形式。团队打造核心项目遵循两条主线：一是注重与周边重点红色旅游区联动开发；二是注重与村内生态环境资源有效结合，打造内涵丰富、独有新意的红色旅游文创产品。就周边联动开发来看，红色旅游点本体的开发和提升主要针对距离玉岗村较近的哈达铺红军长征纪念馆及其所在的红军一条街，另外与哈达铺镇干部学院培训课程、中央财经大学实训等研学活动相结合，起到红色文化浸润心灵、持续进行传承的积极作用；就村内旅游产品开发来看，主要围绕以红军山庄为代表的红色旅游住宿业开展，使之规模化、规范化、精品化，同时开发村内小而美的自然景观与风俗体验小项目，并兼顾周边优质的自然生态旅游资源。团队分别为两类核心项目设计了详细的实践方案，例如拟在红色旅游点打造的红色文化建筑设施和体验项目、生态旅游区内的漂流观景和森林氧吧、依托生态禀赋和规模化产业打造的“山水神话”和“玉岗农情”民俗体验项目等。团队还发挥高校师生的创意优势，为玉岗村设计了具有可开发潜力的文创设计和配套营销方案，包括依托本地“山泉”“草莓”“大黄”等资源设计的专属吉祥物，适用于生活、办公、观赏场景的大量文创，以及依托玉岗作为旅游中心和交通集散地优势打造的线上线下销售平台。

4. 精品线路设计

调研团队在为玉岗村红色文旅策划了核心项目体系之后，为玉岗村设计了两条精品旅游线路，从而有机整合、充分发挥玉岗村的文旅核心竞争力。两条精品线路分别是“哈达铺镇——玉岗村”红色长征一日游精品线路和宕昌县域内山水农家风情观光精品线路。长征体验线路充分结合哈达铺镇的红色资源优势与玉岗村完备的交通、住宿、物资服务，有机串联“红军一条街”“纪念馆”“领袖住址”等革命纪念地及“红军山庄”等红色主题餐宿，形成特点鲜明、品质卓越的红色文旅专线；山水民俗线路则串联古羌阴平寨、鹿仁羌藏文化风情区、雷古山雪山圣地旅游区等度假胜地，集民族风情、自然风光、农家游乐、休闲度假、爱国教育于一体，打造山水秀美、人文荟萃的乡村观光专线。两条线路彼此呼应，互为补充，让游客体验到不同形式的宕昌之美。

5. 核心要素提炼

调研团队结合红军长征历史与哈达铺产业禀赋，为哈达铺红色旅游提炼出六大核心要素：一为品美食，以朴素独特的干粮、野味、山珍菜品还原红军的艰苦岁月及其与哈达铺人民的鱼水深情；二为住美宿，打造一系列具有长征特色的民宿、露营场、红军山庄，满足游客多样化的体验需求；三为便利行，设置高质量步道、骑行道、摆渡车、景区大巴，方便旅客出行；四为多元游，既有赏村光、品山泉、摘草莓的休闲农家乐，又有多条哈达铺长征故址路线可供走读，还有野性十足、古味盎然的宕昌羌傩舞可供欣赏，元素丰富，趣味十足；五为随心购，专设优质中药材、精美文创及红军特色服饰供游客挑选；六为趣味娱，融合红色文化实景剧、红色剧目真人扮演、露天电影、沉浸VR文化体验等多种娱乐形式丰富游客休闲生活。六大要素从吃住行游购娱各个角度推陈出新，为玉岗游客带来难忘的文化体验。

6. 营销规划打造

调研团队不仅为玉岗村设计了完备的红色文旅产品体系，还为玉岗村旅游市场打造了详实的市场营销规划。该规划以挖掘特色文化、深化文化内涵为基础，以红色旅游为主线，串联宕昌全域的旅游资源、旅游产品，发挥组合优势，打造“宕昌县红色旅游必经站”与“山水农家风情精品体验地”的核心品牌。团队设计了线上线下全面发力的营销策略：在线上，团队规划成立“玉岗村红色旅游数字联盟”，结合VR、AI、3D等技术手段，打造一系列宣传片、红色旅游网红、热点事件通过“两微一抖”自媒体、贴吧论坛、新闻广播等多种渠道全面推广，不断提高品牌知名度与影响力。在线下，团队则借助景区宣传、标语、广告牌等渠道补充线上渠道的辐射空白。团队还依据不同细分市场为玉岗村制定了一系列精准营销策略，例如针对中老年市场，团队打造了怀旧康养、农家休闲主题游和线下推广、打破数字鸿沟的宣传策略；针对青少年群体，团队则打造了爱国教育、红色游学、讲座观展等活动形式以及与学校、机构合作为主的营销策略等。

7. 政策保障建议

调研团队为玉岗村红色文旅产业配套的政策保障体系提出了一系列建议：第一，加强组织领导保障，强化旅游管理部门的力量职能，推动相关部门形成合力，把握文旅产业发展机遇；第二，加强政策法规保障，落实政策引导扶持、加大旅游监管执法；第三，加强机制保障，优化旅游市场创新机制、动力机制、市场机制；第四，加强资源环境保证，落实文物生态资源保护，推动文旅产业全方位可持续发展；第五，加强资金保障，发挥政府投资的引导和带动作用，积极形成多渠道、多层次、多方位的旅游业投融资体系，助力文旅产业为品牌宣传、市场推广、旅游建设等筹措资金。

从整体布局到项目设计，从发展战略到政策建议，中央财经大学乡村振兴服务队为甘肃宕昌玉岗村红色旅游产业打造的体系化发展策略，充分体现了中央财经大学作为财经智库，在赋能乡村文化产业振兴过程中的理论优势、实践优势、创新优势。团队方案不仅为玉岗村开发利用红色资源、因地制宜发展文旅产业提供了切实详尽的实践参考，也为推动红色文化与在地文化相融合、发展高质量特色化的红色文旅产业提供了理论借鉴。2021—2024年，中央财经大学积累了以之为代表的一批红色文化资源开发与利用的经典案例。在此基础上，我们发挥财经高校专业优势，积极推动实践经验案例化、体系化、一般化，促进理论研究与实践应用协同共进，将“中财经验”应用于更多高校赋能乡村红色文化振兴的场景之中。2024年，中央财经大学乡村振兴服务队为江西赣州安远县基于“天心整军”红色文化打造的文旅产业开发策略就是其中一例。

江西安远县：天心整军的历史地位和现实价值研究

指导老师：孙　敏、祝维龙
团队成员：魏鑫豪、高子杨、朱高振、李沛林、王慧聪、李　硕
支持单位：江西省赣州市安远县委党校

报告主题

习近平总书记在纪念朱德同志诞辰130周年座谈会上的讲话中指出：“朱德同志从一开始就注重思想建军、政治建军。他领导南昌起义余部进行‘赣南三整’，在部队建立党支部，实现党对军队的全面领导”。“天心整军”作为“赣南三整”的辉煌开篇，是朱德将军在南昌起义失败后，率领剩余部队在江西赣州安远县进行的一次具有深远意义的军事与政治整顿。

调研团队深入江西省安远县开展“天心整军的历史地位和时代价值”专题调研。通过文献梳理与实地考察，团队系统考证了“天心整军”的历史细节，揭示了其在党史、军史上的关键地位。同时，团队结合安远县乡村振兴实践，提出以红色文化赋能产业发展的路径：红色文旅融合、文创产品开发、农文旅协同发展。本次调研不仅深化了历史认知，更探索了红色文化赋能乡村振兴的实践路径，为安远县高质量发展提供了理论支撑与政策建议，彰显了中央财经大学在服务地方发展中的学术价值与社会担当。

乡村振兴战略作为新时代“三农”工作总抓手，亟须理论创新与实践探索的双向互动。马克思主义学院调研团队在安远县“天心整军”专题调研中，充分发挥马克思主义理论研究的专业特长，通过档案比对、口述史采集与田野调查三重验证，厘清1927年朱德同志领导整军的历史脉络，充分展现出史料考证的学术严谨性，并且团队立足思想政治教育学科优势，从课程开发维度、载体创新维度、实践养成维度对安远县当地思想政治教育方案提出改进、完善建议。此外，团队辩证思考了产业融合之间的关系，提出了红色资源与绿色发展的协同机制。本次调研展现了马克思主义学院作为“理论策源地”与“实践转化器”的双重功能；探索出红色文化资源“政治价值—教育价值—经济价值”的转化，以期为赋能乡村振兴实践提供可借鉴经验。

（一）现状描述

“天心整军”发生于1927年10月，是朱德“领导南昌起义余部进行‘赣南三整’，在部队建立党支部，实现党对军队全面领导”的开端。在江西赣州安远县地天心圩，朱德为刚刚经历广东汕头溃败的南昌起义军召开军人大会，用马列主义辨明形势，用共产主义教育官兵，统一思想、凝聚人心，解决部队前身国民革命军遗留的理想信念不坚定、革命认识不深刻的问题，将部队从成建制的溃散投敌中挽救，保存了南昌起义的革命火种。“赣南三整”把思想教育、组织整顿、军事训练三者结合起来，成功摸索出一系列具有朴素特质的新型建军原则和战术原则，为以后的整党、整军积累了非常宝贵的经验，为人民军队的存续和巩固做出了不可磨灭的历史性的贡献，对人民军队建设发展产生了极为深远的影响，与毛泽东领导的秋收起义部队“三湾改编”在中国共产党党史和人民解放军的建军史上具有同等重要地位。

理论价值方面，“天心整军”是我军从失利走向胜利的转折点，是人民军队建军思想的源头，是马克思主义中国化时代化的重要成果；精神价值方面，“天心整军”重新塑造了红军的精气神，是伟大的“八一精神”重要组成部分，是伟大建党精神在建军中的生动体现；文化价值方面，“天心整军”蕴含的坚定不屈、勇于担当、自我革新、深入群众的革命精神具有促进文化自信、强化思想教育、推动文化实践的社会功能。如今，以“天心整军”革命历史为核心的红色文化，通过当地百姓代代相传，塑造了当地独特的文化氛围和社会风貌，形成了独特的红色文化资源，是当地发展文旅产业、助力乡村振兴、推动经济繁荣得天独厚的要素禀赋。

如今，江西赣州安远县天心镇围绕“天心整军”打造的红色文旅产业基本格局已经形成：天心整军纪念馆等红色景点已经建成开放，相关主题展览、实景演出、互动体验等活动形式不断丰富，游客的参与度和满意度不断提高，当地红色文旅产业的知名度和影响力随媒体宣传和游客传播也在不断增加。如何进一步充分挖掘整合当地红色文化资源，促进红色文旅与地方特色产业有机结合，推动当地文化产业高质量、可持续、多元化发展，不断扩大当地文旅产业吸引力与社会影响力，成为当地政府、企业、居民各方在新阶段共同关注的重要问题。

（二）问题研判

在深入了解“天心整军”的历史文化背景，系统梳理安远县红色旅游文化产业的发展基本情况之后，调研团队通过实地考察、访谈等研究方式，从“红色文旅产业发展完善化”“红色文旅产业与当地特色产业协同发展”“可持续综合发展”三个方面，逐步分析了安远县文旅产业发展的问题，并讨论了潜在的改进方向。

1.红色文旅产业发展完善化

通过对当地文化环境的考察、对天心整军纪念馆等文化宣传点位的走访及对当地围绕天心整军组织的一系列文化宣传活动的调研，团队发现：尽管“整军文化”为当地文旅产业的开发提供了抓手，但一系列发展问题仍然存在。它们包括：文旅产品开发缺乏创新和特色、基础设施与公共服务质量需提升、文化宣传影响力不高、文化价值的利用不充分等，为此，团队针对当地红色文旅产业发展完善化提出了几点方向：

（1）开发多样性的文旅产品。安远县文旅产品的开发仍以传统形式为主，包括纪念馆参观和传统展览等，缺乏互动性和创新性，难以满足多样化的游客需求。当地应尝试结合地方特色的产品或文化，设计多层次、多主体的文旅活动以提升吸引力；或是结合现代科技或艺术形式，加强游客的体验感；抑或打造丰富形态的文创产品或文艺衍生作品，例如革命题材的文艺作品，来增强当地文化的传播性和影响力。文旅产品的开发可以带动当地经济的发展和就业的增加，提升当地文化产业的知名度，进一步推动当地文化的传承与发展。

（2）改善乡村旅游基础设施和服务水平。安远县文旅产业发展仍处于起步阶段，在乡村旅游基础设施和服务水平方面发展有限，制约了游客体验的提升和产业的可持续发展。一方面，交通、住宿、餐饮等设施尚不完善，难以满足日益增长的游客需求；另一方面，服务人员的专业素养和服务意识有待提高，影响了游客的整体满意度。为此，当地应加大对基础设施的投入，优化交通网络，提升住宿和餐饮服务质量，同时加强从业人员培训，提高服务专业化水平。安远县可以通过完善基础设施和提升服务水平，为游客创造更加舒适便捷的旅游环境，进一步增强红色文旅产业的吸引力和竞争力。

（3）丰富宣传手段、加强宣传力度。以“天心整军”为核心的文化宣传存在文化符号辨识度不足、精神内核一般化程度不高、宣传手段缺乏丰富度、影响力相对较弱的问题，导致其传播范围和吸引力有限。团队认为，当地政府部门及企业应深入提炼“天心整军”文化的一般化内核，与现代社会文化潮流相结合，提升“天心整军”文化在社会网络中的传播能力与吸引力；同时，应充分发挥互联网的传播优势，设计更具辨识度和亲和力的文化符号，提升当地文旅产业的吸引力；此外，应丰富宣传形式，增强文化自信的表达力度，突破地域限制，令“天心整军”文化走向更广阔的社会舞台。

（4）推动文化交流互鉴。“天心整军”作为革命历史的标志性事件，吸引了相当数量的来自祖国各地拥有不同的文化背景和观念偏好的游客，为当地产业发展和文化交流合作创造了潜在机遇。然而，当地政府在把握和利用这些机遇方面仍有较大提升空间。一方面，应积极搭建文化交流平台，鼓励当地居民与游客、服务商之间的互动，在展示安远县独特红色文化的同时，吸收借鉴其他地区在文化传承、宣传创新方面的优秀经验；另一方面，可通过举办跨区域文化论坛、红色文化主题展览等活动，拓展更具包容性和开放性的文化交流形式，增强文化传播的深度与广度。此外，应积极探索与外部机构的合作宣传模式，借助多方资源提升“天心整军”文化的影响力，推动红色文旅产业与外部市场的深度融合，实现文化价值与经济效益的双重提升。

（5）发挥社会文化价值。基于代代相传的光辉革命历史，革命精神及红色文化在安远县居民间不断得到传承和弘扬，是当地居民文化自信的重要来源。当地应致力于发挥“天心整军”文化对文化自信的提振作用。例如，“天心整军”作为重要的革命历史遗址，为爱国主义教育提供了生动教学实践案例。当地政府可以通过开展教育合作，以组织参观学习、主题活动、社会实践等方式，对全国青少年进行革命教育和爱国主义教育，充分利用本地红色资源，发挥社会教育功能，进而提升本地红色文化资源在全国范围内的知名度和影响力。此类教育方式有助于培养青少年的爱国情感和民族精神，引导他们树立正确的世界观、人生观、价值观，提升本地乃至全社会的整体文明素质和道德水平。

2. 红色文旅产业与当地特色产业协同发展

团队经过深入调研，发现安远县对本地优势资源开发不完整、整合不充分、特色不明显。一方面，当地各处红色遗址未能形成有效联动，旅游路线设计规划亦未能将红色旅游文化资源与特色自然景观和民俗产业相串联，亟须整合全域资源优势，多方合力形成统一规划布局；另一方面，当地本土特色文化开发与产业化不足，未能与红色文化资源开发有机结合。调研过程中，团队发现当地极具特色的“三色文化”——“革命之红、生态之绿、脐橙之橙”尚有巨大的开发潜力。但当地未能有效开发客家文化、脐橙文化、自然资源在文旅产业发展中的潜在价值。安远县不仅可围绕上述特色文旅资源打造一系列观光园区、体验基地，还可以以之为基础打造独具特色的文旅品牌。团队立即为当地特色资源设计了简短明了、朗朗上口的宣传标语，如“安远不远，景在眼前”“三百山，如在云端”“看山看水看风景，吃茶吃粉吃脐橙”等，旨在宣传扩大安远县特色文化的传播。基于此，团队基于安远县的各大代表性文旅资源禀赋，结合其产业发展现状，为其设计了系统的红色文旅产业发展策略与目标。

3. 可持续综合发展

安远县红色文旅产业的开发和发展，不仅应关注在短期内形成完备化、规模化、有潜力的产业雏形，更应关注长期文旅资源的可持续开发和文旅产业的可持续发展。团队从文旅资源、自然资源和人才资源三个方面分析了安远县红色文旅产业长期发展的重要问题。

（1）加强文物保护、守好红色遗产。天心整军等红色旅游资源具有不可再生性和独特性等特点，保护和发展红色旅游资源尤为重要。天心圩等地应通过制定科学合理的规划方案、加强文物保护和修缮工作、推广绿色旅游理念等措施，实现了红色旅游的可持续发展和良性循环，并为全国红色旅游的可持续发展提供经验借鉴。

（2）注重生态建设，打造宜居环境。生态建设是乡村振兴的重要内容，良好的生态环境是红色文旅产业可持续发展的根本。在旅游产业迅速发展的背景下，安远县应格外注重树立牢固的可持续发展理念，加强农村环境污染防治，推动生态宜居的美丽乡村建设，改善农村基础设施，提高本地居民与游客的生活品质，维系天心镇长期的度假休闲吸引力和市场竞争力。

（3）加强人才建设，激发内生动力。人才是乡村振兴的第一资源，是乡村产业永续发展的活水。在本地资源禀赋产业化的同时，当地政府要注意制定优惠政策、改善生活环境，高素质人才回乡定居创业，为本地产业发展注入新鲜血液。此外，本地政府应注重培育新型农民、做好农民职业技能培训教育工作推动人力资本积累与产业需求结构变化相符合。最后，本地政府应利用好外来人才的帮扶作用，承接好第一书记、干部驻村、大学生村官和大学生支教等帮扶工作，注重党建引领和基层组织建设，提高乡村治理能力和水平，把握好乡村振兴新机遇。

（三）赋能成效及政策建议

整合上述具体建议，团队为安远县红色文旅产业提炼出8条发展策略：

（1）整合优势，统一规划布局。资源整合可以形成规模效应和品牌效应，区域合作可以实现资源共享和优势互补，二者是实现旅游可持续发展的关键。安远县要做好统筹工作，制定科学合理的旅游规划，例如：成立专项工作组对安远县的红色文化资源进行全面梳理和评估，明确各类资源的数量、分布和价值；将天心整军旧址、毛泽东孔田脱险地等红色景点纳入统一规划体系，形成具有特色的红色旅游线路；结合安远县的地理环境和自然景观特点，设计多条特色旅游专线，满足不同游客群体的需求；加强与周边县市的合作与交流，共同打造跨区域的红色旅游文化集群，共同开发旅游资源、推广旅游产品，提升安远县红色旅游的知名度和影响力等。

（2）充实内容，打造独特概念。打造独特的品牌概念是提升地区旅游形象和市场竞争力的重要手段之一。安远县应注重品牌形象的塑造和推广，打造具有鲜明地域特色的旅游品牌，例如：充分利用东江源头的资源优势，打造“绿色源头、红色摇篮”的独特旅游品牌。通过举办源头文化节、绿色生态论坛等活动，提升游客对安远县生态环境和红色文化的认知和认同。同时，加强环保宣传力度，引导游客参与生态保护和绿色消费；也可以以“天心”为题，挖掘红色历史与传统文化的丰富意蕴，比如“天心整军”定军心、共产主义聚民心、军民协力塑信心等，打造特色文化品牌、树立文化自信。通过天心文化节、红色故事会等活动形式向游客传播天心精神并传承红色基因。

（3）融合特色，凸显文化亮点。特色文化是吸引游客的重要因素之一，安远县应充分发挥“红绿橙”三色文化的优势，将红色旅游与客家文化、脐橙文化充分结合，丰富旅游产品的种类和品质，提升游客的满意度和忠诚度，促进旅游业的持续健康发展。在客家文化的挖掘展示方面，天心镇可以开发围屋建筑、客家美食、客家节庆习俗等特色文化元素，打造客家文化街区或主题公园，形成具有地方特色的旅游体验项目；在脐橙文化的推广融合方面，天心镇可以依托脐橙主产区的资源优势，举办脐橙文化节、采摘节等活动，并开发脐橙深加工产品如脐橙果酱、脐橙蜜饯等作为旅游纪念品，提升旅游产品的附加值和市场竞争力。

（4）优化细节，提升游客体验。优质的旅游基础设施和服务水平能够显著提升游客的满意度和忠诚度；旅游产品的多样性和高质量是提升游客的体验感和满意度的核心因素。一方面，安远县政府可以加大对旅游基础设施的投入力度，改善交通、住宿、餐饮条件，例如，在天心整军旧址周边建设高标准的游客服务中心和停车场，便利游客咨询游览；提升周边餐饮住宿设施的品质和服务水平，满足游客的多元化需求；加强服务培训和标准建设，提升旅游从业人员的专业素养和服务意识；建立游客投诉和反馈机制，及时解决游客的疑难需求等。除此之外，天心镇还应丰富旅游产品种类、提升旅游产品质量，并利用现代科技手段（如VR、AR等）增强游客的沉浸感和体验感。天心镇可以在天心整军旧址内增设互动体验区，让游客参与模拟军事训练或角色扮演，亲身体验经典历史场景；也可以依托客家文化体验馆或脐橙采摘园，让游客深入了解当地的文化特色和历史底蕴。

（5）加强宣传，扩大市场热度。安远县要充分利用新媒体平台发布红色旅游和特色旅游相关资讯，吸引年轻客流，适应数字时代的发展需要；可以制作精美的宣传视频和图文内容展示美丽风光和文化风貌；也可以尝试“神曲”传唱、特色LOGO、宣传标语等创新途径提高品牌识别度和传播效果；还可以邀请知名歌手或音乐人创作主题音乐，在各大音乐平台和社交媒体广泛传播。天心镇还应加强与周边县市的宣传联动，共同打造跨区域的旅游宣传矩阵，形成推广合力，例如举办联合旅游推广活动或文化节，相互借势、共同提升，提高本地文旅产业的知名度和影响力。

（6）记录传承，讲好红色故事。书籍和故事是文化传承的重要载体，安远县政府可组织专业团队编写关于天心整军历史事件、安远县红色文化、绿色发展等方面的书籍和资料集。这些书籍不仅可以作为旅游纪念品出售给游客，还可作为学校教材和研究资料供学者和学生使用，以推动学术活动的开展。安远县可以线上线下相结合，向游客和公众讲述生动的天心故事，例如在线上平台开设专栏定期发布资讯；或在线下举办故事会、讲座、展览以加强与游客之间的互动交流。

（7）创新研学，构建文化课堂。以红色研学、社会实践为目标的青少年学生群体是红色文旅市场的重要组成部分。天心镇应针对该群体，开发特色教育课程和活动，加强与学校和机构的合作，为天心红色文旅产业注入新活力，促进旅游业与教育产业的共同发展。一方面，景区可以结合天心整军历史事件和红色文化资源，开发具有地方特色的教育和德育课程；另一方面，景区可以开发以客家文化为主题的民俗文化课程。这些课程还可以进一步推广到社会团体、培训机构，甚至用于公职人员的党校培训。景区还可以设计一系列趣味性的体验课程，引入专题教学、音像教学、特色教具等进行模拟教学和体验教学，或是举办红色主题夏令营、研学旅行等让青少年学生在亲身体验中增强爱国情感和民族自豪感。充分发挥爱国主义教育基地的社会职能。

（8）延伸产业链，激发经济活力。安远县应注意有机整合不同产业资源，充分开发当地特色农业、手工业，延长产业链，形成产业联动效应，提升当地整体竞争力和市场影响力。

团队希望借助以上策略，通过助推天心镇红色文旅产业发展，实现以下四个乡村振兴目标：

（1）促进安远县红色旅游文化产业振兴。一方面，通过加强宣传与营销、打造独特品牌概念等手段扩大市场曝光率和传播效果，提升安远县红色旅游的知名度和影响力；另一方面，通过改善旅游基础设施和服务水平、优化旅游服务流程等手段提升游客的满意度和忠诚度，进而促进旅游消费的增长。

（2）以文化产业振兴带动经济振兴。一方面，以文旅产业为基石，多措并举发展当地特色产业，延长产业链、提升附加值，扩充居民收入来源，提高居民生活水平；另一方面，以产业建设为契机，改善乡村基础设施和公共服务，提升乡村的整体形象和品质，带动乡村旅游的整体繁荣，全面助推安远县乡村振兴与当地居民幸福感提升。

（3）传承弘扬红色文化与当地特色文化。一方面，通过编好书籍、讲好故事等手段记录和传承“整军文化”的历史财富，发扬“整军文化”的精神内涵和社会价值；另一方面，通过挖掘和展示客家文化、脐橙文化等本土特色文化，将红色文化与在地文化相结合，多元促进文化的交流传播，树立文化自信，助力文化振兴。

（4）实现经济、社会与生态效益的协调统一。在多角度助力安远县乡村振兴的过程中，兼顾红色文旅产业发展的经济效益、公共服务改善提升乡村整体形象和居民幸福感的民生效益、加强环境资源保护治理的生态效益，以实现安远县经济社会全面可持续发展的最终目标。

文化振兴

乡土文化赋能新乡村：在振兴实践中激活精神根脉

乡土文化赋能新乡村：在振兴实践中激活精神根脉

乡土文化作为乡村发展的精神根脉与灵魂底色，在乡村振兴战略中承载着激活文化认同、厚植发展底蕴的关键使命。它不仅蕴含着农耕文明的智慧结晶、民俗技艺的活态传承，更积淀着乡村社会的价值共识与情感归属。在乡村振兴中，中央财经大学实践团队助力乡土文化赋能新乡村，以文化遗产保护为根基，挖掘传统手工艺、方言歌谣、节庆习俗等文化资源的时代价值，通过“文化 + 旅游”“文化 + 产业”等创新模式，将文化资源转化为经济动能；以文化认同培育为核心，依托乡村史馆等载体，讲好乡村故事，重塑村民对乡土文化的自信心与归属感，激发内生发展动力；以文化创新为引擎，探索数字技术、创意设计等手段，推动乡土文化符号与现代生活场景融合，让古老文化在乡村治理、生态建设、教育传承中焕发新生机。唯有让乡土文化的精神根脉在时代土壤中持续汲取养分、舒展脉络，方能实现乡村从“形”的重塑到“神”的铸魂的全面振兴，构筑望得见山、看得见水、记得住乡愁的现代乡村文明图景，为乡村可持续发展提供深沉持久的文化支撑与精神动力。

西藏拉萨市：构建高原特色文旅融合发展新路径

指导老师：陈运森、白　丹、赵克法

团队成员：孟　越、段煜文、张筱菲、贾雁聪

支持单位：墨竹工卡县政府、西藏大学、西藏投资控股集团股份有限公司、中美合资喀瓦坚地毯羊毛工艺品有限公司

报告主题

近年来，随着乡村振兴战略的深入推进，乡土文化的保护与开发日益受到重视。2025年中央一号文件提出，要因地制宜发展乡村特色产业，深入实施农村产业融合发展项目，培育乡村新产业新业态；要着力推进乡村文化和旅游深度融合，开展文化产业赋能乡村振兴试点，提升乡村旅游特色化、精品化、规范化水平。然而，乡土文旅资源的开发与产业化面临诸多挑战，如何深入挖掘乡土文化资源，推动文旅深度融合，打造具有地域特色的乡土文化旅游品牌，避免文化传承断层、开发模式单一、开发项目同质化等问题，亟须创新思路与实践探索。

西藏拉萨市作为中国著名的“高原圣城”，经济长期以文化旅游业为主导，是乡土特色民俗文化多元化高质量开发的典范。拉萨的文旅产业以宗教文化、高原风光和民族风情为特色，布达拉宫、大昭寺、罗布林卡等世界文化遗产是拉萨文旅产业的核心吸引力。此外，拉萨也在生态旅游、文创产业和会展经济方面取得了显著的发展，文旅融合程度不断提高。近年来，拉萨市大力发展智慧旅游、特色民宿和文化演艺等新业态，推动了文旅产业链的延伸和经济的多元化。同时，依托党建引领的强大推动力，其在城市治理和文化保护方面取得了显著成效。例如，八廓街社区通过发展特色手工艺品市场和文化体验活动，既保护了传统文化，又提高了居民收入；大昭寺周边社区则通过智慧旅游管理系统，有效平衡了宗教活动、旅游需求和居民日常生活；罗布林卡片区通过发展生态文化旅游，实现了文物保护和经济发展的双赢；色拉寺周边社区则通过发展特色民宿和文化体验项目，促进了僧俗和谐与经济繁荣。这些社区和区域通过创新管理模式，将传统文化保护、现代旅游服务和社区发展有机结合，形成了独具特色的“文旅+社区”发展模式，充分展示了不同区域在城市治理和文旅融合发展中的创新和实践。

2024年，中央财经大学乡村振兴实践团队前往西藏拉萨展开实地调研，以田野调查为核心研究方法，剖析拉萨文化旅游产业的现状、挑战与未来，并尝试探讨构建高原特色文旅融合发展的新路径。

（一）现状描述

1. 拉萨市文旅资源的独特性

拉萨市作为西藏自治区的首府，拥有悠久的历史文化和独特的自然风光，是世界著名的旅游胜地。布达拉宫、大昭寺等名胜古迹吸引了大量国内外游客。此外，拉萨市的民俗文化、宗教文化、生态文化等资源独特而丰富，为文旅融合发展提供了坚实基础。

2. 文旅融合发展的现实需求

随着旅游业的快速发展，拉萨市文旅融合已成为推动经济、社会和文化协同发展的重要手段。然而，旅游人数激增、文化遗产保护压力大、配套设施不完善等问题日益凸显。通过文旅融合加强基础设施建设、提升服务质量、保护文化遗产，成为拉萨市发展的现实需求。

3. 区域经济协同发展的战略需求

拉萨市作为西藏自治区的经济、政治和文化中心，其文旅融合对区域经济协同发展具有重要意义。文旅融合可带动交通、住宿、餐饮、购物等相关产业发展，形成产业联动效应，推动区域经济整体提升，同时促进文化交流与合作，助力民族团结和社会稳定。

4. 文旅融合促进乡村振兴的必要性

文旅融合为乡村经济注入新活力，提升文化价值和经济价值，同时保护乡村文化遗产。拉萨市依托丰富的乡村旅游资源和独特民俗风情，如高原风光、“过林卡”、松赞干布纪念馆等，创新开发“民俗+民宿”特色文旅产品，以产业带动就业，助力村民“居家就业、原地脱贫”，实现可持续发展。

（二）问题研判

拉萨市如何发展文旅产业？拉萨市的文旅产业如何推进乡村振兴？拉萨市目前文旅发展和乡村治理工作还存在哪些进一步改进空间？中央财经大学乡村振兴调研团队以田野调查作为核心研究方法，致力于深入剖析文旅产业发展与乡村经济及治理之间的复杂互动关系。田野调查通过对研究对象在其实际生活和工作环境中进行系统化观察、深入访谈和数据采集，获取丰富而翔实的一手资料，直观感受文旅产业对乡村社会经济结构和治理机制的深远影响。这种实地调查方法的优势在于有效捕捉乡村社会在文旅产业影响下的动态变化，进而为研究结论的科学性、严谨性和说服力提供有力支持。团队经对拉萨市红色文旅产业进行多点深入调研，发现其发展存在如下不足：

1. 部分旅游景点的发展缺乏前瞻性和规划性，资源开发不合理

一方面，部分产业因资金支持不足，项目运行面临困境。以拉萨市非遗手工藏毯厂——喀瓦坚藏毯厂为例，其生产依赖高质量的原材料和精湛的手工艺，且生产周期较长，导致成本居高不下。然而，资金来源有限且政府支持力度不足，限制了其扩展规模和市场应变能力，使其转型发展举步维艰。另一方面，拉萨文旅产业在基础设施方面存在明显短板。受西藏特殊地理环境制约，交通不便对文旅产业发展形成一定阻碍。此外，部分旅游景点的基础设施建设滞后，难以满足日益增长的游客需求，制约了文旅产业的整体发展。

2. 数字技术与文旅产业融合不足

拉萨在新技术传媒和数字基础设施建设方面仍有待加强，数字技术与文旅产业的融合程度尚需提升。以墨竹工卡县松赞干布纪念馆为例，其在历史文化宣传与展示中，展陈形式单一，缺乏对观展体验的深度考量，数字技术的应用也较为有限，未能充分发挥其在文旅产业中的潜力。未来需进一步探索和实践，推动数字技术与文旅产业的深度融合，以更好地支持数字文旅项目的发展。

3. 从业人员服务水平与创新能力不足

当前，西藏文旅产业从业人员的服务水平较低，创新能力薄弱，主要受以下因素影响：一方面，文旅产业的发展环境快速变化，对行业人才培养模式和内容提出了新挑战；另一方面，文化产业与旅游产业各具特色，二者融合发展对从业人员的专业水平提出了更高要求。因此，如何适应文旅融合发展趋势，建设一支高素质的专业人才队伍，成为亟待解决的关键问题。

（三）赋能成效及政策建议

1. 在文旅发展中更好发挥政府主导作用

政府在拉萨市文化旅游发展中扮演着至关重要的角色，是文旅产业发展的核心引领者、规划者、保护者、建设者和监管者。为更好地发挥政府主导作用，可

从以下四个方面入手：

（1）制定科学的旅游发展规划。结合本地资源特色和市场需求，制定具有前瞻性和可操作性的旅游发展规划，引导旅游资源的合理开发与保护。

（2）优化营商环境。简化旅游项目审批流程，缩短审批时限，降低企业成本，提高办事效率。出台优惠政策，如税收减免、资金扶持等，鼓励旅游企业创新发展，提升其市场竞争力。同时，建立健全旅游市场监管体系，加强对旅游市场秩序的维护和管理，打击违法违规行为，维护公平竞争的市场环境。

（3）加大金融扶持力度。拓宽融资渠道，支持自治区和地市级设立文化产业发展专项资金，以财政资金撬动产业发展。探索设立多样化文化产业基金，推动文化企业重组、改制、上市及并购，培育行业领军企业。加强对中小微文化类企业的融资支持，吸引社会资本，设立银企融资合作平台。深化与发达地区金融合作，探索高原特色文化金融模式，鼓励金融机构创新金融产品，如供应链融资、文化版权质押贷款、信用保险贷款、文化资产证券化等。完善文化产业企业担保信用体系，加强信用监督，建立中小企业信用评级制度。

（4）提升公共服务水平。完善旅游基础设施，强化旅游安全保障，不断提高旅游接待能力和服务水平，为文旅产业的可持续发展提供支撑。

2.善用传媒，创新宣传路径

拉萨市通过实施“文化兴市”战略，推动了文化旅游产业的高质量发展，文化遗产保护与非物质文化遗产传承取得显著成效，文旅体融合不断深化。为更好地利用新技术拓宽传媒路径，提出以下建议：

（1）加强媒体合作。与各大媒体平台建立合作关系，借助新媒体和社交平台的优势，创新宣传方式，提升拉萨文旅产业的知名度和吸引力。

（2）开发创意宣传内容。依托文化自信和旅游业高质量发展理念，结合拉萨独特的文化和自然景观，开发富有创意的宣传内容。通过故事化叙述，促进游客对拉萨文化的深入理解。

（3）推动数字技术融合。提高文旅产业的科技支撑水平，推动数字技术与文旅产业深度融合。探索虚拟现实（VR）、增强现实（AR）等新技术手段，让游客在线上体验拉萨的自然美景和文化特色，吸引更多游客实地探访。

（4）线上线下联动。鼓励线下举办各类文化展览（如唐卡艺术展、藏医药文化展等），并通过线上宣传与线下活动的联动，拉动客流量。同时，利用数字技术进行同步线上展览，扩大观众群体，提升文旅产业的融合发展水平。

（5）加强人才培养。加强与高校和研究机构的合作，培养数字文旅领域的专业人才，为文旅产业的创新发展提供人才保障。

3. 完善人才引进政策，破解人才缺失困境

文旅产业的高质量发展需要跨学科、跨领域的专业人才。为此，调研团队提出以下策略建议：

（1）加快创新型专业人才队伍建设。深化高等教育、职业教育、成人教育体制机制改革，健全以企业为重要主导、高校为重要支撑、产业关键核心技术攻关为中心任务的高等教育产教融合创新机制。鼓励西藏大学、西藏民族大学、西藏职业技术学院优化专业设置，扩大艺术、旅游、非遗文化人才队伍规模，支持多学科融合发展，加强复合型人才培养。通过援藏平台、人才引进、院校合作培养、产业培训等方式，加强对西藏文化中高级人才的培养。

（2）优化人才队伍结构。鼓励多层次人才交流，推动人才“走出去”与“请进来”。深化产教融合，促进教育链、人才链与产业链、创新链有机衔接。提升人才公共服务水平，积极搭建高端人才供给绿色通道。

（3）探索传承人培养新模式。探索代表性传承人的学徒制培养模式，完善相关工作机制。探索“以奖代补”方式，鼓励传承人培养，设置专项奖金，对在“乡村振兴”中积极培养传承人、输送就业人群作出贡献的传统技艺类“非遗”工坊、“非遗”传习中心及个人进行奖励。

文化振兴

培育文化产业新动能：以融合创新重塑发展格局

培育文化产业新动能：以融合创新重塑发展格局

在全面推进乡村振兴战略背景下，文化资源正成为驱动乡村产业转型的核心动能。红色文化作为赓续精神血脉、激活历史记忆的重要载体，与地方生态资源、民俗文化深度融合，为乡村发展开辟了新路径。白垛村依托红六军团黑冲战斗遗址等红色资源，探索“红色旅游+”发展模式，正是文化赋能产业转型的生动实践。在此过程中，中央财经大学通过组建跨学科调研团队，深入挖掘红色文化内涵，系统梳理产业瓶颈，以学术研究赋能规划创新；借助数字化技术开发沉浸式体验场景，设计红色研学课程，推动文旅产品迭代升级；同时搭建校地合作平台，通过电商直播、品牌孵化等方式打通产销链条，助力特色农产品增值。这种“文化资源活化+高校多维赋能”的双轮驱动模式，不仅为白垛村破解基础设施、市场竞争等现实难题提供了解决方案，更构建起文化传承与产业振兴的共生机制，为同类地区探索出一条可复制的乡村振兴特色路径。

贵州施秉县：白垛村农业及旅游业产业融合发展

指导教师： 刘春生、杨补园

团队成员： 陈奕竹、胡　竞、姜柯成、刘博文、马　颖、杨舒凡、余雨琪、赵　杏

地方联络员： 董　帅

支持单位： 中国投资有限责任公司帮扶办、贵州省施秉县人民政府、贵州省施秉县白垛村委员会

报告主题

白垛村，地处被誉为“喀斯特地貌博物馆”的施秉县，自然风光美不胜收，承载着深厚的红色文化底蕴，是长征国家文化公园贵州重点建设区“一核一线两翼多点”布局中的重要节点，具有极高的历史价值和文化价值。近年来，白垛村紧紧抓住时代发展机遇，积极探索红色资源的开发利用，大力推动红色旅游与其他产业的深度融合。通过整合自然景观与红色文化资源，精心打造了一系列独具特色的红色旅游线路和产品，如“重走红军路”体验游、红色文化主题研学游等。这些举措不仅丰富了当地的旅游产品供给，提升了旅游产业的整体竞争力，还为当地经济发展注入了新的活力，成为推动乡村振兴的重要力量。

调研团队在调查中发现，虽然在红色旅游的带动下，白垛村旅游产业蓬勃发展，但仍面临着基础设施短板制约发展、市场竞争压力大、文化资源挖掘与整合不足三大问题。通过实地调研、观察法和文献研究法，调研团队提出三项解决思路、两项政策建议，以期解决白垛村红色旅游产业制约因素，推动白垛村文旅经济蓬勃发展。

（一）现状描述

白垛村位于贵州省黔东南州施秉县东北部，距离县城约18千米，是一个被群山环抱、拥有丰富自然资源和深厚文化历史的村庄，也是红军长征途中的重要节点，保留有红六军团黑冲战斗遗址等红色遗迹，是进行爱国主义教育的重要基地。近年来，白垛村依托其丰富的红色文化资源和独特的自然景观，大力发展旅游业，取得了显著成效。2021年入选贵州“第三批全省乡村旅游重点村”，并依托其红色文化资源和自然生态优势，推动了红色美丽村庄试点建设，吸引了大量游客前来体验和学习。通过红色旅游带动，白垛村的农家乐、民宿等旅游经济得到了显著增长，成为推动当地经济发展的重要力量。2024年以来，白垛乡红色旅游引客2.8万人次，带动了当地经济的快速发展。预计到2025年末，全村年均总收入可达8465万元左右，村民平均年收入约3.29万元。施秉县白垛村正通过红色旅游资源和自然旅游资源的双重优势，不断升级打造乡村旅游的网红打卡地，助力乡村振兴，为白垛村及周边地区的经济带来持续、可观的收益。

（二）问题研判

通过实地调研，调研团队发现白垛村红色旅游产业目前仍存在基础设施短板制约发展、市场竞争压力大、文化资源挖掘与整合不足三大问题，影响当地文旅经济发展。

1.基础设施短板制约发展

在交通方面，白垛村的对外交通线路等级较低，道路普遍狭窄。大部分路面宽度仅能勉强容纳两车错车，随着旅游产业的逐步兴起，日益增长的旅游交通流量让现有的道路不堪重负，难以满足需求。不仅如此，白垛村与周边主要交通枢纽的连接不够便捷。游客若想抵达白垛村，往往需要多次换乘，耗费大量时间在路途上，增加了游客前往的时间成本与交通难度。此外，部分通往红色景点的道路状况不佳，许多路段仍是土路，晴天尘土飞扬，雨天泥泞难行。仅有的部分公路也没有实现人车分流，人车混行存在较大安全隐患。少部分景点需要登山游览，但步道年久失修，缺乏必要的维护，台阶破损、扶手松动等问题频发，严重影响游客的游览体验。

同时，白垛村的配套设施也存在明显不足。以公共厕所为例，数量远远无法满足游客高峰期的需求，且卫生条件较差，设施陈旧老化，难以给游客提供舒适的使用环境。餐饮住宿设施在数量和质量上均有待提升。据调研，景区内餐饮服务不到5家，且受季节因素影响，部分餐馆在淡季会闭门歇业，这使游客在旅游过程中正常用餐需求难以得到保障。在住宿方面，目前白垛村仅有两家民宿企业，房源稀少，且住宿条件相对简陋，与县城住宿产业相比，处于较低端水平，难以满足不同游客的多样化消费需求，极大地限制了游客的停留时间和消费意愿。

2. 市场竞争压力大

从区域竞争角度来看，周边地区拥有众多旅游资源丰富的景区，如云台山景区、杉木河景区、上舞阳河景区、佛顶山景区等。这些景区在旅游产品开发、宣传推广等方面已具备一定优势，形成了较为成熟的市场。它们凭借完善的设施、丰富的活动以及广泛的宣传，吸引了大量游客，这使处于红色旅游发展初期阶段的白垛村面临严峻挑战，游客分流现象十分明显。

在红色旅游自身方面，产品形式较为单一，大多以静态展示为主，比如简单的文物陈列、图片展览等，缺乏互动性和趣味性。游客只能被动参观，难以引发情感共鸣与参与感，导致游客停留时间短、复游率低。而且，红色旅游的教育功能挖掘不足，讲解方式枯燥，仅仅停留在表面的史实叙述，无法深入挖掘红色文化的内涵，难以激发游客对红色文化的兴趣和探索欲望。与能开展丰富户外活动、充满新奇体验的自然旅游相比，吸引力差距较大。

3. 文化资源挖掘与整合不足

目前，白垛村对红色文化资源的挖掘深度有限，多停留在遗址展示、简单故事讲述等层面。对于红色文化背后深刻的历史文化、精神内涵，缺乏深入挖掘和解读，未能充分展现红色文化的独特魅力和教育价值。例如，一些革命遗址仅仅是简单地围起来供人参观，没有通过多媒体、情景再现等手段让游客更直观地感受那段历史。

同时，白垛村红色文化与当地绿色生态、民俗文化等其他文化资源的整合力度不够。以施秉的苗家文化为例，施秉苗家文化拥有独特的民俗风情、传统技艺和特色美食，如苗族的刺绣工艺精美绝伦，酸汤鱼等美食独具风味。但白垛村并没有将自身的红色文化与这些丰富的苗家文化进行有效结合。游客来到白垛村，只能体验到单一的红色旅游项目，无法在红色旅游中领略到当地丰富的民俗文化和特色美食，无法满足游客多样化的旅游需求，也限制了白垛村旅游产业向多元化、综合性方向发展。

（三）问题分析

调研团队针对贵州省白垛村红色旅游面临的三大问题，通过收集旅客旅游情况、询问村干部和村民对红色旅游产业的感受、阅读相关文献，深入探究白垛村红色旅游产业现状，寻找破解之道。

实地调研方面，调研团队聚焦白垛村红色村庄等核心红色区域。在生态与红色交融的旅游景点，统计旅游人次，与服务人员交流获取游客来源、停留时长、消费构成等数据，以分析旅游经济效益。对于红色遗址，精确测量建筑规模、布局，查看保存现状，考量周边环境协调性，为遗址保护与开发收集一手资料。同时，运用观察法对白垛村红色旅游景点的展示内容和接待服务进行调研，从游客踏入景点起，跟踪观察接待流程，包括票务、引导、咨询解答等环节。审视景点展示内容，如展品陈列、讲解词、展示手段是否能有效传达红色文化、增强体验感。关注宣传氛围营造，如标语、展板、主题活动成效，为景点运营管理优化提供依据。

深度访谈方面，调研团队与当地村民、村干部及政府工作人员展开对话。与村民探讨红色旅游对日常生活和农业生产的影响，了解他们对乡村发展的期望；与村干部交流村庄发展规划，剖析基础设施建设和产业融合中的困难；与政府工作人员聚焦红色旅游政策，探讨政策落实难点与未来发展战略。通过多角度访谈，全面了解当地经济、社会、文化现状及发展方向。

文献研究方面，调研团队通过线上学术数据库、政府官网及线下图书馆，广泛查阅红色旅游相关文献。研读国家及地方关于红色旅游、乡村振兴的政策文件，明确政策导向。借助权威学术平台分析多学科视角的学术论文，奠定理论基础。梳理井冈山、韶山等地成功案例，对比分析其优势、路径与关键因素，总结适用于施秉县的发展经验与模式。

结合观察情况、深入访谈和阅读相关文献，调研团队针对白垛村文旅产业发展三大障碍，开出三副“药方”，助力白垛村发展。

1.改善基础设施建设

（1）优化交通网络。积极争取政府资金支持，对通往白垛村的对外交通线路进行升级改造，拓宽道路宽度，将路面拓宽至能够满足双向车辆顺畅通行的标准，确保交通流量的承载能力。同时，加强白垛村与周边主要交通枢纽的连接，如开通直达班车或旅游专线，缩短游客前往的时间成本，提高交通的便捷性。针对通往红色景点的道路，将土路进行硬化处理，建设标准公路，并合理规划人车分流设施，保障游客的出行安全。对于登山游览的步道，进行全面修缮和维护，设置必要的安全防护设施，如栏杆、扶手等，同时增加休息区域和观景平台，提升游客的游览体验。

（2）提升配套设施水平。根据景区游客流量预测，合理规划并增加公共厕所的数量，分布在景区的主要景点、游客集散中心等位置，确保游客能够方便快捷地找到厕所。同时，加强对厕所的日常清洁和管理，定期进行消毒，保持良好的卫生条件。在餐饮方面，鼓励当地居民开办农家乐，结合本地特色食材和烹饪方式，打造具有地方特色的美食品牌。在住宿方面，加大招商引资力度，提升住宿设施的质量和档次。同时，对现有的民宿企业进行升级改造，提供个性化、特色化的住宿服务，满足不同游客的消费需求。鼓励当地居民利用闲置房屋发展民宿，通过培训和指导，提高民宿的经营管理水平。

2. 应对市场竞争

（1）差异化发展。深入研究周边景区的旅游产品和市场定位，找出白垛村红色旅游的独特卖点，制定差异化的发展战略。结合白垛村的红色文化资源，开发具有创新性和体验性的旅游产品，如红色主题的沉浸式演艺、红色文化研学课程、红色户外拓展训练等，增加旅游产品的互动性和趣味性，吸引游客的参与。加强红色旅游教育功能的挖掘，创新讲解方式，运用多媒体技术、情景再现等手段，生动形象地展示红色故事和革命精神，激发游客的情感共鸣和探索欲望。

（2）加强区域合作。与周边景区建立合作关系，共同打造旅游线路，实现资源共享、优势互补。例如，将白垛村的红色旅游与云台山景区的自然风光、杉木河景区的水上娱乐、上舞阳河景区的山水景观、佛顶山景区的生态旅游等进行有机结合，推出多元化的旅游套餐，满足不同游客的需求。通过联合宣传推广，扩大旅游市场的影响力，吸引更多的游客前来旅游。

3. 文化资源挖掘与整合

（1）红色文化深度挖掘。组建专业团队，走访居民、查阅档案、收集文物，深入挖掘红色文化内涵。编写针对性教材和讲解词，运用 VR、AR 等技术打造沉浸式展示馆和体验中心。

（2）多元文化整合。整合红色文化与绿色生态、民俗文化。开发红色生态徒步线路等产品，推出苗族刺绣体验等民俗活动，打造多元旅游产品体系。

（四）赋能成效及政策建议

为切实解决白垛村红色旅游产业发展的制约因素，助力白垛村文旅产业发展，调研团队结合调研情况，撰写案例分析报告，详细描述白垛村目前产业发展不足，深入挖掘白垛村相关红色产业潜力，打造相关品牌建设模式，并设计有关红色旅游发展产品，如红色旅游剧本杀等内容。并通过直播带货，借助抖音等电商平台将施秉县白垛村相关农产品和农副产品，如梨、豆腐乳、茶叶等产品进行销售，销售额丰富。

此外，基于白垛村作为长征国家文化公园贵州重点建设区的核心定位，调研团队提出进一步强化政策倾斜与资源整合、以数字化赋能与品牌国际化为突破口推动产业发展两项政策建议。

关于进一步强化政策倾斜与资源整合，团队建议：一是加大财政投入力度，优先支持红色遗址修缮、旅游基础设施建设及数字化保护工程，完善景区标识系统与导览服务；二是推动“红色+生态”“红色+非遗”深度融合，鼓励开发苗绣工艺体验、施秉米酒文化节等文旅融合产品，打造差异化竞争优势；三是建立跨部门协作机制，联合文旅、交通、教育等部门制定研学旅行标准化课程体系，推动红色研学纳入中小学必修实践课程；四是实施人才振兴计划，通过设立专项培训基金、引进文旅专业人才、培育本土红色讲解员队伍等方式，为可持续发展提供智力支撑。

关于以数字化赋能与品牌国际化为突破口，团队建议：一是加快5G基站、智慧停车场等新型基础设施建设，开发VR/AR沉浸式体验项目（如“重走红军路”数字孪生系统），构建“云旅游”服务体系；二是深度挖掘“悬崖遁骑兵”等特色故事IP，联合知名文创企业开发系列衍生品，通过抖音、小红书等新媒体平台打造爆款传播矩阵；三是完善旅游服务标准体系，制定《红色旅游景区服务质量规范》，推行“预约制+限流管理”模式保障体验品质；四是建立生态补偿机制，在景区周边划定生态保护区，推广有机农业与低碳旅游模式，实现经济效益与环境保护的双赢。通过上述举措，全面提升白垛村的红色旅游综合竞争力与国际影响力。

当文化成为生活方式：文创如何重构日常美学

文化振兴

当文化成为生活方式：
文创如何重构日常美学

在新时代乡村振兴的壮阔图景中，青年学子正以创意之笔描绘乡野新篇。本章展示了中央财经大学多支实践团队跨越山河的振兴实践：从江西南康镜坝镇的山水橙韵品牌设计，到甘肃宕昌哈达铺的红色文创活化；从赣南定南客家文化的器物新生，到山东荣成寻山街道的巨型振兴墙绘——每处实践都彰显着青春力量与乡土智慧的深度碰撞。青年学子们以设计为媒，将山水肌理转化为品牌标识，让红色记忆跃然于生活器物，使百年围屋纹样焕发时代生机，用艺术墙绘记录乡村蝶变。这些实践不仅构建起文化传承与产业振兴的创意纽带，更展现出当代青年在解码地域文化基因、赋能乡村振兴中的独特价值，让沉睡的乡土资源通过现代设计语言，在新时代绽放出璀璨光彩。

江西南康区：视觉形象焕新助力区域品牌跃升

指导老师： 张学勇

团队成员： 陈一瑶、姜　彤、李向东、刘　婧、刘明睿、卢瑞睿、茅嫣薇、乔彦祥、于　耀、钟瑞禄、周逸航

支持单位： 江西省赣州市南康区人民政府、共青团赣州市南康区委员会

2022年夏天，中央财经大学一支乡村振兴实践团队前往江西南康镜坝镇，负责协助当地政府完成品牌设计及文创产品相关工作。在实地考察过程中，镜坝镇丰富的产业资源和独特的人文风光给了团队诸多设计灵感。针对品牌标识设计，该团队完成了两套不同风格的方案。

其中一套设计围绕山水和橙子形态展开。镜坝镇山水秀丽，橙子产业规模庞大且极具特色。团队提取了山水的自然轮廓与橙子的外形特点，将它们巧妙融合，衍生出品牌标志的基础形态。这个标志通过多种排列组合方式，形成了丰富多样的视觉效果。这些组合方式以品牌标识为核心，拓展出一系列延展图形。在后续文创设计中，团队充分运用这些延展图形，例如将其应用于宣传物料、办公用品等，让产品既具有实用价值，又能展现当地特色。此外，考虑到镜坝镇有龙舟节日活动，为了使品牌设计更贴合这一特色活动，团队在标志和延展图形中融入了线条感，模拟比赛时的水波纹元素，为整个设计增添了动感与活力，使其更能体现当地文化氛围，有助于在节日期间推广镜坝镇的品牌形象。

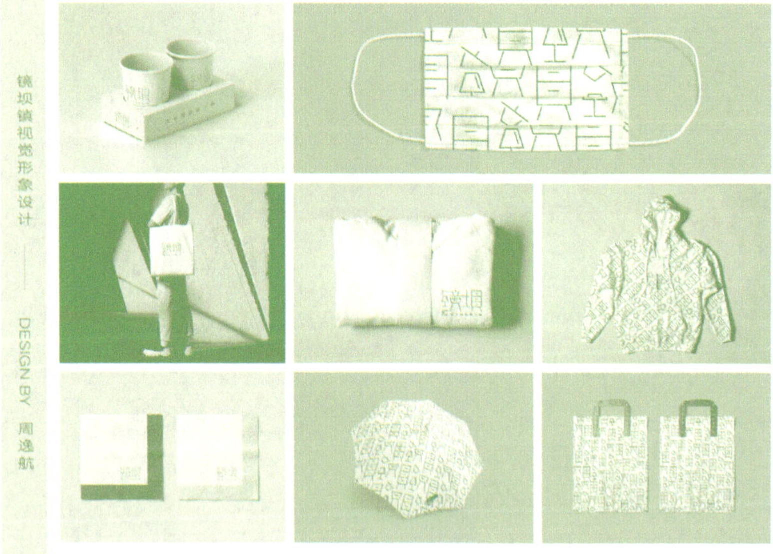

另一套设计则更直观地结合了镜坝镇的家具产业链。南康作为国家家居小镇，镜坝镇当地有许多小型家具生产工厂。团队以镜坝的首字母“JB”为形态基础，采用几何化的设计手法，将字母进行变形与重构，使其既体现家具产业的简约与现代感，又具有独特的视觉辨识度，能够代表镜坝镇家具产业的特色与品质。

在与当地领导沟通后，综合考虑设计的独特性以及后期延伸应用的便利性，第一套方案得到了更多认可。之后，团队针对第一套方案原本的元素进行了调整优化，进一步突出其特色与优势，最终形成了现在的设计稿。团队希望通过这套设计，能够有效助力镜坝镇相关产业的品牌推广，让更多人了解并喜爱这座小镇的独特魅力。

甘肃宕昌县："智绘"文创助力红色老区文旅建设

指导老师：李　静、戴俊骋、张　冰、宗娅琮、谭　帅
团队成员：刘登科、吴苗苗、郭彦彤、张筱菲、李辰茜
支持单位：甘肃省宕昌县哈达铺镇玉岗村委员会、中央财经大学文化与传媒学院

在甘肃陇南宕昌的文创设计中，龙马智绘团队深度融合地域红色基因，以哈达铺长征文化为核心，将“红色记忆”转化为可视化创意表达。团队一是聚焦挖掘红色文化内涵，注重产品文化性与实用性的结合；二是增强地域文化特色，推动红色文化与在地文化的融合；三是注重红色IP化引领，助力红色文化宣传与教育的融合；四是聚焦红绿协同展现，推动红色文化与绿色生态理念的融合，开发设计出红色文化创意类产品、插画类产品、墙绘类产品、教育类产品和产业类产品等多种类型产品。

1.红色文化创意类产品注重实用性与审美性的融合

用书法、艺术谱写红色文化教育新故事，通过将哈达铺相关建筑、标志性文物、特色景观、物品等内容融入产品设计，在潜移默化中宣传哈达铺红色文化、红色历史、红色故事，营造红色文化氛围。具体创意类产品包括手机壳、明信片、邮票、书签、杯子、杯垫、帆布包、眼罩、胶带、笔记本等。悬挂的旗帜，以“红色哈达铺奋 斗新征程”为魂，搭配古朴建筑纹样，传递红色精神传承的时代内涵。碟盘之上，细腻勾勒哈达铺古镇风貌与山水轮廓，将地域标志性场景融入生活美学。以马克杯为载体，塑造卡通红军形象，萌趣风格拉近红色历史与大众的距离。借助储物罐的罐身，赋以“长征加油站”等历史标语，重复文字设计强化记忆点。整体设计将宕昌哈达铺的红色基因与实用载体结合，既彰显“长征重要驿站”的地域特色，又让革命历史以可触可感的方式融入日常，实现红色文化传承与现代生活美学的有机统一。

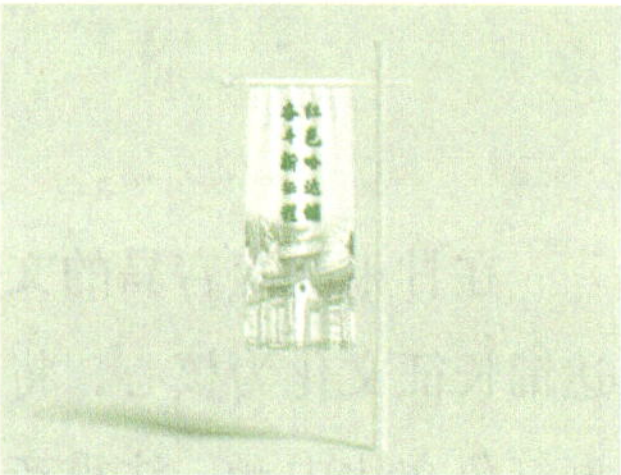

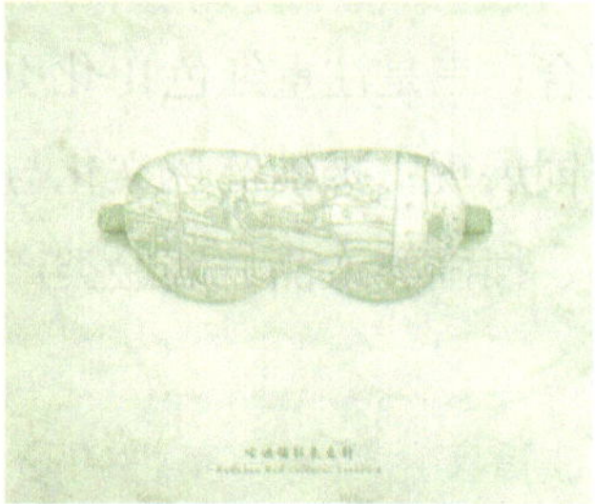

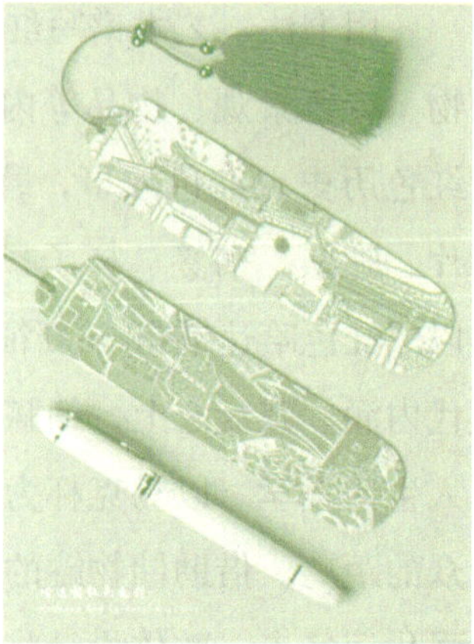

2. 红色文化插画类产品注重红色文化与在地文化的融合

团队选择哈达铺当地著名的红色景点进行插画绘制，营造当地红色文化氛围。通过插画等设计等形式装点哈达铺风貌。

插画1　以哈达铺红军长征纪念馆为主体，搭配牡丹、红色丝带以及相关房屋建筑进行绘制，体现红色精神的传承发展。

插画2　选取哈达铺邮政代办所、义和昌药铺、同善社以及张家大院四处红色景点进行绘制，体现当地红色文化内涵，融合当地红色文化与在地文化的创意性表达。

红四方面军
三十军军部旧址

哈达铺
苏维埃政府旧址

哈达铺
邮政代办所

哈达铺
游击队司令部旧址

关帝庙

同善社

义和昌药铺

张家大院

布币

毛泽东同志在哈达
铺使用过的太师椅

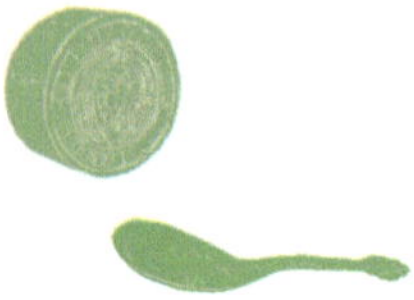

红军用过遗留铜勺

哈达铺游击队秘书
柳英用过的砚台

银元

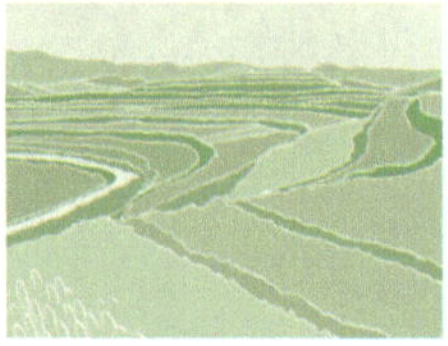

中药种植1

中药种植2

张家大院

黄芪

紫皮大蒜

当归

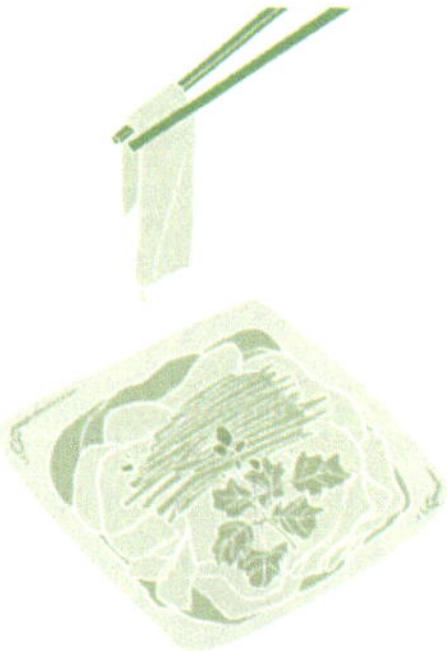

凉面酿皮

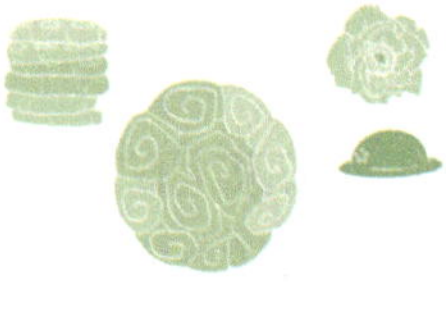

红军锅盔

当归花

草莓

3. 红色文化墙绘类产品注重红色文化与乡村景观的融合

团队将红色文化传承与绿色生态发展相融合，将哈达铺红色精神与生态旅游、红色旅游、乡村旅游等理念相融合，绘制宣传墙绘，以文化宣传、红色精神、当代精神的融合推动校地携手共建、红绿融合发展。

4. 红色文化教育类产品注重红色文化宣传性与教育性的融合

团队以中国工农红军军装、药材和信封（哈达铺邮政代办所、义和昌药铺）为主要元素，通过以萌趣的画风呈现卡通红军形象“哈小晟”，并串联起哈达铺古镇建筑、红色标语等元素，将其融入书籍插画设计，既保留宕昌红色历史的庄重感，又通过年轻化、生活化的载体，让长征精神与地域文化以更鲜活的方式走进大众，既彰显了宕昌曾作为“红色驿站”的历史底蕴，也展现了红色文化传承创新的地域实践。

5. 红色文化产业类产品注重红色文化与特色产业的融合

团队围绕对于宕昌其他农产品（中药：黄芪、当归、党参、大黄以及土豆）以及相关产物（粉条）进行了拟人化设计，使整体的体系感更加强烈，深化宕昌整体农产品文化特色，对于当地各种特色进行更广泛的宣传。

黄芪　当归　党参　大黄　粉条　土豆

江西定南县：乡土文创助力城乡焕新

指导教师：肖　宁、蔡大梁
团队成员：刘佳欢、蔡　丽、于裕华、李晓婷、周瑞玺、赵佳佳
地方联络员：胡彦华
支持单位：定南县人民政府

在赣州定南，中央财经大学实践团队深植赣南红土地脉，在“让传统活在当下，用文化赋能乡村”的理念指引下，将虎形围的厚重肌理、客家醒狮的灵动神韵与红色文化的精神符号，融入鼠标垫、马克杯、刺绣抱枕等生活器物。每一道纹路都在诉说围屋建造者的智慧密码，每一抹色彩都在延续苏区红军的信仰基因。这些来自赣南苏区的文创产品，不仅唤醒了围屋飞檐下的乡愁记忆，更成为激活乡土文化生命力的载体，让文化传承与乡村振兴形成良性循环。

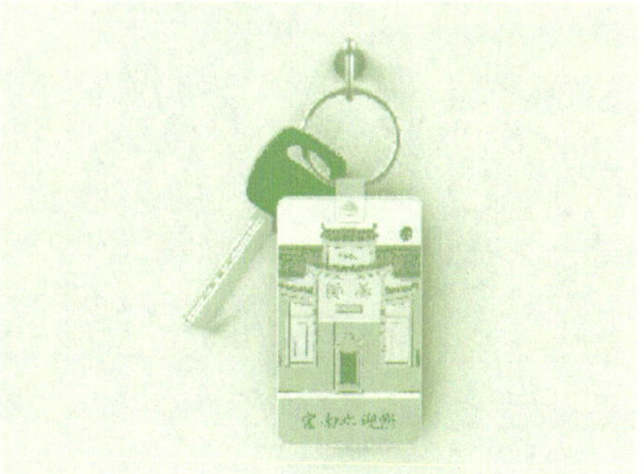

山东荣成市：墙绘艺术助力乡村蝶变

指导老师：刘　燕
团队成员：高露洋、李文轩、刘浩雨、马运展、谢凤泽、杨羽捷、
张　睿、张雅慧
支持单位：山东省威海市荣成市寻山街道办事处

在山东省荣成市寻山街道，一幅长达30米、高3.7米的墙绘作品如同一幅展开的乡村新画卷，生动展现了乡村振兴的丰硕成果。这幅墙绘由中央财经大学“财经人·济世路”乡村振兴研究生服务站的学子们精心设计并绘制，以艺术的形式讴歌了新时代乡村的美丽蜕变。

墙绘的主题围绕“乡村振兴战略”，结合当地的田园风光与乡土文化，展现了乡村从脱贫攻坚到转型升级的生动场景，象征着乡村经济的蓬勃发展，展现了乡村生活的美好与活力。墙绘的色彩明亮而富有层次感，墙绘中还融入了“不忘初心、牢记使命”的标语，以红色文化为底色，传递出乡村振兴的精神力量。

在绘制过程中，学子们顶着烈日，用纸胶带定位关键点，借助投影仪精准勾勒图案，再一笔一画地调色上色。他们的辛勤付出不仅让原本“冷冰冰”的墙面焕发出生机，也让村民们感受到了艺术的魅力。许多村民驻足观看，甚至积极参与其中，为墙绘内容提出宝贵意见。

这幅墙绘不仅美化了乡村环境，更成为一道亮丽的文化风景线。它以艺术的形式将乡村振兴的成果展现得淋漓尽致，让村民们在潜移默化中感受到文化的熏陶，实现了乡村“颜值”与“内涵”的双重提升。正如活动负责人高露洋所说：“我们用画笔为乡村注入了青春活力，也用行动践行了青年人的使命担当。”

第四篇　生态振兴

农村“绿水青山”的致富之路

生态振兴

生态振兴是生态文明建设的重要基石。推动乡村生态振兴，就是要以绿色发展为引领，严守生态保护红线，推进农业农村绿色发展，加快农村人居环境整治，让良好生态成为乡村振兴支撑点，打造农民安居乐业的美丽家园。

中央财经大学调研团队深入甘肃宕昌、河北龙门所镇、内蒙古乌拉特前旗调研发现，乡村生态振兴普遍面临三大共性问题：其一，产业发展面临困境，产业以初级产品为主，加工环节薄弱，产业结构较为单一，依赖于传统农业或资源型产业，新兴产业发展滞后；其二，生态保护与发展存在矛盾，产业发展的同时势必会加剧生态压力，缺乏生态保护与产业协调机制，可持续发展压力大；其三，文化资源开发与整合不足，各文化产业发展滞后，缺乏与现代产业的深度融合，未能形成具有影响力的文化品牌，无法将文化优势转化为经济优势，对当地经济的带动作用不明显。

针对上述问题，调研团队提出三种应对思路：一是，创新产业发展模式，促进产业链“强延补”。二是，强化生态保护与修复机制，科技创新驱动绿色发展。三是，深度挖掘文化内涵，加强品牌建设与市场推广。

2024年7月，内蒙古巴彦淖尔乌拉特前旗服务站调研团队在当地
开展高校助力三北防治主题座谈会

2023年7月，江西上犹团队深入农户开展访谈

生态振兴

生态赋能与红色引领：革命老区乡村振兴的文旅融合路径创新

生态赋能与红色引领：革命老区乡村振兴的文旅融合路径创新

革命老区需以红色文化为内核、生态资源为基底，探索“红绿融合”的乡村振兴路径。甘肃宕昌依托红色文化资源与绿色生态优势，以构建“红色文化+绿色生态”环哈达铺旅游圈为核心，探索旅游产业与乡村振兴融合发展路径。但旅游资源开发仍呈零散状态，特色IP塑造不足，基础设施短板明显，客源市场主要局限省内，红绿资源未形成协同效应。

核心问题集中于资源开发深度、要素整合能力与可持续发展机制三方面。红色旅游资源陈列手段落后，缺乏沉浸式文化体验；自然景区配套设施滞后，康养等新兴业态开发不足；交通接驳不畅与旺季服务能力不足影响游客体验；宣传手段单一导致品牌辐射力弱；生态保护与旅游开发矛盾日益显现。这些问题制约了文旅产业对乡村振兴的带动效能。

破局路径需系统性推进四大举措：一是在资源开发中运用数字技术活化红色文化，培育“重走长征路+生态探秘”特色产品链；二是构建三级旅游圈层体系，强化景区联动与线路设计，改善交通及智慧服务设施；三是实施精准营销，借力新媒体打造“铺铺鹅”等文化IP，开发文创产品拓宽市场；四是建立生态友好开发模式，制定环境承载力评估标准，推动高校智库参与规划建设，促进产业可持续增长。该实践为同类地区依托文旅融合实现乡村振兴提供了可复制的经验范式。

甘肃宕昌县：“环哈达铺”红绿双核驱动乡村振兴实践

指导老师：沈　健
团队成员：赵心铭、陈　正、丁雨薇、鄂锦睿、赵洪钰
支持单位：甘肃省宕昌县人民政府

报告主题

为推动城乡一体化发展，解决当前乡村发展存在的诸多问题，习近平总书记在党的十九大报告中提出乡村振兴这一重大战略，乡村振兴应按照产业兴旺、生态宜居、乡风文明、治理有效、生活富裕的总要求推进。其中，产业兴旺是重中之重。产业兴旺旨在构建现代农业产业体系、生产体系、经营体系，实现农村一二三产业深度融合发展。在乡村振兴战略全面推进的时代背景下，发展乡村旅游业成为推动农村经济发展、促进农民增收、实现乡村产业兴旺的重要引擎。

甘肃宕昌拥有得天独厚的资源优势，具备发展旅游业良好基础。官鹅沟国家森林公园以其壮观的山水、茂密的森林、清澈的溪流和奇特的峡谷地貌，吸引着众多游客前来观赏，获评国家级5A级景区，是不可多得的“天然氧吧”。同时，宕昌县哈达铺镇作为红军长征途中的重要站点，留存了大量珍贵的革命遗迹，是开展红色旅游的优质载体。此外，宕昌还有着丰富的民俗文化以及中草药种植等特色产业，显示出当地独特的民族风情。然而，通过进一步的研究，调研团队发现当地旅游产业在实际发展中存在诸多困境，如旅游资源开发程度低、基础设施保障不足、旅游产品同质化严重以及宣传力度不足等，这些问题严重制约了当地旅游业的发展。

基于此背景，调研团队把握资源优势，提出构建“红色文化+绿色生态”环哈达铺旅游圈的创新理念，将哈达铺的红色文化与绿色生态资源深度融合，打造多层次旅游体系。在环哈达铺小、中、大旅游圈构建上，“小生态旅游圈”侧重于深度开发丰富多样的红色和绿色旅游产品，结合当地特色设计深入人心的IP形象，加强宣传推广；“中生态旅游圈”侧重于针对不同群体设计特色旅游路线，串联当地各处优质旅游资源，实现生态与产业的良性互动；“大生态旅游圈”则以哈达铺为核心，辐射陇南市乃至甘肃省，形成规模效应，力争实现生态效益、经济效益和社会效益的统一，助力乡村振兴。案例旨在通过甘肃宕昌红色文化与绿色生态的深度融合以及大、中、小生态旅游圈的相互促进，推动当地旅游产业发展，进而带动乡村全面振兴。

（一）现状描述

宕昌县及哈达铺镇的旅游产业开发在政策支持、基础设施建设、旅游资源整合等方面取得了一定进展，但仍面临诸多挑战。从政策层面来看，国家乡村振兴战略为乡村旅游发展提供了重要机遇，甘肃省宕昌县积极响应，将旅游产业作为落实地方发展战略的重要举措，致力于构建以绿色山水为骨架、红色圣地为招牌的大旅游格局。近年来，宕昌县围绕交通基础设施建设，实现了建制村100%通硬化路，形成了“四纵三横”的交通网络体系，为旅游产业发展提供了有力支撑。同时，以官鹅沟国家森林公园为代表的绿色生态景区和以哈达铺红军长征纪念馆为中心的红色旅游基地，成为宕昌县旅游产业的两大支柱。然而，尽管旅游资源丰富，但宕昌县的旅游产业发展仍存在不平衡、不充分的问题。区域内旅游产品分散，缺乏有效链接，导致游客停留时间短，难以形成连贯的旅游线路。此外，旅游产品同质化现象较为突出，缺乏具有吸引力的特色IP，宣传力度不足，使宕昌县的旅游资源在更大范围内的知名度较低，主要游客仍以本地及周边县市居民为主。

在乡村旅游产品开发方面，宕昌县具有巨大的发展潜力。随着人们对回归自然、体验乡村生活的向往，乡村旅游市场需求旺盛。宕昌县的绿色生态环境、红色旅游资源以及丰富的当地特色农产品，为乡村旅游产品的开发提供了坚实基础。在“十四五”规划背景下，乡村旅游成为推动乡村振兴和高质量发展的重要途径。宕昌县应紧抓这一机遇，整合现有旅游资源，树立特色生态文化旅游理念，加强宣传推广，打造具有地方特色的乡村旅游产品。同时，注重旅游开发与生态保护、文化传承的有机结合，实现社会、经济和生态效益的统一。通过乡村旅游产品的开发与宣传，宕昌县有望将旅游产业打造成为带动乡村振兴的有力抓手，推动地方经济的可持续发展。

然而，尽管宕昌县旅游产业已形成“红绿双核”基础，但仍面临诸多挑战。目前，旅游资源开发较为分散，尚未有效串联，导致游客停留时间短，缺乏深度体验项目。宣传推广力度不足，知名度主要局限于省内及周边地区，南方市场渗透率低，缺乏具有辨识度的特色IP和差异化营销策略。在同质化竞争方面，红色旅游与井冈山等老牌景区相比知名度不足，绿色生态旅游尚未形成独特卖点。后疫情时代，城市居民对乡村自然体验、红色教育的需求增长，乡村旅游消费潜力巨大。面对机遇与挑战，宕昌县需以创意驱动、产业融合为突破口，强化品牌建设，提升全域旅游竞争力。未来发展方向包括结合中药材、农业开发健康养生、研学旅游等特色产品；挖掘“乡村性”，打造沉浸式红色文化体验、生态康养等差异化项目；利用新媒体平台扩大影响力，联合周边县市构建生态旅游圈。通过这些举措，宕昌县有望进一步提升旅游产业的竞争力，助力乡村振兴，实现可持续发展。

（二）问题研判

1. 旅游资源开发与整合不足

（1）红色旅游资源。哈达铺镇红色旅游资源开发尚处于初级阶段，当地革命历史文化内涵挖掘不够深入。虽然拥有多处革命遗址，但对其背后的故事、历史意义的呈现方式较为单一，大多仅通过简单的文字介绍，缺乏深度和感染力，难以让游客产生强烈的情感共鸣。例如，一些革命领导人住所仅进行基本的保护和展示，未充分挖掘其中的历史细节，使得游客参观时无法深刻感受到当年革命的艰辛与伟大。同时，红色旅游资源未与其他旅游资源有效结合，红色景点与周边的自然景观、民俗文化等缺乏有机联系，各自独立发展，无法形成强大的旅游吸引力。

（2）绿色旅游资源。在绿色旅游资源开发方面，宕昌县虽有官鹅沟国家森林公园等优质资源，但在旅游产品开发上存在不足。旅游项目较为传统，缺乏创新性和差异化，未能充分利用当地独特的生态环境开发出具有吸引力的特色产品。景区内的服务设施也不够完善，无法满足游客多样化的需求，导致游客停留时间较短，消费潜力未得到充分挖掘。

此外，绿色旅游资源与红色旅游资源之间的整合力度不够，未能形成优势互补的旅游格局，无法为游客提供全方位、多层次的旅游体验。

2. 基础设施建设薄弱

交通方面，哈达铺红军长征纪念馆与哈达铺火车站之间的交通衔接存在明显问题。两者虽距离仅2千米，但没有推荐的公共交通方式，也缺乏专门的旅游专线，游客只能选择出租车或网约车，不仅增加了出行成本，还可能在旅游旺季面临打车困难的情况。同时，通往纪念馆的红军街及哈达铺镇多数街道为双侧单排车道，道路狭窄，旅游旺季人流量和车流量剧增时极易发生拥堵，且周边多为居民自建楼，人车难以分流，存在较大的安全隐患。在景点间摆渡车方面，宕昌县仅开通了官鹅沟西线游、东线游两条旅游专线，景区之间的联系不够紧密，游客在不同景区之间转换时极为不便，严重影响了旅游的连贯性和便利性。

基础设施也存在诸多问题。哈达铺景区公共厕所数量少，以红军长征纪念馆为中心1公里内仅两个，旺季供不应求。停车场容量有限，1公里内3处停车场总容量百台以内，节假日停车难、交通堵。宕昌县住宿条件差，缺星级酒店，多为招待所和小旅店，管理不善、特色缺乏，难以吸引游客。

3. 宣传推广力度不足

哈达铺镇宣传渠道单一，主要依靠线下广告宣传，例如在白兰高速、兰临高速设广告版面等，效果不理想。线上宣传也存在诸多问题，抖音、微信公众号、微博等平台官方账号发布内容吸引力和信息量不足，多为转载文章，哈达铺长征纪念馆官方微博粉丝仅约1500人，互动极少。微信公众号和微博内容同质化，未针对不同平台受众特点宣传。携程等旅游网站上的信息零碎、更新不及时。

受宣传不足影响，哈达铺镇客源分布不均，主要来自甘肃省内及周边城市，辐射范围小，游客停留时间短，多跟随旅游团前来。客源年龄结构中，大学生和机关单位公职人员占比高，中小学游客少。而且，哈达铺镇宣传缺少个性化，难以吸引更多潜在游客，不利于当地旅游业发展。

4. 生态保护与旅游发展协调不足

随着旅游产业的发展，如何在开发利用旅游资源的同时，保护好当地的生态环境，实现生态与旅游的可持续发展，是哈达铺镇面临的重要问题。目前，在旅游开发过程中，存在对生态环境造成一定压力的情况，如官鹅沟国家森林公园等绿色景区，随着游客活动范围的扩张，可能会对当地的植被、土壤和野生动物栖息地造成破坏，旅游活动的开展也会带来一系列生态污染问题。此外，旅游设施建设过程中，若规划不当，也可能破坏生态景观的完整性和生态系统的稳定性。

（三）问题分析

哈达铺镇在旅游业发展过程中暴露出旅游资源开发整合、基础设施建设、宣传推广以及生态保护与旅游发展协调等多方面的问题。为有效解决这些问题，推动哈达铺镇旅游业高质量发展，调研团队通过多维度调研深入剖析问题根源，并制定针对性解决方案。

1. 调研过程与方法

（1）开展座谈。通过与当地政府旅游管理部门和乡村振兴对接人员、老师进行座谈，并随机抽取游客代表、居民代表以及景区管理人员进行座谈。在与政府部门和景区管理人员的座谈中，了解旅游发展规划、政策支持、资源开发与管理现状等宏观信息；与旅游从业者交流，掌握旅游市场实际运营情况、面临的困难和对行业发展的建议；倾听居民代表对旅游发展带来的影响及期望；收集游客代表对旅游体验的反馈，包括满意和不满意之处。

（2）专项访谈。团队采访了学校研究红色文化的教授，他指出哈达铺镇红色旅游资源价值极高，但目前的开发模式过于传统，没有充分利用现代技术手段来活化历史场景，缺乏沉浸式体验。团队还与景区的导游、工作人员进行交流，了解到景区在淡旺季面临的不同运营压力，旺季时交通拥堵、服务设施不足等问题凸显，淡季时又存在资源闲置现象。此外，团队与当地居民交谈，发现他们对旅游发展带来的利弊感受深刻，一方面看到了商机，另一方面也担心物价上涨和环境变化。

（3）开展问卷调研。设计线上调研问卷，面向游客和当地居民的两类问卷，运用统计学方法对问卷数据进行分析，挖掘有价值的信息。游客问卷涵盖旅游动机、获取旅游信息的渠道、对景区资源、设施、服务的评价、旅游消费情况以及对旅游发展的期望等内容；居民问卷侧重于对旅游发展的态度、生活受旅游影响的方面、对旅游基础设施和服务的看法等。

2. 调研结果分析及研究思路

（1）优化旅游资源开发与整合。深度挖掘红色旅游资源文化内涵，深入考证革命遗址背后的故事、历史意义，邀请专家编写解说词。创新呈现方式，运用多媒体技术打造沉浸式体验项目，如在革命领导人住所打造虚拟场景，重现当年生活和工作场景。推动红色与绿色、民俗旅游资源融合，开发“重走长征路—探秘官鹅沟—体验民俗风情”精品线路，将红色文化融入绿色生态游和民俗体验游中。

在绿色旅游资源开发上，加强创新，依托官鹅沟独特生态环境，开发森林康养、生态科考等特色项目。完善景区服务设施，合理布局游客休息区、餐饮区、购物区，提升游客体验。加大红色与绿色旅游资源整合力度，打造“红绿结合”的旅游产品，推出“大中小生态旅游圈”概念。

（2）加强基础设施建设。交通方面，协调交通部门开通哈达铺红军长征纪念馆与哈达铺火车站的旅游专线公交，合理规划线路和站点。拓宽红军街及镇内主要街道，优化道路标识，完善交通管理设施，实现人车分流。增加景点间摆渡车线路，加密发车频次，提高景区间连通性。

完善其他基础设施，在景区及周边合理布局公共厕所，按照旅游景区标准建设，确保数量充足、卫生达标。规划建设大型停车场，利用智能停车系统提高车位利用率。引导社会资本投资建设星级酒店，提升住宿品质，同时规范招待所和小旅店管理，鼓励其打造特色主题住宿。

（3）强化宣传推广。拓宽宣传渠道，加大线上宣传投入，组建专业新媒体运营团队，根据抖音、微信公众号、微博等平台特点，制作个性化内容。在抖音上发布短视频展示哈达铺美景和特色文化；在微信公众号推出深度旅游攻略和历史文化故事；在微博开展话题互动活动。打造哈达铺特色文旅IP，针对不同客源市场制定特色宣传方案。面向年轻群体，突出红色旅游的趣味性和互动性；针对家庭游客，强调亲子游项目和民俗体验。通过精准宣传，吸引更多潜在游客，优化客源结构。

（4）促进生态保护与旅游发展协调。制定严格的生态保护制度，明确旅游开发活动的生态保护红线，加强对景区游客活动的监管，设置生态保护缓冲区，限制游客进入敏感区域。在旅游设施建设前进行全面生态评估，优化规划方案，确保对生态系统影响最小化。开展生态保护宣传教育活动，在景区设置环保标识和科普展板，引导游客文明旅游；对旅游从业者进行生态保护培训，提高环保意识。

（四）赋能成效及政策建议

1. 赋能成效

（1）打造“红+绿”生态旅游发展方案，优化资源整合。结合“红色文化+绿色生态”环哈达铺旅游圈的构建思路，团队充分运用高校研究优势，完成了对宕昌县旅游资源的深度调研，并提出差异化发展策略。例如，在红色文化方面，团队深入挖掘哈达铺红军长征历史，并与高校历史学专家合作，撰写《哈达铺红色旅游资源开发白皮书》，为地方政府提供决策依据。同时，在绿色生态方面，团队联合生态学专业的教师和研究生，提出“官鹅沟生态康养旅游”发展规划，并提交至地方政府，获得官方认可。

（2）高校师生深度参与乡村旅游品牌塑造。团队基于高校资源，设计了哈达铺旅游IP形象“铺铺鹅”，并围绕该形象开发文创产品，包括纪念徽章、书签、主题手账等，使其成为游客喜爱的伴手礼。该举措不仅提升了哈达铺旅游品牌的辨识度，还增强了游客对当地文化的认同感。团队成员还通过新媒体平台宣传该

IP形象，并策划短视频推广活动，短时间内吸引了上万次浏览量。

（3）推动地方智慧旅游体系建设。在信息化赋能方面，团队与高校计算机专业的师生合作，设计了“哈达铺智慧旅游小程序”，实现一键导航、电子讲解、在线预约等功能，提升游客体验。该小程序已完成基础开发，并通过试点运行获得良好反馈，地方政府正在推进其正式上线。此外，团队还协助景区管理部门引入虚拟现实（VR）技术，打造沉浸式红色文化体验项目，使游客能够身临其境地感受长征历史。

（4）助力基础设施改善，提高游客承载能力。结合地方旅游发展痛点，团队联合建筑学专业的专家和研究生，提出“优化景区基础设施布局”的方案，建议增加停车位、完善游客中心、优化公共交通接驳体系等措施。该方案已部分被采纳，政府计划分阶段推进建设工作。与此同时，团队协助策划景区内旅游巴士线路，优化景点间的连通性，提升游客游览的便利性。

（5）高校智库支持地方政策制定。团队整理调研数据，形成了《宕昌县乡村旅游发展报告》，并在学术会议上发布，推动政策优化。例如，报告建议宕昌县政府在红色旅游中融入沉浸式体验，并加强与周边地区的旅游联动。这些建议得到了地方政府的高度认可，并在乡村振兴战略规划中得到体现。此外，团队还推动地方政府与高校建立长期合作机制，为乡村振兴提供持续的智力支持。

2. 政策建议

（1）深化校地合作，建立长期共建机制。建议政府与高校建立稳定的合作框架，如设立“高校—宕昌县乡村振兴联合研究中心”，持续开展乡村振兴相关研究和实践。同时，推动高校选派研究生驻点调研，以提升地方治理的科学性和前瞻性。

（2）加强红色旅游与生态旅游的联动。在政策层面，建议地方政府出台支持性政策，鼓励社会资本投资文旅项目，并完善产业链，推动“红+绿”旅游融合。此外，可以出台景区联票制度，鼓励游客深度游览，提高游客停留时间，增加旅游消费。

（3）优化基础设施建设，提高旅游承载力。政府应加快推进景区交通优化方案，如增设景区直通车、完善步行游览路线、建设生态停车场等。同时，加强智慧旅游基础设施建设，为游客提供更加便捷的数字化体验。

（4）推动乡村旅游人才培养。建议高校与地方政府合作，设立乡村旅游管理培训班，为当地文旅从业者提供系统培训，提升管理水平。同时，鼓励高校学子通过实习、支教等方式深入乡村，促进乡村振兴与青年发展相结合。

生态振兴

内生驱动与外部赋能：资源型乡村可持续高质量发展的双轮路径

内生驱动与外部赋能：资源型乡村可持续高质量发展的双轮路径

资源型地区乡村振兴需破解传统产业依赖与生态约束的双重困境，以产业融合为核心、城乡协同为路径，探索可持续的转型模式。河北省赤城县龙门所镇依托生态资源与历史文化禀赋，通过文旅融合、教育赋能和政策协同，为资源型乡村打破发展瓶颈提供了实践样本。

赤城县作为首都生态屏障，关停污染企业并推进生态修复，为龙门所镇转型奠定基础。该镇拥有风能、森林、长城遗迹等资源，但产业仍以传统农业为主，中草药种植等新兴业态受阻，教育资源匮乏导致人才外流，文化资源开发滞后，城乡二元矛盾突出。

核心问题聚焦于产业、人才与文化三大维度。产业结构单一导致抗风险能力弱，如蔬菜种植附加值低；劳动力老龄化与教育短板形成“空心化”循环，常住人口平均年龄达66.5岁；长城遗址等文化资源未与现代产业融合，传统农耕文化面临失传。这些问题共同制约了资源型乡村从“输血”到“造血”的能力转化。

破解路径需系统推进“内外双修”：一是构建“农旅研学+文化体验”融合产业；二是实施“育心+育智”教育帮扶；三是强化政策协同，设立产业基金支持深加工。该模式为资源型地区实现城乡要素流动与可持续发展提供了可复制的解决方案。

河北龙门所镇："产教融合+生态赋能"驱动资源型乡村高质量发展

指导老师：王彦超
团队成员：曹艳艳、郭佳宁、范晓燕、刘佳铭、蒋志豪
支持单位：经济日报社驻赤城县龙门所镇申沟村工作队、河北省张家口市赤城县人民政府、河北省张家口市赤城县龙门所镇人民政府、赤城县龙农蔬菜种植专业合作社、赤城县华田牧业有限公司、国华（赤城）风电有限公司、赤城县龙门所九年一贯制学校

报告主题

在当今时代，国家高质量发展战略全面推进，资源型地区的转型发展成为实现经济可持续增长、区域协调发展以及乡村全面振兴的关键环节。河北省张家口市赤城县龙门所镇，作为资源型地区乡村的典型代表，其转型发展之路既承载着自身经济繁荣、居民生活改善的期望，也为其他面临相似困境的地区提供了极具价值的探索样本。深入剖析龙门所镇的发展状况，挖掘其中存在的问题，并探索出切实可行的转型发展模式，对于推动资源型地区乡村在新时代背景下实现跨越发展具有重要意义。

从宏观层面来看，资源型地区长期依赖资源开采与初加工产业，在经济结构调整、资源环境约束趋紧以及国家高质量发展要求不断提高的大背景下，传统产业的发展模式难以为继，生态环境破坏严重，经济增长乏力，乡村地区的发展更是陷入瓶颈。因此，探寻资源型地区乡村的转型发展模式，不仅是解决其当前经济困境的迫切需求，更是顺应国家发展战略、实现乡村振兴战略目标的必然选择。

从微观层面分析，龙门所镇拥有独特的自然与人文资源。丰富的风能、太阳能资源，优质的水资源，广袤的森林资源以及珍贵的历史文化遗迹，为其转型发展提供了潜在的优势条件。然而，目前龙门所镇在产业结构、人才储备、文化传承与利用、生态保护与修复以及基层组织建设等方面存在诸多问题，严重制约了当地的发展。

本案例通过对龙门所镇的实地研究，旨在全面梳理其发展现状，深入分析存在的问题及其根源，借鉴国内外乡村发展的成功经验，结合当地实际情况，探索出一套适合龙门所镇的转型发展模式。这种模式不仅要实现产业的多元化发展和升级，提升经济发展的质量和效益，还要注重生态环境保护与修复，实现经济与生态的协调发展；不仅要加强人才培养和引进，为发展提供智力支持，还要充分挖掘和利用当地文化资源，传承和弘扬乡村文化，增强乡村的文化软实力。通过对龙门所镇的研究，总结出可复制、可推广的经验和模式，为其他资源型地区乡村的转型发展提供有益的参考和借鉴，助力我国乡村振兴战略的全面实施和区域协调发展目标的实现。

（一）现状描述

在国家高质量发展战略的大框架下，资源型地区的转型发展成为关键议题。2013年，国务院印发《全国资源型城市可持续发展规划（2013—2020年）》，明确界定了全国262个资源型城市，并划分成长型、成熟型、衰退型、再生型四种类型，构建了统筹协调、分类指导的政策框架，河北省多个城市位列其中。2017年，党的十九大报告指出我国经济已由高速增长阶段转向高质量发展阶段，新发展理念强调支持资源型地区经济转型发展。此后，"十四五"规划进一步提出推动资源型地区可持续发展示范区和转型创新试验区建设，出台了一系列政策文件，如《"十四五"特殊类型地区振兴发展规划》《推进资源型地区高质量发展"十四五"实施方案》等，为资源型地区转型发展指明方向。

赤城县作为北京重要的水源涵养功能区和生态环境支撑区，肩负着保障首都生态安全的重任。自2017年起，河北省积极响应党中央号召，将"两区建设"作为重大政治任务，开展了生态环境修复、水利工程建设、国土绿化建设、矿山综合治理、绿色产业发展等一系列行动。赤城县关停众多污染企业，否决可能污染水源的经济项目，并实施多项生态工程，致力于生态环境修复与产业结构调整，为龙门所镇的发展营造了新的政策环境。

（二）问题研判

1.产业问题

（1）产业规模小且结构单一：龙门所镇农业产业受地形和气候限制，难以实现规模化、机械化生产，多以家庭为单位经营，产业集聚效应差，产业链短且不完善。农产品加工和销售环节薄弱，附加值低，市场竞争力不足，难以形成稳定的产业发展模式。例如，蔬菜种植虽然面积较大，但缺乏深加工能力，主要以初级农产品形式销售，利润空间有限。

（2）新兴产业发展受阻：在产业转型过程中，尝试发展的新兴产业，如中草药种植，由于缺乏长期的技术和资金支持，以及专业人才的匮乏，发展效果不佳。产业初期投入大、盈利周期长，资金链易断裂，导致许多项目浅尝辄止，难以形成规模效应，无法有效带动当地经济发展。

2. 人才问题

（1）劳动力外流与老龄化严重：当地经济发展水平较低，就业机会有限，导致大量年轻人外出务工，常住人口中老人和儿童占比较高，劳动能力不足，大量耕地闲置，土地资源未得到充分利用。例如，申沟村11名受访村民平均年龄66.5岁，8名村民家中子辈和孙辈均外出打工，劳动力短缺问题严重。

（2）教育资源匮乏与人才短缺：全镇仅有一所九年一贯制学校，教育资源匮乏，师资力量薄弱，教师结构性失衡，艺术、体育类专业教师极度匮乏，教育规划水平和持续性较低。这使当地人才培养困难，人才留存率低，无法为产业转型和发展提供所需的技术和创新人才支持。

3. 文化问题

（1）文化资源开发利用不足：龙门所镇拥有丰富的历史文化资源，如古长城遗迹等，但这些资源尚未得到充分挖掘和有效利用。文化产业发展滞后，缺乏与现代产业的深度融合，未能形成具有影响力的文化品牌，无法将文化优势转化为经济优势，对当地经济的带动作用不明显。

（2）乡村文化传承面临挑战：随着城市化进程的加快和人口流动，乡村传统文化面临传承困境。年轻一代对本土文化的认同感逐渐降低，传统的农耕文化、民俗文化等面临失传风险，乡村文化的凝聚力和吸引力逐渐减弱。

（三）问题分析

1. 调研方法与过程

（1）调研方法：综合运用实地走访、问卷调查、文献研究等方法。实地走访当地居民、企业、政府官员和学校，与他们面对面交流获取一手资料；对当地居民和种植户进行问卷调查，收集定量数据以验证走访结果；查阅文献梳理国内外乡村发展情况，总结成功经验。

（2）调研过程：调研团队深入龙门所镇，与种植户、企业负责人、政府干部、学校师生等进行广泛座谈和访谈。例如与华田牧业有限公司交流了解畜牧业发展，与镇政府干部探讨产业转型困境，与学校副校长沟通教育现状。通过实地考察，分析当地产业、人才、文化、生态、组织等方面存在的问题，为提出解决方案提供依据。

2. 提出方案

通过以上分析，我们不难发现龙门所镇在转型过程中面临的两大突出的难题是缺人和缺钱，如何使人力资本和社会资本流入龙门所镇是转型需要攻克的重点问题。基于此，本案例提出“因地制宜，内外兼修”的发展战略，以期充分盘活龙门所镇已有资源，将其打造成极具发展潜力的村镇，吸引人力资本和社会资本的流入。

（1）修炼内功：产业融合，振兴教育。修炼内功方面，产业融合为基，教育振兴为本。产业融合方面，宏观上，整合现有的产业生态如蔬菜种植，中草药种植，畜牧业及绿色发电产业等，结合特色文化资源如烽火台、古长城等，发展研学项目，打造农旅研学小镇；微观上，以代家沟为试点，结合当地风景秀美、民风淳朴及基础建设较为完善，政府资源倾斜等特点，打造特色度假小镇。振兴教育方面，联动中央财经大学学生及其附属小学教学资源，开展育“心”+育“智”项目。一方面通过开展书信交流的志愿项目，中央财经大学学生结合自身经验与当地小学学生进行沟通，排解留守儿童等孩童内心的忧虑及孤独，为其未来发展方向提供一定指引；另一方面通过教学资源共享的项目，中央财经大学附属小学定点帮扶龙门所镇小学，采取网络直播课程，录制课程，培训教师的方式为当地小学提供优质教学资源，提升其教学质量。

（2）修炼外功：一个原则，两条路径。修炼外功方面，把握一个原则即“镇中心辐射带动周围村落”，两条路径即提升入镇第一印象和提升街道街面风貌。提升入镇第一印象主要通过建设一个美丽乡镇入口通道和镇标，提升街道街面风貌主要规划建设一条美丽示范主街，完成镇区道路白改黑，沿街商铺统一标识。

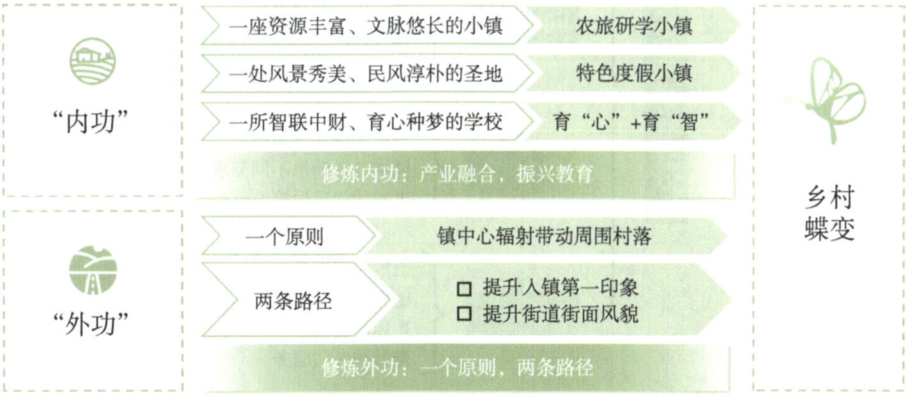

图1　龙门所镇转型思路框架

3. 具体行动

（1）产业规划与设计：针对产业问题，调研团队整合当地农业、文化和生态资源，提出发展农旅研学小镇和特色度假小镇的规划。在农旅研学小镇规划中，设计了农耕种植体验区、动物互动体验区、山水长城体验区和教研游戏休息区，开发系列研学课程和活动；在特色度假小镇规划上，选取代家沟村作为试点，利用其优越的地理位置和基础条件，打造集自然风光游览、历史文化体验、生态休闲度假于一体的文旅小镇，规划建设民宿、花海公园、露天影院等项目。将古长城等文化元素融入产业项目中。在农旅研学小镇的山水长城体验区，设计重走长城路体验活动，讲解长城历史文化，增强游客的民族自豪感；在特色度假小镇，利用长城遗迹和历史文化底蕴，打造具有文化特色的旅游产品，提升文化影响力。

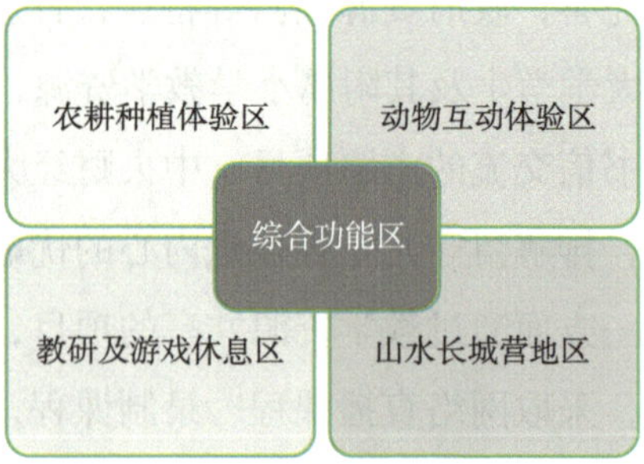

图2　龙门所镇研学项目分区介绍

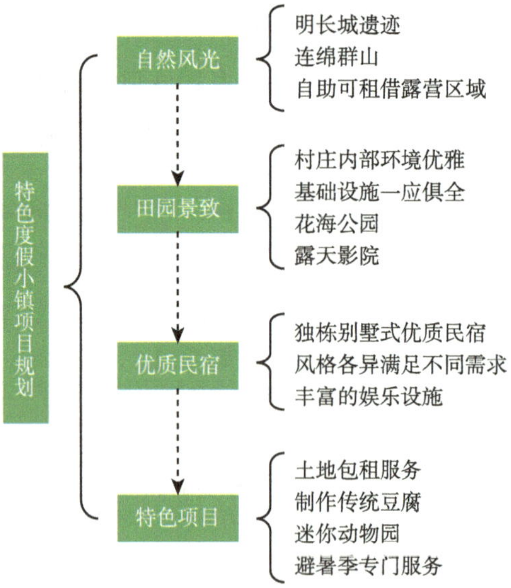

图3　龙门所镇特色度假小镇项目规划示意图

（2）教育帮扶项目策划：为解决人才问题，提出育“心”+育“智”项目。育“心”项目（“蒲公英”项目）通过招募中央财经大学学生与当地小学学生书信交流，为留守儿童提供心理关怀和成长指引；育“智”项目（七彩课程项目）

联动中央财经大学附属小学，通过网络直播课程、录制课程共享以及教师培训等方式，提升当地教学质量。

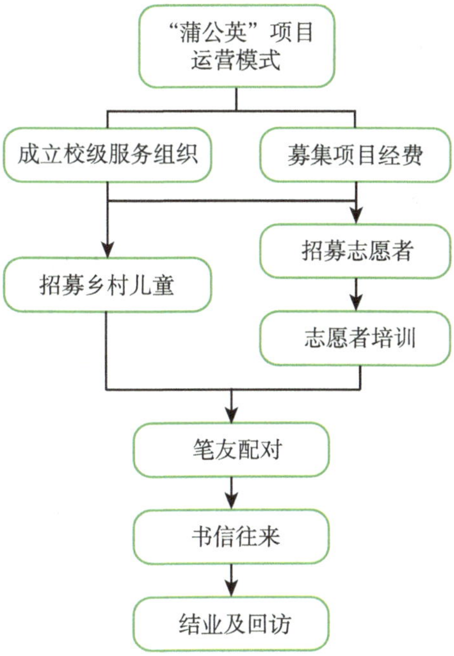

图4 “蒲公英”项目运营模式示意图

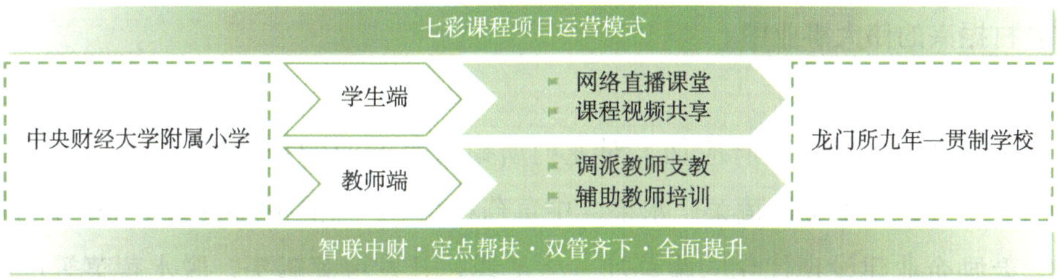

图5 七彩课程项目运营模式示意图

（四）赋能成效及政策建议

1. 赋能成效

（1）规划引领发展方向：调研团队为龙门所镇量身定制的一系列发展规划，包括农旅研学小镇、特色度假小镇以及育“心”+育“智”项目等，为当地发展勾勒出清晰的蓝图。以农旅研学小镇规划为例，详细设计了农耕种植体验区、动物互动体验区、山水长城体验区和教研游戏休息区等多个功能区域，并配套了丰富多样的研学课程和活动，涵盖农业知识科普、传统文化体验、户外拓展训练等多个领域。这些规划方案得到了当地政府的高度重视，已被纳入镇域发展战略规划中，成为指导未来发展的重要依据。

（2）居民参与热情高涨：通过深入的宣传和沟通，居民对新发展模式的认知度和参与积极性大幅提升。在特色度假小镇项目宣传过程中，调研团队组织多场村民座谈会，详细介绍项目规划和发展前景，吸引众多居民关注。许多村民主动咨询参与项目的方式，部分村民计划将自家闲置房屋改造为民宿，为游客提供住宿服务；还有村民希望参与到小镇的农产品供应、旅游服务等环节。

（3）教育帮扶取得进展：育“心”+育“智”项目得到中央财经大学及附属小学的积极响应，目前已与中央财经大学附属小学达成初步合作协议。附属小学计划定期为龙门所镇小学提供优质的网络直播课程，涵盖语文、数学、英语等主要学科以及艺术、体育等特色课程，让当地学生能够同步享受城市优质教育资源。同时，附属小学还将为龙门所镇小学教师提供线上线下相结合的培训机会，包括教学方法、课程设计、教育技术应用等方面的培训，提升教师教学水平。

（4）《经济日报》宣传报道：本案例曾连续两年被《经济日报》报道，《河北赤城县：申沟村来了高校乡村振兴服务队》和《河北赤城县：乡村振兴服务站来了一群研究生》两篇文章获多家媒体转发。这两篇报道聚焦中央财经大学在河北赤城县龙门所镇的乡村振兴帮扶工作，获得广泛关注，激励着更多社会力量投身到乡村振兴的伟大事业中。

2. 政策建议

（1）产业政策：政府应加大对龙门所镇特色产业的扶持力度，设立专项产业发展基金，用于支持蔬菜、水果、中草药种植等产业的规模化发展和产业链延伸。鼓励企业建设现代化的蔬菜加工生产线，开发蔬菜罐头、脱水蔬菜等产品；支持水果种植户开展水果深加工，生产果汁、果脯等产品。对从事农产品深加工的企业，给予税收减免优惠，并提供低息贷款支持。针对新兴产业项目，如农旅研学、文旅康养等，设立项目补贴，每个项目补贴金额根据规模和效益确定，以降低企业发展成本，吸引更多企业参与产业转型。

（2）人才政策：出台具有吸引力的人才优惠政策，为回乡创业就业的大学生、技术人才和外出务工人员提供住房补贴；设立创业扶持资金，对符合条件的创业项目给予无息贷款，并提供免费的创业培训和指导。加强与高校和科研机构的合作，建立长期稳定的人才培养和引进机制。与高校签订合作协议，每年输送专业人才到龙门所镇实习就业；在龙门所镇设立高校科研实践基地，鼓励高校科研人员开展农业技术、文化旅游等方面的研究和实践，推动科技成果转化。

（3）文化政策：设立文化产业发展专项资金，专门用于保护和开发龙门所镇的历史文化资源。对古长城遗迹、文化古迹等进行全面修缮和保护，制定科学的保护方案，并建立文化遗产保护数据库。推动文化和旅游、农业等产业深度融合，打造具有地域特色的文化旅游产品和文化活动。举办长城文化节、农耕文化体验节等活动，活动期间给予参与企业和商户一定的场地租赁补贴和宣传推广支持。鼓励企业开发以长城文化、民俗文化为主题的文创产品，对优秀文创产品给予奖励，提升文化产业对经济的贡献度。

生态振兴

生态修复与绿色产业协同发展：以林果经济驱动生态脆弱地区乡村振兴

生态修复与绿色产业协同发展：以林果经济驱动生态脆弱地区乡村振兴

生态脆弱区的可持续发展需统筹生态修复与产业升级，破解“保护与增长”的二元对立。内蒙古乌拉特前旗以林果经济为纽带，通过生态资源资本化、产业链韧性提升与政策工具创新，探索生态价值向经济价值转化的实践路径，为同类地区实现生态安全与产业振兴的协同发展提供方法论支撑。

当前，乌拉特前旗核心矛盾体现为四重失衡：生态治理投入与产业回报周期不匹配、初级产品依赖与高附加值加工能力不足、传统补贴模式与产业链延伸需求错位、绿色金融工具缺失与生态资本转化诉求脱节。这些问题导致生态效益难以有效撬动经济内生动力。

破解路径需构建“三位一体”协同机制：一是政策集成，设立林果产业专项基金，统筹生态治理与产业扶持资金；二是产业融合，发展“林果+文旅+康养”复合业态，延伸深加工链条；三是金融创新，开发果树种植保险、碳汇质押贷款等产品，激活生态资产金融属性；四是技术赋能，推动标准化种植与区域品牌建设。该模式为生态脆弱区实现“生态产业化、产业生态化”提供了可复制的制度框架与实践范式。

内蒙古乌拉特前旗：探索林果经济与生态保护协同发展路径

指导老师：周战强、于爱芝、杨 华

团队成员：张泽宏、汪 洋、叶子涵、赵美涛、杨作蓉、孙晓清、佘惠灵、刘佳安、邓丹华、谢 萍、徐筱颖、俞鸿霄、周雨卓、詹杨杨

支持单位：乌拉特前旗人民政府办公室、乌拉特前旗林业和草原局、内蒙古自治区巴彦淖尔市国家税务局

报告主题

本次调研以内蒙古巴彦淖尔市乌拉特前旗为对象，旨在探索“塞外明珠”乌梁素海的生态保护情况，深入了解乌拉特前旗林果经济产业链和品牌建设现状，并指出当下林果经济发展的潜在问题。重点关注林果经济在改善生态环境方面的潜力与成效，如防风固沙、水土保持、生物多样性保护等生态功能，探索林果经济与生态环境保护深度融合发展的路径。

（一）现状描述

乌拉特前旗隶属于巴彦淖尔市。巴彦淖尔市又名河套、巴盟，地处内蒙古自治区西部，东临包头，西连阿拉善盟、乌海市，南与鄂尔多斯市隔黄河相望，北与蒙古接壤，总面积6.5万平方公里，常住人口151.76万人。境内的河套平原素有“塞上江南”的美誉。

乌拉特前旗位于巴彦淖尔市最东部，河套平原东南端，地处呼、包、鄂“金三角”腹地，总面积7248平方公里，下辖11个苏木镇、5个农牧场、93个嘎查村。旗境东部为阴山山脉的三山，即乌拉山、查石太山和白音察汉山，在三山之间形成明安川、小佘太川；中部有名列中国八大淡水湖之一，享有“塞外明珠”之称的乌梁素海，西部为河套平原。乌梁素海，蒙古语意为“红柳湖”，是全球范围内荒漠半荒漠地区极为少见的具有极高生态价值的大型多功能湖泊，承担着黄河水量调节、保护生物多样性、改善区域气候等重要功能，是我国北方多个生态功能交汇区，是控制京津风沙源的天然生态屏障，被称为黄河生态安全的“自然之肾”，于2002年被国际湿地公约组织列入国际重要湿地名录。乌拉山山前，有稽亥滩和中滩。这里的地貌也因此被形象地概括为“三山两川一面海，千里平原两道滩”。乌拉特前旗是传统的农牧业大县，拥有可耕地面积346万亩，草牧场534万亩。常住人口约25.8万，其中汉族占比约96%，少数民族中绝大部分为牧区的蒙古族。

党的十八大以来，生态文明建设被纳入中国特色社会主义事业“五位一体”总体布局。坚持山水林田湖草沙一体化保护和系统治理，逐渐成为习近平生态文明思想的重要内容。按照这一生态理念，内蒙古自治区加大了对乌梁素海的投入力度，累计投资3.526亿元，实施了一批补退水通道工程建设和湖坝堤防工程建设，随着生态补水增强和相关治理工程推进，使乌梁素海水质总体提升，稳定达到Ⅴ类标准。为了从源头上遏制污染，乌拉特前旗持续推进全面深化改革，加快转变生产方式，推动新型工业化、特色城镇化以及农牧业高质量发展，以壮大县域经济为中心，不断提高人民群众的生活水平，实现了经济社会持续健康平稳较快发展。2023年，乌拉特前旗实现地区生产总值180.6亿元，同比增长3.0%，第一、二、三产业增加值比例分别为32.8%、29.7%、37.5%。常住居民人均可支配收入30540元，同比增长5.7%。

2023年6月，习近平总书记在内蒙古考察时强调，要牢牢把握党中央对内蒙古的战略定位，完整、准确、全面贯彻新发展理念，紧紧围绕推进高质量发展这个首要任务，坚持以生态优先、绿色发展为导向，奋力书写中国式现代化内蒙古新篇章。乌拉特前旗以习近平生态文明思想为指导，认真贯彻落实习近平总书记关于视察内蒙古工作的重要指示批示精神，坚持党建引领，以绿色发展为抓手，扎实推进山水林田湖草沙一体化保护和系统化治理。依托乌拉山南麓的肥沃土壤、丰沛水源、充足光照以及昼夜温差等区域优势，同时面对林业发展中遇到的造林成本高、管护困难、维护费用持续增加等问题，乌拉特前旗精准施策，持续创新绿色发展路径。依据“生态产业化，产业生态化”的建设思路，以推动经济林高质量发展为主题，大力发展林果经济，推动建设4万余亩经济林，有效增强了林业发展后劲。并通过整合各地资源，优化产业结构，积极发展优势特色林果产业，打造地域品牌，把经济林建设与退耕退牧还林、节水增收、乡村振兴等工作相结合，实现了生态效益、社会效益和经济效益相统一，不断推动着林果产业朝着转型升级、绿色发展的新方向迈进。

（二）问题研判

1.产业链完整程度不高

原因主要有以下三点：一是乌拉特前旗林果种植自然条件优越，出产的林果品质优越，仅以生鲜或初级加工形式销售也可取得可观利润。在此种背景下，林果产品贮存和加工环节的成本投入以及伴随而来的经营风险增大使得农户不愿额外进行投资以延长产业链。二是水资源压力大和建设用地指标紧张等因素使得乌拉特前旗政府在引进具备相对完整产业链的企业时受限颇多。三是乌拉特前旗林果经济发展正处于起步阶段。某些林果品种种植规模成气候还需一段时间，难以满足后续环节的加工需求。目前乌拉特前旗政府正积极与意向企业进行洽谈磋商，提前谋划产业布局。

2.可持续发展压力大

乌拉特前旗林果经济可持续发展的压力主要源自生态端。果树种植需水量大，乌拉特前旗年均降水量约200毫米，仅靠降水无法满足果树生长需求。而引黄灌溉一方面受旗内地域限制，另一方面又需解决盐碱问题。“三川两山一面海”的地质构造又将林果经济的大部分适宜发展地带限制在井灌区内。因此开采地下水用于林木灌溉是当下的优选。但伴随着过去乌拉特前旗种植业快速发展的是地下水位的快速下降，取水井深度从之前的60米一直打到现在的200米，即将达到受岩层限制的井深极限。

3. 专项资金扶持力度不足

乌拉特前旗对林果经济发展的专项资金扶持力度不足，补贴资金分散至几个项目中。调研团队实地走访的四个园区均使用其他渠道获得政府补贴资金，如农林工项目资金、造林补贴、荒漠化治理补贴。造林和荒漠化治理补贴集中体现林果经济的绿色生态效益，而未能顾及林果经济发展给地方带来的产业效益。这两种局限于种植端的补贴在一定程度上限制了合作社和企业产业链的延伸，进而减少了地方政府的税收。此外补贴类别的繁杂将会增大企业为获得补贴所需的认知和执行成本，不利于企业规模的扩张和制定未来的发展规划，同时也不利于政府进一步出台支持林果经济发展的产业政策。

4. 林业金融产品品类不够丰富

碍于乌拉特前旗林果经济发展的起步较晚，目前全旗的果树种植缺乏商业保险力量的支持，目前商业保险仅覆盖林下小麦等传统主粮作物种植而不涉及果树。未来几年，乌拉特前旗大部分林果种植园将陆续迎来盛果期，相关保险险种和“保险+期货”等金融产品开发必须尽快提上日程。

乌拉特前旗基于防风固沙生态效益和碳汇权益开发的绿色金融产品品类少。乌拉特前旗林果经济一大部分是在原有老化防护林的基础上发展起来的，继承了原防护林防风固沙和吸收温室气体的职责；另一部分林果苗木是在原草场或沙地上种植，其相较于原有植被展现出了更强的绿色生态效益。因此乌拉特前旗林果经济的发展有资格获得绿色金融产品的支持。针对林果经济前期投资规模大、成本回收需滞后数年的特点，乌拉特前旗林果经济的初期发展也有必要获得绿色金融产品的支持。

（三）问题分析

本次调研团队主要采取座谈会和实地走访相结合的形式开展调研。调研团队首先与当地林业和草原局干部展开座谈，了解当地林果经济发展的现状。乌拉特前旗林果经济发展正处于起步阶段。它是在原有风沙防护林老化、维护防护林带来的财政压力大的背景下建设起来的。座谈过程中，团队了解到乌拉特前旗林果经济的发展同时具备充分性与必要性。

充分性方面，一是体现在自然条件得天独厚。乌拉特前旗地处北纬40度黄金种植带，拥有良好的水土光热条件。气候条件上，所在区域属中温带大陆性气候，气候特征表现为风多雨少，气候干燥，日照时间长，昼夜温差大。光能资源充足，年日照时数可达3000—3200小时，有效积温高，有助于果实的上蜡及着色，成熟期早，可以提前上市抢占市场。昼夜温差接近20度，降水量小，利于果实糖分和营养元素的积累。土壤条件上，乌拉特前旗境内工业企业较少，并且广泛应用生物农药、无公害病虫防治等技术手段，土壤中重金属含量、农药残留等远低于全国平均水平，具备高品质有机经济林产品的生产条件。二是体现在乌拉特前旗政府重视林果经济发展。乌拉特前旗政府设立了经济林基金，各部门积极争取中央、自治区的项目投资，整合市财政、市林业和草原局投入的相关项目资金以及吸纳社会资本，切实推进经济林产业建设。采取资金补贴，争取将特色经济林业纳入森林资源保险范围，加大林贴息贷款额度、延长贷款期限，组建经济林产业协会，建立校企地合作机制等方法切实保障和扩大农户收益。三是近些年恰逢原有防护林老化亟须更新的契机，可以借此机会顺理成章地开展防护林改造工作。

必要性方面，一是体现在乌拉特前旗承担着防风治沙，保护生态环境重担。乌拉特前旗政府每年需要为防护林日常维护投入大量的资金与人力，但防护林产生的经济效益微乎其微，给地方财政带来了巨大压力。二是体现在乌拉特前旗部分地区受山地地形、水资源短缺、退耕退牧等因素影响，无法开展农牧业生产，发展林果经济是促进当地农牧户增收的有效手段。

座谈结束后，团队在林业和草原局干部的陪同下实地走访了四种不同类型的林果经济发展实例。它们分别是乡镇政府主导下的明安镇山楂林，社会资本与村集体协同经营下的公忽洞嘎查沙果–沙葱种植基地，社会资本主导、村集体入股下的天衡仿野生中药材种植基地和社会资本主导下的尚泽苹果种植基地。总的来看，乌拉特前旗四种不同模式下的林果经济均显著减轻了政府维护和更新老旧防护林的财政压力，同时还能产生相当大的绿色效益。社会资本的引入使乌拉特前旗林果经济的发展如虎添翼。在吸引社会资本参与后，林果经济规模成功实现扩张，产生了大量工作岗位需求，能有效解决农牧民的就业问题；村集体还能凭借入股的方式，扩宽集体收入渠道；林果经济的产业链条得到延长，留在当地的附加值得以提高；由社会资本代替政府同村集体进行土地流转谈判，可以降低土地流转费用，有利于进一步缓解政府植树造林和维护老旧防护林的财政压力；社会资本的介入有望通过保持异地林果经济经营管理主体的稳定性实现产业连续发展。以上四类林果经济发展暴露出的一个共同问题是果树种植前期投入大，产生效益往往需要滞后数年。因此它们均通过或有意通过发展林下（牧）经济的方式进一步扩大早期收入。

（四）赋能成效及政策建议

团队基于在乌拉特前旗林果经济发展的实地考察和访谈过程中发现存在的产业链完整程度不高、可持续发展压力大、专项资金扶持力度不足和绿色金融产品品类不丰富等问题，向乌拉特前旗政府提出了如下有针对性的政策建议：

（1）加强政策扶持，发展特色林果产业。乌拉特前旗的林果产业仍处在初级阶段，需要延续并加强政策支持和科学规划，立足区域资源优势发展特色林果产业，促进林果产业提质增效。政府应设立专门资金用于林果产业的基础设施建设，支持科研机构和企业进行新品种培育、技术创新以及市场推广。此外，鼓励金融机构提供优惠贷款条件，降低融资门槛，吸引社会资本参与林果产业发展建设。最后，延续并优化土地流转和补贴政策，简化流转手续，保护各方权益，支持农业合作社和企业在土地流转中形成规模效应。

（2）创新产业发展模式，促进产业链“强延补”。提升乌拉特前旗林果产业竞争力需要创新产业发展模式，加快推进产业链的“强延补”，不断延伸产业链、优化供应链、提升价值链。通过产业融合，将林果产业与旅游、文化、教育等相结合，如“名优林果+文化旅游”“林果采摘体验+林果知识科普”等，提升产业附加值和市场吸引力，开发多样化的林果产品，强化品牌化策略和质量控制，不断拓宽市场渠道，推动地方经济发展。同时加快推进产业集群发展和示范基地建设，推动产业链上下游企业的深度合作，形成资源整合、信息共享、技术合作、风险共担的产业合力，提升产业链整体效益和抗风险能力，实现产业的可持续发展。

（3）加快培育新型林业经营主体。在乡村振兴背景下，培育新型农业经营主体是推动林果产业发展的重要途径。新型农业经营主体能够有效整合资源，提高生产效率，增强林果业和农民的利益联结。首先，村党委应因地制宜引导培育多种新型农业经营主体，如家庭农场、农民专业合作社等，带动小农牧户合作经营、共同增收。其次，对以社会资本为主的农业经营主体，政府应利用多种手段进行吸引，鼓励企业投资林果产业。通过建立投资对接平台、组织投资洽谈会，促进资本与林果产业项目的对接，同时支持农业产业化龙头企业利用技术、资金和市场资源，带动林果产业的发展，完善整体产业链条。最后，积极培育适应小农户需求的农业社会化服务多元主体。通过创办多种形式的服务实体，为小农户提供劳务介绍、土地流转、生产托管、生产技术、测土配方施肥等多种服务，支持小农户和家庭农场参与发展林果优势特色产业。

（4）加强技术研发和推广，走绿色标准化之路。聚焦农业科技创新，通过税收优惠政策，激励企业加大科研资金投入，引进先进的种植技术和绿色农业生产模式，推动全产业链技术升级。通过校企合作，为农户提供技术支持和培训，推广绿色生产标准，从种植到收获全程覆盖，确保产品质量和市场竞争力。利用试验田和示范基地推广优良品种和技术，强化农业科技成果推广转化应用，在提升区域整体产业生产效益的同时实现农民增收。

（5）培育特色品牌，拓展林果产品市场。实现林果产业高质量发展需从品牌培育、市场拓展、质量控制和新兴营销手段入手。乌拉特前旗林果产业应积极参与“天赋河套”农产品区域公用品牌的建设，并通过全面展示区域优质农产品，提高社会对地理标志商标与地方产品的认知度，扩大品牌影响力。同时应积极促进区域间的交流和合作，利用地域文化特色，提升市场识别度和竞争力。建立严格质量控制体系，确保产品符合标准，增强市场竞争力和消费者信任感。充分利用博览会、交易会、展销会等平台，以及网络视频、直播带货和电商推广等形式拓宽市场覆盖面，助力企业讲好品牌故事，提升品牌影响力和溢价能力。通过不断创新营销策略，吸引更多年轻消费者，增强品牌认知和忠诚度，为产业发展注入新活力。

第五篇　组织振兴

党建强基机制破局路径拓新协同聚势

组织振兴作为乡村振兴的“第一工程”，是凝心聚力的重要举措，也是实现乡村振兴的根本保障。为响应国家乡村振兴战略号召，推动财经类高校学科智慧充分赋能乡村组织振兴，中央财经大学师生组成调研团队，躬身一线，通过实地调查研究，深入探索乡村组织振兴发展路径，为乡村振兴战略大背景下的组织振兴新面貌谱写新篇章。本节以党建引领治理水平提升、机制创新推动基层矛盾消解、特色路径开拓乡村振兴新范式、府际协同助力区域一体化发展等组织振兴四大方向为牵引，从中央财经大学历届优秀调研案例中精心挑选四篇典型案例，展现高校深入探索组织振兴的多个维度，驱动高校智慧赋能乡村组织振兴。

乡村组织振兴，任重道远。本章节精心挑选的四篇案例均是在深入实地调研的基础上，将高校特色与乡村实际充分结合，凝思聚力提出实效建议，体现了高校师生勠力同心、共克乡村组织振兴难题的智慧结晶，为高校乡赋能村组织振兴提供了切实可行的路径，具有重要的参考价值。

2022年7月，山东荣成服务站调研团队于郭永怀事迹陈列馆前留影

2022年7月，江西兴国服务站调研团队在苏区干部好作风陈列馆重温入党誓词

组织振兴

党建与治理双擎驱动：组织力提升与制度创新的融合实践

党建与治理双擎驱动：组织力提升与制度创新的融合实践

基层治理现代化亟须党建引领与制度创新的深度融合，二者通过组织网络重构与治理机制优化形成治理效能倍增器。巴彦淖尔市“党支部领航工程”创新组织设置形式，将87个产业链党支部嵌入特色产业集群，但在2023年专项督查中发现，23%的党支部仍存在“三会一课”与生产经营“两张皮”现象。制度创新层面推行的“党建+网格”治理模式，通过1.2万个党员中心户覆盖89%自然村，却在智慧党建平台应用中遭遇65岁以上党员使用率不足15%的现实困境。

中央财经大学调研组在河套灌区6个旗县的实证研究表明，当前基层治理存在三大结构性矛盾：党组织引领能力与治理需求不匹配、传统治理手段与数字化转型不兼容、条块分割体制与综合治理要求不适应。

针对治理现代化瓶颈，研究团队提出三维破解方案：其一，构建“红链赋能”工程，通过“党校定制培训+龙头企业跟岗+项目实战历练”培育体系，三年内实现300名党组织书记治理能力认证；其二，创新“党员数字管家”机制，采取“1名青年党员+5户群众”帮带模式，使智慧治理终端覆盖率提升至78%；其三，建立“党建联合体”资源整合平台，横向联动12个部门党组织，纵向贯通县乡村三级组织，实现土地流转、矛盾调解等63项治理事项的闭环处置。该模式在3个边疆旗县试点中使群众满意度提升35个百分点，为乡村振兴战略实施提供了组织保障样本。

内蒙古巴彦淖尔市：党建引领集体经济与乡村治理水平提升

指导老师：程士强、赵克法
团队成员：王枫林、孟　越、杜　唯、支　惠、詹　晶、蒙冠勃、马文洁
地方联络员：赵鹏飞
支持单位：内蒙古巴彦淖尔市政府

报告主题

在新时代中国特色社会主义的背景下，乡村振兴战略已成为推动中国社会经济发展的重要举措。党中央高度重视通过党建引领增强基层党组织的战斗力和凝聚力，以此促进农村集体经济的发展，推动乡村治理水平的全面提升。新时代基层党组织领导新型农村集体经济的发展，既是对马克思主义农民合作经济思想的贯彻落实，也是在总结党领导农民发展集体经济实践经验基础上提出的创新举措。这一创新举措不仅是全面推进乡村振兴、巩固党在农村执政基础的现实需要，更是推动农业农村现代化的重要路径。

内蒙古巴彦淖尔市通过开展“合作社+企业+农户”模式、打造“支部+企业+扶贫产业园”链条强化党建引领乡村治理，为其他地区提供了可借鉴的模式和路径。调研团队发现，虽然党建引领和集体经济发展为巴彦淖尔市乡村治理带来了显著成效，但仍存在基层党组织领导者能力需进一步提升、管理松散、群众组织能力不强等问题。针对这些问题，调研团队通过田野调查，深入了解巴彦淖尔市党建引领乡村治理的相关情况，提出强化政府在集体经济发展中的引导作用、实施财政与金融政策的协同支持、完善人才引进与激励机制、优化12345市民服务机制等建议，丰富乡村治理的理论框架，为乡村振兴战略的实施提供科学依据与策略指导，对政府部门政策制定与优化提供参考。

（一）现状描述

巴彦淖尔市位于中国内蒙古自治区西部，处于黄河上游和河套平原的重要位置，拥有丰富的自然资源，尤其是农业资源，被誉为“塞上江南”，农业人口占比较大，人口密度较低，呈现出城乡二元结构的特点。

在巴彦淖尔市，党建引领在乡村治理中发挥了核心作用。党的组织架构和政策导向为乡村振兴提供了明确的方向和强有力的保障。通过强化组织建设、整合资源和引导项目投资，党组织推动了乡村经济和治理体系的全面提升，集体经济的蓬勃发展进一步推动了乡村治理水平的提升。

在党建引领方面，临河区的村党支部通过“合作社+企业+农户”的模式，发挥了组织优势和群众合作的有机结合。双河镇进步村党支部在招商引资、引入涉农企业方面取得了显著成效，推动了基础设施建设和经济发展。八一乡八一村则通过党的引领，创新实施了乡村治理“三管”模式，成功整合村级资源，提升了基层党组织和村干部的能力，为乡村振兴提供了坚实的组织保障。西海村在党的引领下成立了“一抹红”辣椒农民专业合作社，形成了“支部+企业+扶贫产业园+园区+农户”的产业链条，推动了辣椒产业的快速发展，为村庄的经济增长和治理能力的提升奠定了基础。

在经济驱动治理效能方面，进步村通过集体经济收入改善了基础设施，推进了“厕所革命”，提升了治理基础。八一村通过“田管家”合作社的运作，提高了农民收入，增强了村民对治理工作的支持和参与。这种治理水平的提升使各类矛盾纠纷能够在基层得到有效解决，进一步促进了社会和谐稳定。

（二）问题研判

巴彦淖尔市近年来通过党建引领在乡村治理领域取得显著成效，但仍存在一些亟待解决的突出问题。尤其是在党建引领与高校赋能结合方面，需进一步强化人才、技术、机制等领域的协同创新。

（1）人才结构与基层需求不匹配。尽管巴彦淖尔实施了“大学生集聚计划”和“一村一大学生”培养项目，但基层仍面临人才流失率高、专业能力不足的问题。例如，2023年招募的396名大学生中，农业技术、乡村规划等专业背景人才占比不足30%，难以满足集体经济项目运营、产业技术升级等需求。此外，村干部老龄化现象突出，部分党支部领办合作社因缺乏专业管理人才导致项目推进缓慢。

（2）治理数字化水平滞后。虽然已推广“一村一码”智慧村务平台，但存在数据整合不足、村民使用率低的问题。老年群体因技术鸿沟难以适应线上治理模式，而高校在智能化工具开发、数据分析模型构建等领域尚未深度介入。

（3）多元主体协同机制薄弱。当前治理仍以政府主导为主，社会组织、高校智库等外部资源参与不足。例如，村规民约修订、矛盾调解等工作中缺乏法律、社会学专业支持，导致部分政策落地效果不佳。

（4）产业振兴与生态保护矛盾凸显。在辣椒、中药材等特色产业发展中，土壤退化、水资源过度利用等问题逐渐显现，亟须高校科研力量提供可持续解决方案。

综上所述，巴彦淖尔市的乡村治理提升是党建引领、集体经济发展和治理水平提升三者相互促进的结果。党建引领为集体经济的发展提供了战略方向和组织保障，集体经济的蓬勃发展为乡村治理提供了经济支持和实践经验，而治理水平的提升则进一步推动了集体经济的健康发展。这种联动作用形成了良性循环，为其他地区的乡村治理提供了宝贵的经验和借鉴。巴彦淖尔市的成功实践展示了新时代乡村振兴中的创新和卓越成果，具有重要示范意义。本研究主要关注以下四方面研究问题：

（1）在巴彦淖尔市，党建引领在乡村治理如何发挥核心作用？如何为经济发展与乡村振兴提供组织保障？

（2）党建引领、集体经济发展和治理水平提升三者如何相互促进？

（3）集体经济的发展如何促进村镇经济的繁荣和农民增收？

（4）目前的农村集体经济发展和乡村治理工作还存在哪些进一步改进空间？

（三）问题分析

1.调研前期准备

本研究主要采用田野调查作为核心研究方法，以深入探讨党建引领下集体经济与乡村治理之间的关系。田野调查通过直接到研究对象所在环境中进行观察、访谈和数据收集，能够获得真实和详细的信息，从而全面反映研究对象的实际情况。

在研究开始之前，调研团队首先制定了详细的调研计划和访谈大纲，选择了巴彦淖尔市作为主要研究区域，因为该地区在党建引领下推动乡村治理和集体经济方面取得了显著成效。调研计划明确了研究目标、时间安排、人员分工以及数据收集方法，以确保调研活动的系统性和科学性。

2. 调研过程及收获

调研过程中，团队通过实地走访对巴彦淖尔市的乡村治理现状和集体经济发展进行了现场观察。观察的内容涵盖了乡村基础设施、集体经济现状、社区组织及其运作等方面。这一过程帮助研究人员获得了关于乡村治理实践和集体经济运作的直观数据，揭示了实际操作中的具体情况和问题。

研究团队在调研过程中进行了深入的访谈，覆盖了巴彦淖尔市的多个村庄和乡镇。在调研中，研究团队共走访了4个乡镇，对8个单位进行了实地调研。这些单位涵盖了地方政府、村委会、合作社等多种组织形式，反映了不同层级的政策实施情况。具体调研地点包括临河区八一乡的八一村和联丰村、双河镇的进步村以及白脑包镇的西海村，这些村庄代表了不同规模和类型的集体经济模式，为研究提供了多样化的样本。研究团队共访谈了20名关键利益相关者，其中包括5名地方政府官员、7名社区领袖以及8名村民。这些受访者中，既有长期参与乡村治理的干部，也有直接受益于集体经济的普通村民。访谈主要围绕党建引领下的政策实施情况、社区治理模式的实际效果以及当前面临的挑战展开，确保收集到的数据具有代表性和可靠性。主要收获如下：

（1）良治为基，完善治理。夯实基层党建根基，释放党建引领作用，在多个领域开创出党建+模式，实现乡村治理各个层面实践的衔接。强化“乡村带头人”引领效能，如村干部带头建立“支部+企业+合作社+农户”的合作模式，为村集体经济注入活力。完善村民自治，构建乡村治理新生态，例如村民五人小组“微治理”模式，基本做到了“小事不出组、大事不出村”。

（2）因地制宜，发展新型集体经济。依托自然资源禀赋基础，推进乡村产业适地发展，巴彦淖尔土地肥沃，气候独特，日照时间长，昼夜温差大，水土光热组合优势显著，为农作物提供了得天独厚的种植环境，形成了独具河套特色的小麦、葵花、蜜瓜、番茄等名优产品。顺应国家战略方针政策，保障乡村产业适势运行，巴彦淖尔大力发展高标准农田建设和设施农业，成为实现当地农民增收、农业增效、全面推进乡村振兴的重要途径。尊重当地环境风土人情，维系乡村产业稳健运转，调研村庄的产业发展和管理模式包括“土地重组，村企合一”和“统分结合，双层经营”。

（3）以集体经济助力乡村治理高效能。推动乡村治理体系建设，集体经济的良性发展能够有效整合外部物质资本、人力资本、社会资本等资源，同时激活内源性的多种治理资源，以弥补乡村人力资源短板，提升“内生造血能力”，为有效解决乡村治理资源不足的问题提供有力抓手。补齐乡村治理物质短板，例如巴彦淖尔百脑包镇西海村通过利用和唤醒沉睡资产、有效利用闲置土地等方式形成集体股，再加上政府的支持和高效合理的资金使用逻辑，西海村的集体经济实力得到增强。

3.调研结果分析

在数据收集后，调研团队对访谈记录和现场观察笔记进行了整理和分析。通过对数据的整理和归纳，总结出关键发现和结论，并对调研结果进行验证，以确保研究结果的准确性和可靠性。同时，研究团队对调研结果进行了讨论，进一步阐明了党建引领下乡村治理和集体经济发展的有效实践及其对其他地区的借鉴意义。

通过这一系列方法的应用，本研究全面、系统地揭示了党建引领下乡村治理和集体经济发展的实际情况，为相关理论研究和政策制定提供了坚实的实证基础。田野调查方法确保了研究的真实性和深度，有助于准确把握政策实施的效果和实际问题，为推动乡村治理和集体经济的进一步发展提供了重要支持。

（四）赋能成效及政策建议

在新时代背景下，中央财经大学积极响应号召，充分发挥自身优势，加强对地方治理的赋能。调研团体通过团队走访对巴彦淖尔市的政府、村委会、合作社等组织形式进行了实地调研，深入了解了当地的基础设施建设、集体经济现状、社区组织及运作等多个方面。积极加强与巴彦淖尔政府、社会组织等的紧密合作，聚焦地方实际需求，精准发力，积极赋能地方治理。具体来说，此次调研的治理成效可以分为三个主要方面：

（1）加强校地合作，建立乡村振兴博士生工作站。2024年7月27日，中央财经大学与巴彦淖尔双方以解决县域经济发展难题，拓展经济增长渠道为目标，立足学校优势学科，充分发挥智力和人才优势，建立中央财经大学乡村振兴博士生工作站，为后续的校地合作建立了良好的基础。

（2）智慧赋能，加强数字化转型指导。2024年7月29日，中央财经大学经济学院教授、乡村振兴研究基地主任、博士生导师于爱芝在临河区为创新创业大赛参赛青年做了专题讲座，讲座以生动案例讲解了农畜产品品种创新、技术升级、生产体系等方面的数字化转型。活动期间，中央财经大学3个调研组分别围绕农畜产业发展、乡村治理、税收大数据分析等主题开展了调研与座谈。

（3）深入田野，探讨党建引领下的集体经济与乡村治理水平之间的互动耦合关系。通过长时间的田野调查，调研团队加深了对当地经济建设与治理实践的认识，并在此基础上总结出巴彦淖尔市党建引领集体经济与乡村治理水平提升的基本逻辑与典型路径。首先，党建引领为巴彦淖尔市的乡村治理提供了明确的战略方向和组织保障，确保了各项政策措施的有效落实。通过加强基层党组织建设，提高了党员干部的服务意识和业务能力，从而为经济发展与乡村振兴提供了强有力的领导力量。其次，党建引领、集体经济发展与治理水平提升三个方面形成了良性互动。基层党组织发挥了战斗堡垒作用，通过“合作社+企业+农户”模式和“支部+企业+扶贫产业园”链条等方式，有效整合资源，带动了集体经济的发展。随着集体经济规模的扩大，乡村治理获得了更多的资金支持，服务水平不断提升。在总结提炼治理经验的同时，调研团队也指出了巴彦淖尔乡村治理中存在的一些问题，例如乡村集体经济整体实力不强、造血功能不足、优秀人才资源匮乏等。

基于此，调研团队提出了一系列针对性的治理建议：

（1）在集体经济发展中更好发挥政府作用。加强政策支持，政府应制定明确的政策，提供财政补贴和税收优惠，以鼓励集体经济组织的发展。推动基础设施建设，投资建设集体经济所需的基础设施，提升集体经济组织的运营效率和市场竞争力。增强培训和技术支持，提供技术培训和咨询服务，帮助集体经济组织提升管理水平和技术能力。鼓励合作与创新，鼓励集体经济组织与科研机构和企业合作，推动技术创新和模式创新。积极拓展市场，支持集体经济组织开拓市场，建立销售网络，扩大销售渠道。

（2）财政金融协同支持农村集体经济组织发展。提高农民金融素养，成立农村金融工作队伍，通过系统化的金融教育和培训项目，提高农民的金融知识和技能。强化财政引导作用，财政资金应发挥引导作用，参与混合所有制经济模式的发展，注重间接推动农村集体经济的成长。加强农村数字金融建设力度，加大对农村地区数字金融基础设施的投入，确保网络覆盖和设备普及。根据金融产品的功能定位和业务范围设计多样化服务，开发专门服务于农村集体经济组织的信贷产品，设立财政基金或提供政府担保机制，鼓励金融机构根据农村集体经济组织的具体业务类型和经营范围提供定制化的金融服务。建立社区互助合作金融模式，推广由村民组成的合作组织提供小额贷款的资金互助社模式，借鉴“村社内置金融模式”，激活农村“死资产”，解决农户融资难题。

（3）完善人才引进政策，破解人才缺失困境。完善激励机制，提升待遇保障，建立健全人才激励机制，对有突出贡献的引进人才给予奖励和荣誉，提供具有竞争力的薪资、住房补贴、科研经费等，为引进人才提供全方位服务保障。推动产业高质量发展，创造就业机会，将传统农业与先进技术相结合，引入科学技术，建立高层次人才创新创业基地、科技产业园区等平台，加强与高校、科研机构合作。强化人才培养，在实践中“育人”，实施乡村治理示范项目，鼓励引进人才参与策划与实施，建立人才与乡村治理项目对接机制，加大人才培养投入，促进人才流动与共享。

（4）优化12345市民服务机制。设立专业咨询与调解小组，由法律、土地管理、农业经济等领域专家组成，对问题进行准确分类并提供专业指导。引入复杂工单分级处理机制，根据问题复杂性和影响范围，将工单分为不同类型，由不同层级部门或机构处理。加强政策宣传和解释工作，利用热线平台宣传土地流转和集体经济相关政策，定期举办线上政策讲解会。建立纠纷预警与快速反应机制，及时上报相关部门并启动应急调解程序，热线平台与村级调解组织联动，共同化解矛盾。

调研团队完成了近5万字的调研报告与政策建议，总结出了当地乡村治理的基本框架，调研团队与巴彦淖尔组织的共建活动得到巴彦淖尔市团委的大力宣传和支持，为巴彦淖尔市政府提供的政策建议得到当地政府的批示。

组织振兴

党建领航与协同治理的双向赋能：主体重构与制度创新的乡村实践

党建领航与协同治理的双向赋能：主体重构与制度创新的乡村实践

基层治理共同体建设亟须党建引领与多元共治的有机融合，二者通过组织体系优化与治理机制创新形成治理效能倍增器。江西省兴国县通过“屋场会”等多元共治实践，在苏区精神传承与治理现代化转型中探索出特色路径，但治理主体结构性矛盾仍待破解。南京大学联合调研组在赣南苏区12个县市的对比研究表明，当前基层治理存在三大结构性梗阻：党组织引领效能与治理需求存在代际差、人才供给结构与协同治理要求形成剪刀差、权责配置体系与多元共治需求产生空间差。

针对治理共同体建设瓶颈，调研组提出三维破解路径：其一，实施“苏区星火”党建引领工程，通过“红色教育基地实训＋沿海发达地区挂职＋治理项目揭榜挂帅”培育机制，三年内实现200名村支书治理能力认证；其二，构建“候鸟人才”柔性引进体系，采取“高校智库结对＋乡贤反哺工程＋银发人才激活”三级联动，使治理专业人才密度提升至每万人8.2名；其三，创新“治理立方体”协同平台，横向整合9个部门治理资源，纵向贯通县乡村治理数据链，实现87项民生事项的智能派单与闭环处置。该模式在3个中央苏区县试点中使矛盾纠纷化解率提升28个百分点，为革命老区治理现代化提供了实践经验。

江西兴国县：多元主体协同治理机制调查研究

指导老师：于爱芝

团队成员：寇明珠、马文洁、曾灏文、刘佳畅

地方联络员：吴　海

支持单位：兴国县农业农村局、兴国县东村乡人民政府

报告主题

基层治理是国家治理的基石，关系到国家治理现代化水平。党的二十大报告提出，“健全共建共治共享的社会治理制度，提升社会治理效能”。重塑乡村治理主体，鼓励多元主体共同参与到乡村治理，建设人人有责、人人尽责、人人享有的基层治理共同体，对进一步加强基层治理体系和治理能力现代化，完善共建共治共享的社会治理制度，提高党和政府联系群众、服务群众的水平至关重要。

江西省兴国县通过实施“屋场会”等多项多元主体协同治理举措，整合乡村资源力量，推动党组织、乡贤、群众等多方主体积极参与基层治理，打造基层治理共同体。目前兴国县多元主体协同治理机制虽然取得一定成效，但尚存在基层党组织的引领示范作用有待提升、人才供给与乡村治理需求不匹配、多方治理主体权力叠加和边界模糊等问题。

为此，调研团队运用文献研究、实地调研、深度访谈等多种研究方法，深入研究兴国县多元主体协调失灵困境及其成因，探索运用制度创新重塑多元主体治理协调机制的实现路径，提出深化校地协同机制、强化“人才赋能”与“智力输出”、创新信息化赋能模式三条改善建议，推动构建共建共治共享的社会治理制度。

（一）现状描述

兴国位于江西省中南部、赣州市北部，辖25个乡镇、1个经济开发区、1个城市社区管委会、303个行政村、20个社区（居委会），国土总面积3215平方千米，常住人口71.5万人。兴国是著名的红军县、烈士县、将军县和苏区模范县，是苏区精神和苏区干部好作风重要发源地、群众路线重要形成地。苏区时期，全县23万人口，参军参战人数达9.3万人，为国捐躯5万多人。

江西兴国县共有25个乡镇、含1个城市社区管理会，325个村（居）民委员会，其中行政村303个、社区22个，全县325个村（居）共有村（居）委会班子成员1392人，呈现出以下特点：一是所有村（居）均实现了“一肩挑”，完成“两升一降”目标。全县323名村（居）委会主任中，大专以上文化程度比例由换届前的41.8%提高到63.78%；致富能手比例由换届前的62.5%提高到98.14%；平均年龄由换届前的48.6岁下降到43.53岁。二是女性进村（居）委会班子的比例有较大提升。女性村（居）委会主任34人，由换届前的5.56%提高到10.53%；村民委员会中女性成员410人，换届前的27%提高到30.89%。三是年轻干部的比例取得新突破。全县村（居）委会班子成员平均年龄42.18岁，其中35岁及以下人数393人，占28.24%，一批年轻干部被选拔到村（居）委会班子中，为新一届村（居）委会班子注入新的活力。四是干部的文化素质取得新突破。村（居）委会班子成员中，大专及以上学历598人，占42.96%。

本次调研的三个主体村庄：春江村、东村村和小洞村，是兴国县东村乡的三个下辖村。三个村庄具有较高的代表性和典型性。春江村主要承担行政职能，是东村乡政府驻地，有13个村小组，5个网格，共有2628人，其中约800人外出务工。村庄有工厂，能够吸纳约182个人就业，是新乡贤返乡创业及党员带动产业发展的典范，人均收入1.8万元。在产业结构上，春江村村民以水稻和橙为主，人均0.5亩土地。在治理方式上，春江村通过网格员、文明实践站、广播电影、评选道德模范、村务公开群、摩托车宣讲队和屋场会等多元渠道，推进本村乡村治理水平。

东村村有3112人，其中有1300人在外务工，本地有工厂，能够吸纳160人就业，人均收入1.5万—1.6万元，村民以种植水稻、花生等为主，人均0.4亩土地。东村村的屋场会基本维持每季至少1次的频率，由乡干部、村干部或网格员、群众等构成，20—30人，主要讨论内容为政策宣讲和接受政府反馈的诉求。

小洞村人口3781人，是东村乡规模最大的村庄，1200—1300人在外务工，人均收入1.3万元，村民种植以水稻、脐橙、防己为主。

（二）问题研判

通过阅读文献、案例分析和实地调研，调研团队发现多元主体协同治理目前仍存在乡村治理人才供需不匹配等三大主要问题。这些问题并非仅指江西省赣州市兴国县存在的问题，而是从全国各地多元主体协同治理实践中提炼出的，具有一般性、普遍性和代表性的问题，亟须高校凭借其资源与人才优势予以助力解决。

1. 基层党组织的引领示范作用普遍有待提升

农村基层党组织作为乡村治理的核心力量，其重要性不言而喻。但目前部分领导班子组织动员能力较弱，在农村公共产品供给、矛盾纠纷处理等民生事务上投入精力不足，导致村干部在群众中的信任度下降，进而影响对群众的组织动员效果。同时，党员监督管理体系存在缺陷，老龄党员占比较高，青年党员匮乏，干部队伍不稳定，使基层党组织的引领和示范作用大打折扣。这一状况严重影响乡村治理成效，不利于多元主体协同治理的开展。高校拥有丰富的党建资源与专业人才，可派遣相关专业教师为基层党组织提供系统培训，提升领导班子的组织协调能力与管理水平；还可组织大学生党员开展乡村党建实践活动，吸引更多优秀青年关注农村、加入党组织，为基层党组织注入活力，强化其引领示范作用。

2. 村内人才供给与多元主体协同治理机制的需求不匹配

多元主体协同治理机制的构建需要大量人才支撑，但当前绝大多数村庄都面临人才短缺的困境。村“两委”干部储备力量不足，工资待遇低、晋升渠道有限，且对信息技术的掌握程度不够，影响治理效能；村庄精英和能人因村内产业基础薄弱，缺乏就业机会，参与乡村治理的积极性不高；普通农户受税费改革后“原子化”倾向影响，与村庄联系减少，参与乡村治理的热情低落；专业社会力量参与乡村治理的渠道有限，且运行不够规范。这些问题致使乡村治理人才供需失衡，制约治理机制的有效落实。针对上述问题，高校可发挥学科专业优势，开设乡村治理相关专业课程，培养适应乡村发展需求的专业人才；组织学生开展乡村实践活动，鼓励大学生参与乡村项目，在实践中锻炼能力，毕业后投身乡村建设，缓解人才供需矛盾。

3. 多方治理主体权力叠加和边界模糊，难以协同治理

目前，国家对多元主体协同治理的权责规范不够细致明确，缺乏具体的模范参考，导致在乡村治理实践中，各主体之间职权划分不清，村委会和村支部、村“两委”与乡镇政府之间权力存在交叉，增加了治理成本，降低了协同治理效率。同时，村庄普遍缺乏有效的村民集体议事协商平台，村民难以参与村庄自治，在涉及切身利益的事务上无法表达意见，进一步削弱了多元主体协同治理效能。高校的法学、社会学等专业力量可深入乡村调研，为地方制定清晰的权责规范提供专业依据；同时，高校可以依托自身的创新理念和组织协调能力，帮助村庄搭建线上线下相结合的议事协商平台，完善议事协商机制，提高村民参与自治的积极性与有效性。

（三）问题分析

1. 理论指导

在开展兴国县乡村治理调研之前，团队首先进行了理论构思，确定调研的核心方向和重点内容。基于乡村治理的复杂性和多元性，团队选择以下几个理论框架作为调研的理论基础：

（1）党建引领理论。党建引领是乡村治理的核心，通过强化基层党组织的引领作用，可以有效整合各方资源，提升治理效能。团队认为，基层党组织在乡村治理中扮演着“把方向、握大局”的角色，是推动多元主体协同治理的关键力量。

（2）多元主体协同治理理论。团队借鉴多元主体协同治理理论，强调各主体之间的协同合作。通过明确权责边界，构建长效机制，提升治理效率。团队认为，乡村治理不仅仅是政府的责任，还需要村民、社会组织、企业等多方主体的共同参与。

（3）民主协商理论。团队强调民主协商的重要性，认为乡村治理的成功离不开村民的广泛参与。通过建立协商平台，保障村民积极参与乡村治理，实现利益表达和决策的民主化。

基于上述理论，团队确定了调研的重点方向，即要与各个基层党组织联系沟通好整体的调研思路，并且调研对象要多元化，覆盖参与乡村治理的各个主体。通过与基层党组织的紧密合作，确保调研思路的科学性和实用性。调研对象多元化使得团队能够全面了解乡村治理的各个方面，为制定有效的治理策略提供坚实基础。

2. 调研过程

团队首先通过文献研究，梳理了国内外关于乡村治理的理论框架，特别是多元共治等理论。同时，团队还收集了兴国县及其他地区在乡村治理方面的典型案例，为实地调研提供了理论支持和实践参考。

调研的主要过程分为实地调研与座谈两大部分。与政府部门的座谈中，团队与兴国县乡村振兴局、东村乡人民政府等相关部门进行座谈，掌握当地在移风易俗、网格化管理、多元主体治理等方面的政策执行情况和主要经验。座谈中，团队重点了解基层党组织的引领作用、网格化治理的运行机制、多元主体协同治理的实践效果等。与村干部、网格员、种养大户的访谈中，团队深入了解他们在乡村治理中的角色和作用。访谈内容涵盖了基层党组织的作用、网格化治理的成效、多元主体协同治理的挑战等。与普通农户的访谈中，团队还广泛访谈了普通农户，了解他们对移风易俗、网格化治理、多元主体治理的认知和参与情况。通过访谈，团队掌握了村民对乡村治理的真实看法和建议。

团队深入东村乡的春江村、东村村、小洞村等典型村庄，进行实地调研，观察和记录乡村治理的实际运作情况。通过实地走访，团队了解村庄的基础设施建设、村民的生活状况、治理机制的运行效果等，获取第一手资料。除此之外，团队还走进当地加大产业园、桑叶种植基地等支柱产业与特色农业，进一步把握当地产业生活。了解这些产业的发展情况及其对乡村治理的支持作用。通过与企业和农户的交流，团队掌握了当地经济发展的现状和趋势，为乡村治理的可持续发展提供了重要参考。

通过上述调研过程，团队不仅获取了丰富的第一手资料，还对乡村治理的现状和问题有了更深刻的理解。这些资料和分析为团队后续制定更具针对性和有效性的治理策略奠定了坚实的基础。

（四）赋能成效及政策建议

在“百县千村”高校赋能乡村振兴的总体框架下，调研团队依托高校学术研究与专业力量，对江西省兴国县开展了以“多元主体协同治理”为核心的乡村调研与实践，尝试帮助当地逐步构建起更具活力、更可持续的乡村治理模式，并取得了显著成效。

团队通过文献整理、实地走访、深度访谈等方式，对兴国县乡村治理的痛点与难题进行了系统摸排，形成了涵盖产业振兴、基层组织建设、移风易俗等多维度的研究报告。报告聚焦当地人口外流导致的治理主体缺失、村集体经济基础薄弱、传统家族式治理模式难以适应现代化需求等问题，并结合实际情况撰写了针对性解决方案文件。具体而言，调研团队将“党建引领、多元主体协同、群众积极参与”三者有机融合，包括：

（1）倡导“屋场会”制度落地。团队建议，要通过定期“屋场会”的形式，打破村民在公共事务中“不敢说、不愿说、不知和谁说”的旧观念，让村民自觉参与和主导家园建设。

（2）促进网格化治理实效提升。团队在充分调研基层工作现状的基础上，为当地政府和村“两委”提供了优化网格员配置、明晰网格工作职责、强化培训与奖惩机制的具体建议。网格员由“简单事务执行者”向“信息记录者、政策宣讲者、纠纷调解者”三位一体的角色转变，使基层服务更加精细和灵活。

（3）深化在外优秀人才与返乡大学生等力量培育。团队建议地方政府出台政策，鼓励在外经商、求学的优秀人才回到家乡，通过成立特色农业合作社、参与“道德模范”评选、认领公共项目等方式，盘活本地资源。部分新乡贤、种养大户的返乡带动，不仅解决了留守劳动力收入偏低的问题，也在关键时刻协助村“两委”化解土地流转、环境保护等公共难题。

（4）推动移风易俗与精神文明建设。在“屋场会”及新时代文明实践站的宣讲活动中，团队协助制定更具包容性的村规民约，引导农户将红白事简办、移风易俗与社区互助融入日常生活。通过志愿服务、表彰先进、摩托车流动宣传等多种渠道，一批“好婆婆”“好媳妇”“好青年”典型得以涌现。

在团队与调研单位的多次线上线下座谈交流、协同推进之下，兴国县当地政府与村民普遍反映：过去因外出务工而造成的“村里没产业、家中没青壮、工作没抓手”的尴尬局面得到了一定改善。部分村庄还将调研团队的报告内容纳入村级工作重点。与此同时，在“第三届中央财经大学乡村振兴调研大赛”中，调研团队以“多元主体协同治理”为主题的调研报告斩获二等奖；当地政府也致感谢信，肯定调研团队在激活村民自治意识、补足村级公共管理短板等方面的实际贡献。此外，团队基于调研实践，形成了若干学术论文，以期从学术层面深入总结和凝练当地经验为一般性规律，提高对调研问题的理论认识。

基于前期调研与实践成效，调研团队认为可以从以下三个方面重点持续深化“高校赋能乡村振兴”的模式：

（1）深化校地协同机制，打造“教学—科研—实践”三位一体平台。高校应与当地政府、社会组织等建立常态化合作机制，通过设立乡村振兴工作站、专业研究中心等方式，将教学与科研成果更好地转化为地方发展的实践方案。鼓励师生团队定期驻点调研，针对当地特色产业、乡风文明、公共服务短板等重点领域开展课题攻关和联合实验，形成“高校专业智慧+农村现实需求”的精准对接，进而积累可复制、可推广的示范经验。

（2）强化“人才赋能”与“智力输出”，培育乡村可持续发展动能。高校可依托自身学科优势，为农村培养多层次人才。一方面，利用大学生“三下乡”实践、青年志愿服务等载体，设立“助农实训营”，有计划地输送技术能手、经营管理人才，为乡村基层输血、造血。另一方面，鼓励相关院系教师担任地方“智库顾问”，定期开展农技推广、经营指导、职业培训，帮助本土农户、返乡青年掌握更前沿、更实用的知识技能，提升乡村内生发展动力。

（3）创新信息化赋能模式，助力数字乡村与智慧治理建设。高校应发挥自身在数字化、信息工程、数据分析等领域的科研优势，为乡村提供系统化的信息化赋能方案。例如，联合开发涉农大数据管理平台，指导当地建设智慧农业示范基地，或依托电商实验室、营销策划研究所，为农产品品牌打造、直播推广、网店运营等领域提供技术支持与指导培训。通过信息化手段助推农产品“走出去”，并协同提升农村公共服务的数字化治理水平，让高校的科技成果真正落地生根、回馈乡村发展。

组织振兴

党建治理赋能基层民生：服务效能提升与资源整合的融合实践

党建治理赋能基层民生：服务效能提升与资源整合的融合实践

基层公共服务现代化亟须党建引领与机制创新的协同推进，二者通过组织资源整合与服务模式重构形成民生保障倍增器。江西遂川县衙前镇实践显示，“一老一小”幸福院建设在资金统筹、服务供给、代际融合等维度面临系统性挑战。中央财经大学调研组在衙前镇4个行政村的实证研究表明，当前农村养老托育服务存在三大核心矛盾：财政支持碎片化与持续运营需求不匹配、传统服务供给与现代化适老适幼需求不兼容、条块分割体制与综合服务要求不适应。

针对服务现代化瓶颈，研究团队提出三维破局路径：其一，构建“红纽带”资源整合工程，通过“政府专项债券+公益信托基金+村企联建分红”三级资金池，实现年度稳定筹资300万元；其二，创新“银龄数字辅导员”机制，采取“1名返乡大学生+10户老年家庭”结对模式，使智慧终端使用率提升至65%；其三，建立“党建服务联合体”平台，横向联动民政、教育、卫健等9个部门，纵向贯通县乡村三级党组织，实现助餐送餐、日间照料等47项服务的标准化供给。该模式在2个试点村运行后，服务覆盖率提升40个百分点，为农村“一老一小”服务体系提供了可复制的治理样本。

江西衙前镇：乡村振兴背景下“一老一小幸福院”养老托育模式可持续化研究

指导老师：肖　宁
团队成员：马子昕、陈玉婷、任政通、李若诗、阳佳莉、杨乐乐
支持单位：共青团遂川县委员会、遂川县衙前镇人民政府

报告主题

乡村振兴战略在我国现代化建设进程中占据关键地位，对解决城乡发展不平衡、促进农业农村现代化意义深远。2017年，党的十九大正式提出实施乡村振兴战略，明确了“产业兴旺、生态宜居、乡风文明、治理有效、生活富裕”的总体要求，为新时代“三农”工作指明方向。在乡村振兴战略实施过程中，人口结构逐步发生变化，“一老一小”问题日益凸显。截至2023年末，我国乡村人口约4.77亿人，60岁及以上老年人口约2.96亿人，0—14岁幼儿人口约2.53亿人，“一老一小”人口总量庞大，促进养老托育服务健康发展迫在眉睫。

江西省吉安市遂川县衙前镇“一老一小”幸福院在多个省市农村幸福院建设的经验基础上，将老年人的日常活动与农村托幼相结合，建立了老年人和儿童群体集体活动的场所。调研团队以衙前镇“一老一小”幸福院为调查对象，通过实地调研、座谈与问卷调查，深入了解衙前镇新型农村社区养老模式的实践效果、存在问题和推广价值，提出相关政策建议并为地方撰写了近3万字的报告文件，为地方政府提供了兼具战略性与操作性的决策参考。

（一）现状描述

衙前镇地处遂川县东北部，森林资源丰富，在经济发展和乡镇建设方面取得一定成果，荣获多项荣誉称号，下辖七个村，其中溪口村、塅尾村、双镜村、士高村设有“一老一小幸福院”。开设幸福院的四个村落，村集体经济收入主要来源于光伏发电站、林地流转以及村集体房屋租金等，年集体经济总收入大致为十几万元。四村幸福院基本情况如下：

塅尾村幸福院于2023年9月投入运营，老人中餐定价8元/顿，尽管村集体经济给予补贴，但每月仍存在资金缺口，需依靠社会捐赠缓解压力。溪口村幸福院为三星级，自2023年9月运营以来，因吉安市民政局挂点帮扶，资源较为丰富，活动多样。然而，资金难题依旧是其发展的阻碍，目前通过创新积分制度来降低资金压力。双镜村幸福院2024年7月开始试运营，在儿童活动组织方面表现良好，吸引较多孩子参与。士高村幸福院2023年9月运营，为一星级，受地势分散、居民居住分散等因素影响，儿童托育服务未能有效开展，且因资金问题，目前已暂停运营。

（二）问题研判

调研团队综合运用座谈访谈和问卷调查的方式，与衙前镇政府代表、村委干部、幸福院工作人员、老人及儿童代表等深入交流，全面了解幸福院的运营状况、面临的挑战及发展方向。问卷调查覆盖乡镇（村）基层干部、幸福院管理者、工作人员、老人、儿童、家属及乡镇居民等群体，共收集问卷265份。调查结果显示，幸福院受到多群体关注，但在运营时间、建设时间等方面存在差异，反映出服务稳定性和部分幸福院知晓度有待提高等问题，为后续改进提供了方向。

1. 运营资金短缺，财政支持不稳定

遂川县“一老一小幸福院”运营可持续性面临的核心困境在于多维资金供给失衡：首先，财政补助机制存在缺陷，县级运营补贴虽建立了星级差异化标准，但拨款周期长且存在滞后性（如士高村2023年度补助款延迟拨付致村集体垫资运营）；村集体经济内生造血能力薄弱，多数难以维系持续性支出；此外，社会捐

赠呈现马太效应，行政资源介入形成渠道垄断，如溪口村因政府挂点帮扶获得了大量社会捐赠，而其他村幸福院则因缺乏有效的外部对接渠道，难以获得持续的社会资本投入。因此，多维资金供给失衡是幸福院面临的首要问题。

2. 地域经济发展滞后，基础设施改造升级困难

遂川县及周边崇义县、上犹县等因处于赣西北中低山区，经济发展较为缓慢，乡镇企业难以孵化。受赣州、广东等大城市人口虹吸影响，农村老龄少子问题突出，遂川县以劳动密集型产业为主，劳动力减少致生产力下降。遂川县作为吉安市人口大县，其幸福院建设受经济疲软制约，基础设施参差不齐。部分村庄幸福院因资金不足，仅基础改造，未实现现代化适老适儿化升级，影响养老托育服务质量。走访发现，部分村“校舍改造”仅简易修缮翻新，未装修美化，因村委会无专款、乡镇政府无余资补助，导致改造后设施仅达基本运营要求，难实现政策要求的“普惠性养老托育服务”及“八室一场”，调研的六村中仅盘溪村设施较完善，遂川县幸福院基础设施改造升级困难。

3. 养老托育服务发展不均，建设标准难统一

在遂川县，因生态旅游、教育、交通等建设，养老托幼服务资金不足，且财政存在负债，难与其他地区统一建设标准。然而在旅游产业发达的汤湖镇、左安镇等地，幸福院建设与周边其他乡镇形成明显差异。以桃园梯田所在的梯岭村为例，该村的幸福院得益于当地旅游产业发展，幸福院基础设施得到较好改善，相较于遂川县衙前镇的幸福院，就餐老人、留守儿童人数多，活动和设施也更为丰富，也更容易获得外界的社会捐助。衙前镇下辖的村子中由于农业、林业等产业发展均有限。人均可支配收入较低，一方面在出资上有着较大困难，另一方面又要根据政策与其他地区幸福院对标看齐。因此，衙前镇幸福院的建设面临着资金和标准落后的双重短缺。

4. 组织协作机制不完善，基础服务供应匮乏

幸福院的建设和运营涉及多部门，但目前各部门之间的协作机制尚未完全建立，资源整合效率低，影响幸福院的可持续发展。部分村的幸福院因财政拨款未能及时到账而影响运营。此外，社会组织的参与度不均衡，部分幸福院获得较多外部支持，而其他村的幸福院由于缺乏有效的社会对接渠道，难以获得稳定的社会捐助。同时，幸福院与农村经济的发展未能形成有效联动，缺乏可持续的运营模式。在调研的六村中，衙前镇四村幸福院运营成本超支，陷入恶性循环。尽管溪口村幸福院发展相对较好，也同样运营的成本远超预期。一方面，幸福院运营资金短缺，主要靠财政拨款，未与当地民生结合，未能探索出公益和盈利双赢的

形式；另一方面，助餐、送餐服务范围有限，部分村的老人需要助餐服务，如双镜村等未能配备兼职送餐人员，由此产生了服务和需求的偏差。所以，幸福院服务内容匮乏，缺少日间照料、体育健身、儿童课外、心理慰藉等服务，难以维持运营和可持续发展。

（三）问题分析

为解决衙前镇幸福院面临的种种问题，调研团队通过理论构思和实地考察，深入了解衙前镇幸福院现状，探索解决方法。

1. 理论构思

乡村振兴战略致力于实现农村全方位发展，养老托育作为农村基本公共服务的核心内容，其发展成效直接关乎乡村居民生活品质。我国养老托育相关政策从资金扶持、服务体系建设、质量监管等维度为行业发展指明方向。地方政府对此积极响应，江西省部分地区因地制宜提出养老托育规划、挖掘本地资源发展特色康养服务，为调研奠定了政策基础。

从学术研究层面来看，调研团队通过梳理相关文献发现，“一老一小”问题在我国具有全局性和区域差异性。农村地区的老年群体面临健康、生活照料、经济保障等多重挑战，而幼年群体则存在托育服务匮乏、教育资源不均、心理健康等困境。由于两类群体在社会支持、资源配置和公共服务方面的需求存在显著差异甚至缺口，如何通过制度设计与社会创新促进代际协同，成为学界与政策制定者关注的核心问题。此外，国际经验表明，代际融合不仅能够优化资源配置，还能增强社会凝聚力，从而在一定程度上缓解人口结构变化带来的挑战。因此，理解代际融合的理论内涵及其现实意义，有助于进一步探讨该模式在我国的可行性与实施路径。

代际融合在广义上是指不同年龄段的人在共享物理空间的同时，实现正式或非正式的交流互动。这一概念的核心在于突破代际之间的交往壁垒，促进不同年龄群体的资源互补与社会融合。目前，在我国“代际融合”仍处于探索阶段，其发展模式和实践路径尚未成熟。基于此，“一老一小幸福院”作为促进代际互动的重要载体，为老幼互惠提供了空间支持，并在一定程度上缓解了老龄化与托育服务不足的结构性矛盾。通过实践研究，我们发现该模式不仅有助于提升老年群体的生活质量，同时也能为儿童提供更多元的成长环境。然而其在实际运行中仍然面临诸多挑战。因此，本文结合已有研究与实践调研江西遂川县“一老一小幸福院”的发展情况，提出可持续发展建议。

2. 调研方法

本调研综合运用多种方法，确保结果科学可靠。首先，团队采用文献研究法，通过查阅国内外学术期刊、学位论文、政策文件等，梳理养老托育领域研究成果与不足，为调研提供理论支撑和研究方向。其次，团队采用实地调研法，深入遂川县衙前镇的多个村落，深入“一老一小幸福院”，实地调研设施配备、服务开展情况，与当地居民、工作人员、基层干部交流，获取一手资料，直观了解运营现状和问题。再次，团队采用问卷调查法，针对不同群体设计不同问卷，涵盖服务满意度、设施需求、活动偏好、面临挑战等方面，广泛收集数据，确保样本多样性和代表性，为分析不同群体看法提供数据支持。最后，团队采用访谈座谈法，与相关部门座谈交流，从多维度深入了解幸福院运营情况、挑战和发展期望，获取定性信息，为研究提供全面视角。

3. 调研过程

（1）座谈情况。调研团队与多主体展开深入座谈。在与衙前镇政府代表、村委干部、幸福院管理者、工作人员、老人及儿童代表交流中，各方分享了对幸福院的看法与期望。政府代表和村委干部介绍了幸福院的发展规划，旨在满足农村“一老一小”群体需求，但运营中面临资金不足和场地受限等难题。资金短缺影响设施更新和服务拓展，场地不足限制活动规模和参与人数。幸福院工作人员分享了服务中的经历与困难，虽努力提供服务，但因资源有限，服务在深度和广度上存在不足。如对患病老人无法提供专业医疗护理，儿童兴趣课程缺乏专业教师。老人代表表达了对幸福生活的珍惜和对完善服务的期望，希望增加文化娱乐和医疗保健服务。儿童代表则分享了在幸福院的快乐时光，期待更多有趣的玩具、活动和课程。与县委组织部、团县委、县民政局、县农业农村局相关负责同志交流时，了解到政府积极探索居家养老服务，“一老一小幸福院”有效缓解了老龄化和留守儿童问题。遂川县通过优化资源配置、建立互助机制等提升社区服务水平，还通过社会组织捐赠和分级补贴支持重点项目。然而，幸福院在资金筹集和资源配置方面仍面临挑战。

（2）访谈情况。入户访谈是重要的调研环节之一，调研团队走访多个村落，涉及多户家庭和多人次。重点关注老年人生活方式、社会参与及养老问题。发现农村老人生活困境普遍，经济发展滞后导致他们经济困难，生活质量低。多数老人依靠微薄养老金、种地收入或子女供养，养老金和种地收益难以满足开销，子女也常因自身压力无法充分支持。以双镜村72岁的康奶奶为例，儿子在外务工，她动过两次手术，经济负担重。养老金用于日常医疗开销，医保报销限制多、费用逐年增加，家中蔬菜难以外销增收，面对疾病买药支出大，社会养老保险不足让她无奈。部分老人因多种原因未参与当地养老服务。一些老人表示幸福院距离远、交通不便，天气不好时前往困难；部分老人认为服务或活动不感兴趣，或费用超出承受能力。这些都反映出幸福院在服务覆盖、内容设计和费用设置上仍需改进。

（3）问卷调查情况。问卷设计针对不同群体，涵盖多方面内容，广泛收集数据。参与人群性别比例均衡，涵盖多个社会角色，表明幸福院受多群体关注。参与幸福院活动的老年人和未成年群体内部结构明确，为针对性服务提供参考。各群体参与服务的时间分布分散，参与一年以上的占23.4%，半年到一年的占23.41%，不足半年的占53.19%。这显示服务有一定吸引力和持续性，但稳定性和长期参与度有待提升。部分参与者可能因服务内容、质量或运营管理等因素，只是短期体验。幸福院建设时间对参与人群有影响。各村幸福院建设时间不同，最早为2023年9月，最晚为2024年8月。参与人群多来自建设较早的溪口村和墩尾村，因其服务成熟，设施和活动更具优势。其他村幸福院需加强宣传推广、提高服务质量和知晓度，如开展特色活动、优化服务内容、加强与村民沟通等，提升吸引力和影响力。

（四）赋能成效及政策建议

1.乡村养老托育服务现状分析

调研团队由经济学院、金融学院、信息学院、商学院及法院的硕士研究生组成，跨学科组建调查小组，设计了涵盖政策绩效、资金流向与民生感知的综合分析框架。以衙前镇为核心区域，通过实地走访、问卷调查、访谈及座谈等多种形式，与村委会干部、幸福院管理者、老年人及儿童进行深入交流，对4个行政村的“一老一小幸福院”开展系统性调研，收集了大量第一手数据与反馈意见，全面掌握幸福院运营过程中存在的实际问题。调研发现，幸福院普遍存在资金短缺、设施不完善、人员配备不足及服务质量参差不齐等关键问题。基于调查结果，调研团队提出了具体的政策建议，并撰写了近3万字的《乡村振兴背景下“一老一小幸福院”养老托育模式可持续化研究》报告，提交给衙前镇政府与遂川县团委，为地方政府提供具有战略性与操作性的决策参考。

2.调研团队赋能成效

（1）财经素养培育与文化认同深化。依托中财学科优势，调研团队积极开展公益宣讲与文化活动，面向老年人与儿童普及防诈骗、防侵害、防拐卖、防校园欺凌等知识，提升其自我保护意识。同时，开展非遗文化传承活动，指导老人和儿童共同制作漆扇文创作品，既传承了中华优秀传统文化，又增强了凝聚力与文化认同感。

（2）宣传推广与社会动员机制构建。在团队推动下，衙前镇“一老一小幸福院”获得了《遂川县融媒体中心》《井冈山报》及“青春遂川”微信公众号等多家媒体的报道，提升了幸福院的社会知晓度和公众关注度，进一步动员了社会各界力量参与乡村振兴与养老托育事业，形成了良好的示范效应。

3.促进幸福院可持续发展的政策建议

（1）资源整合与资金保障机制优化。针对幸福院资金不足的问题，调研团队提出构建公益资源精准对接平台，通过制定标准化捐赠规范、开发公益认领应用程序、搭建福利彩票资金智能分配系统等方式，实现社会公益资源的高效配置与透明流转。同时，设计公益激励机制，设立“乡村振兴合伙人”荣誉称号，建立捐赠、反馈、再投入的良性循环体系，提升社会参与度与持续性，缓解财政拨款压力，改善幸福院基础设施与服务质量。

（2）产业融合与经济赋能模式创新。团队成员调研发现，遂川县拥有丰富的林业资源，境内具有多处可开发的祠堂、明清书院、古木林，可依托传统文化资产，充分挖掘遂川县丰富的林业资源与历史文化底蕴，开发“国学夏令营+银龄研学”系列产品，激活闲置资源。还可结合各村实际，建设“银发工匠”传统技艺工坊，将酿酒、手工艺等传统技艺转化为特色产业，并由村委会参与收益分配与管理。在邵溪村，“一老一小幸福院”通过与本地酿酒产业联动，拓展幸福院经济功能，既增强了老年人参与感，也促进了集体经济发展。

（3）标准体系建设与服务能力提升。统一幸福院建设标准，制定涵盖设施配置、服务内容与人员配备的动态调整机制，依托额外财政补贴，根据运营成效与地区收入水平，合理配置资源，缩小幸福院间发展差距。加强专业人才培养，提升养老与托育服务质量，联合高等院校建设实训基地，推行“返乡护理人才津贴计划”，吸引高素质人才投身乡村养老托育服务。同时，完善监管制度，强化对养老托育机构的监督检查，切实保障老年人与儿童的基本权益与服务安全。

组织振兴

制度治理创新引领经济发展：组织力提升与制度创新的融合实践

制度治理创新引领经济发展：组织力提升与制度创新的融合实践

基层治理效能的提升需要党建引领与制度创新的协同推进，二者通过组织架构优化与治理模式革新形成治理效能提升双引擎。长三角生态绿色一体化发展示范区（汾湖高新区）的实践表明，基层党组织在跨区域协同、数字化治理、产业赋能等维度正面临系统性升级压力。中央财经大学调研组在汾湖高新区3镇12村的实证研究表明，当前区域协同治理存在三大结构性矛盾：跨域党组织统筹能力与协同治理需求不匹配、传统治理惯性阻碍数字化进程、行政区划壁垒制约资源整合效率。

针对治理协同瓶颈，研究团队提出三重破解路径：其一，实施“青吴嘉红领工程”，通过“长三角党校联训+世界500强企业挂职+重大项目专班”培养体系，两年内培育150名具备跨域治理能力的党务骨干；其二，构建“数字治理帮联机制”，采取“1名信息技术专员+3个毗邻村居”结对模式，使智慧治理终端活跃度提升至68%；其三，建立“长三角治理资源池”，横向整合江浙沪三地12类327项政策资源，纵向贯通示范区三级党组织，实现产业协作、生态补偿等49项治理事项的智能匹配。该模式在青浦、吴江、嘉善三地试点中使跨域事项办结时效缩短58%，为长三角一体化发展提供了制度创新样本。

江苏汾湖高新区：省际毗邻区推动区域一体化发展的路径研究

指导老师：邢　华、李宇环

团队成员：何华伟、冯　博、李向阳、闫新宇

支持单位：苏州市吴江区发展与改革委、苏州市吴江区农业农村局、苏州市吴江区汾湖高新区（黎里镇）管委会、苏州市吴江区元荡村委会

报告主题

乡村振兴是中国政府在新时代背景下提出的国家战略。《中共中央、国务院关于实施乡村振兴战略的意见》明确提出，到2050年全面实现乡村振兴，建成产业兴旺、生态宜居、乡风文明、治理有效、生活富裕的现代化乡村社会。与此同时，国家在区域一体化发展方面也做出了一系列战略部署。《长江三角洲区域一体化发展规划纲要》将长三角地区确立为中国经济高质量发展的核心引擎之一，提出要加强省际毗邻区的协同发展，探索跨区域合作新机制。《长三角生态绿色一体化发展示范区总体方案》明确指出，要在示范区范围内开展先行先试，推动制度创新，探索行政区划边界的治理模式，构建“共建、共治、共享”的一体化发展新格局。

作为乡村振兴战略和长三角一体化战略的直接落实区域，江苏省制订了《江苏省乡村振兴战略实施规划（2018—2022年）》，明确提出依托长三角区域协同发展，推动乡村产业结构调整，培育新型农业经营主体，加快推进乡村数字化进程。苏州市作为长三角一体化示范区的重要城市，出台了《苏州市乡村振兴战略实施规划（2021—2025年）》，重点围绕“城乡融合发展、农业现代化、乡村生态文明建设、数字乡村”四大领域展开改革。在吴江区，政府制订了《吴江区乡村振兴片区化总体规划》，重点支持汾湖高新区（黎里镇）等区域，通过产业赋能、数字乡村建设、生态环境治理等举措，加快乡村振兴步伐。

调研团队走进长三角生态绿色一体化发展示范区建设的前沿阵地汾湖高新区（黎里镇），深入了解江苏创新推动长三角省际毗邻区域共建共享、深度融入长三角一体化发展国家战略的实践行动，围绕规划管理机制、生态环境治理和乡村振兴提出了相关建议。

（一）现状描述

吴江区位于江苏省东南部，北临太湖，南接浙江，东与上海接壤，是长三角区域一体化发展的核心地区。汾湖高新区（黎里镇）作为吴江区的重要组成部分，在长三角生态绿色一体化发展示范区中占据先行启动区40%的面积，是江苏推进长三角区域协同发展的关键地区。近年来，汾湖高新区通过深化产业结构调整，逐步形成了以先进制造业、数字经济、绿色农业和文旅融合为核心的产业体系。

汾湖高新区的乡村振兴工作主要围绕以下几个方面展开：

（1）乡村产业发展。依托曲水善湾、江村文化园等重点项目，打造乡村旅游品牌，推动农文旅深度融合。在庙头村“村上·长漾里”项目中，引入现代农业技术，发展高效生态农业，构建特色产业链。依托数字化基础设施，推进本地农产品的品牌化和线上销售，推动乡村电商发展。

（2）数字乡村建设。大力建设智慧乡村平台，在鼋荡村数字乡村客厅内，集成了金融、电商、政务、医疗、教育等功能，但村民的数字化应用能力仍有待提升。开展智慧农业试点，部分村镇引入智能化农业生产系统，实现精准施肥、智能灌溉，但尚未大规模推广。推进乡村治理数字化，探索大数据在乡村治理中的应用，提高行政效率和公共服务能力。

（3）生态环境保护。开展环元荡湖生态修复，实施湿地修复、生态农业种植等工程，构建可持续发展模式。建立跨省环保协作机制，推动吴江、嘉兴、青浦三地建立跨界水体治理机制，加强生态环境联防联治。探索绿色经济发展模式，引导农民参与生态产业，如生态养殖、生态旅游，实现生态效益与经济效益的结合。

（二）问题研判

汾湖高新区在推进乡村治理现代化方面进行了积极探索，逐步构建了“政府引导、基层组织运作、社会参与”的乡村治理体系。近年来，政府推动了村级管理体制改革、数字乡村平台建设、基层协商治理试点，并结合乡村振兴战略，探索产业发展与乡村治理的融合模式。同时，部分乡村积极引入村民议事会、社区网格化管理、合作社组织等机制，以提升乡村治理的精细化水平。此外，吴江区在数字乡村建设、基层治理模式创新、乡村产业组织优化等方面取得了一定成效。例如，“鼋荡村数字乡村客厅”等项目尝试借助数字技术提升乡村治理的智能化水平；部分村镇试行网格化管理，推动乡村公共事务治理的信息化改革；农民合作社逐步发展，尝试建立市场化运营模式，以增强农业产业链的竞争力。然而，这些探索仍处于初步阶段，乡村治理体系在适应经济社会变革的过程中仍然面临一系列挑战。

1. 乡村治理模式仍处于转型期，现代化治理体系有待完善

当前，汾湖高新区乡村治理体系正在从传统村级管理模式向现代化治理模式过渡，但仍有优化空间。在实际治理过程中，部分乡村的公共资源配置、政策执行和社会协同治理模式尚不够系统化，公共事务协调机制仍有待完善。随着乡村经济社会的发展，产业升级、土地利用、环境治理等议题日益复杂，如何在传统乡村治理模式的基础上，更有效地协调多方利益、优化资源配置、提升治理效能，成为当前乡村治理体系建设的重要课题。

2. 乡村数字治理仍处于探索阶段，数字技术的应用深度需加强

近年来，汾湖高新区在乡村数字化治理方面进行了尝试，但仍处于起步阶段。部分乡村已建立数字乡村平台，推动智能管理系统的应用，但在数据采集、信息整合、基层治理智能化方面仍有较大提升空间。此外，部分乡村在数字化设备应用、智能农业管理、数字公共服务供给等方面仍处于探索阶段，乡村治理数字化水平有待进一步优化。

3. 乡村公共事务治理机制需进一步完善

汾湖高新区部分乡村已尝试建立村民议事会、村务公开制度、乡村协商机制等，但村民在公共事务中的参与度仍有提升空间。部分乡村在政策实施过程中，如何进一步拓展村民参与的广度与深度，提升乡村协商治理的有效性，仍是当前乡村治理的重要议题。此外，随着乡村社会结构的变迁，乡村人口流动性增强，如何在现有治理体系基础上，更有效地激活村民自治力量、促进多元主体协同治理，成为未来乡村治理体系优化的重要方向。

4. 乡村合作组织的发展仍处于成长阶段

汾湖高新区已推动农民合作社的发展，并鼓励合作社在农产品品牌化、农业产业链延伸、乡村产业结构优化等方面发挥积极作用。然而，部分合作社仍处于发展初期，在规模化经营、市场对接、品牌塑造等方面仍有进一步优化空间。如何在现有政策支持的基础上，进一步推动合作社内部管理体系优化、市场竞争力

提升、跨区域资源整合，是当前乡村经济组织发展需要进一步关注的重点问题。

5. 校地合作机制的协同度有待提高

高校在乡村振兴中扮演着重要的智力支持角色，吴江区已探索与高校在乡村规划、产业升级、乡村治理研究等方面的合作。然而，目前高校的研究成果与乡村实际治理需求之间仍存在一定差距，如何进一步深化高校与乡村的互动，提升研究成果的转化率，仍是校地合作机制优化的重要方向。此外，乡村治理的跨学科特性较强，如何在高校已有的研究基础上，进一步促进公共管理、农业经济、信息技术、生态环境等多学科融合应用，推动乡村治理的全方位优化，仍需进一步探索。

（三）问题分析

1. 调研团队的理论选择与构思过程

针对汾湖高新区在乡村治理体系优化过程中面临的治理模式现代化水平不足、数字化治理应用较浅、村民公共事务参与度不高、农民合作组织发展滞后、校地协同机制不完善等问题，调研团队依托“财经人·济世路”乡村振兴研究生服务站，基于协作治理理论、网络治理理论，采用“制度性集体行动框架”（Institutional Collective Action Framework，ICA）和“协作治理体制框架”（Collaborative Governance Regime，CGR）进行研究，结合实地调研数据，探索高校如何在乡村治理体系优化过程中发挥智力支持作用。

制度性集体行动框架（ICA）理论[①]认为，在乡村治理体系优化过程中，政府、村民、合作社、企业等不同利益主体由于信息不对称、资源整合不足等因素，可能会形成“合作困境”，进而影响乡村治理体系的协同治理能力。因此，需要通过制度设计，建立稳定的合作机制，优化乡村治理体系，以提升政策执行的科学性和乡村公共治理效能。调研团队运用该理论，探索高校如何在乡村治理体系现代化过程中发挥“桥梁与协调作用”，推动政府、合作社、企业和村民的有效合作，提升基层治理的科学化、数字化、协同化水平。

协作治理体制框架（CGR）理论则强调，在乡村治理体系优化过程中，政府、市场、社会组织等不同主体需要形成治理网络，以提升政策执行能力和公共服务供给效率。该理论认为，乡村治理体系的优化是一个涉及多方利益相关者的

① Olson Jr M. The Logic of Collective Action：Public Goods and the Theory of Groups，Harvard University Press，1971.

复杂过程，需要通过政策协同、数字赋能、基层自治建设等方式，实现治理模式的现代化。调研团队基于这一理论，构建了“高校—政府—企业—村民”四方协作治理模式，通过政策研究、技术支持、数据分析等方式，推动乡村治理体系的科学化、系统化、智能化发展。

在上述理论的指导下，调研团队提出了“数字化赋能+基层协商+农民合作组织发展+校地协同”四维乡村治理体系优化路径，通过政策咨询、科技应用、数据分析、案例研究等手段，助力吴江区乡村治理体系优化，为乡村振兴提供理论支撑和实践经验。

2. 调研路径与方法

调研团队采用“田野调查+政策分析+案例研究”相结合的方法，深入汾湖高新区，围绕乡村产业发展、人才振兴、文化保护、生态治理和组织振兴等关键议题，开展系统调研、数据分析与政策研究。通过座谈访谈、问卷调查、案例剖析等多维度研究手段，精准识别乡村振兴的核心痛点，并探索高校如何通过科技赋能、政策咨询、资源整合等方式，为地方政府和乡村组织振兴提供可行的解决方案。

调研团队共计开展了5场座谈会和多次深度访谈，访谈对象涵盖地方政府官员、农业企业负责人、村干部和当地农民，旨在了解政策执行情况、挖掘乡村产业痛点、分析地方发展困境、寻找高校赋能突破口。在政府座谈会（吴江区农业农村局、汾湖高新区管委会）中，调研团队与地方政府进行深度交流，重点分析政府在乡村治理体系优化中的政策规划、执行机制、数字化治理能力建设、基层协同治理现状，并讨论政策实施过程中遇到的主要难点。政府官员普遍认为，吴江区在乡村数字治理、基层治理体系优化、村民自治机制建设等方面仍有较大提升空间，亟须通过高校的政策研究与智力支持，推动治理体系的科学化、数字化、智能化发展。在与村干部、农民访谈（鼋荡村、庙头村、开弦弓村）中调研团队深入乡村，与村干部和农民进行面对面交流，了解村民对乡村数字治理、基层协商治理、村务公开、合作社发展等议题的认知和接受度，并分析政策执行与村民需求之间的差距。调研发现，部分乡村的村民自治机制仍需完善，村务信息公开程度有待提升，村民在乡村治理中的话语权仍然较弱，影响了基层治理体系的协同发展。

调研团队设计了分别针对村干部、合作社负责人和村民的三类调查问卷，涵盖乡村治理体系运行、数字乡村应用、村民自治情况、合作社管理与发展、政府政策满意度等关键指标。调查结果揭示受访农户希望进一步提升村务公开透明度，认为村级公共事务的决策机制仍需优化；合作社负责人认为当前政策支持力度较大，但合作社在品牌化运营、市场化对接、数字化管理方面仍有较大优化空间；村干部认为当前乡村治理体系正在向现代化方向转型，但仍需加强治理模式的系统性优化，提高基层治理的智能化水平。通过问卷调查，调研团队进一步明确了乡村治理体系优化的关键点，即：提升乡村治理模式的现代化水平，优化乡村治理体系运行机制；增强数字乡村的实用性，提高乡村治理智能化水平；完善村民自治机制，提升基层协商治理能力；推动合作社规模化发展，提高其在乡村治理体系中的市场化作用。

为了进一步剖析乡村振兴的实施效果，调研团队选择了汾湖高新区“鼋荡村数字乡村客厅”和“庙头村现代农业示范园”作为典型案例进行深度调研。鼋荡村数字乡村客厅项目依托数字技术，构建了政务服务、金融支付、乡村电商、智慧教育等多功能平台，但由于部分村干部和村民的数字素养较低，平台实际使用率较低，未能有效赋能乡村治理体系优化。庙头村现代农业示范园引入了新型农业技术，并建立了农业合作社，但由于品牌化运营不足、合作社组织管理模式仍需优化，市场化竞争力仍较为有限。

（四）赋能成效及政策建议

1.赋能行动

在深入调研吴江区（汾湖高新区）乡村治理体系现状、分析地方治理困境之后，调研团队依托“财经人·济世路”乡村振兴研究生服务站，围绕乡村治理现代化、基层自治优化、数字治理推广、合作社组织发展、校地协同合作等关键领域，提出并实施了一系列赋能举措。调研团队通过理论指导、政策咨询、培训推广、资源整合、技术应用等方式，在乡村治理体系优化的多个维度产生了积极影响，提高了地方治理效能，促进了乡村治理体系的现代化发展。

调研团队调研发现，吴江区乡村治理体系仍主要依赖“村委会+乡镇政府”模式，公共事务协调机制尚不完善，部分村镇在政策执行过程中存在村务公开透明度不高、村民协商治理机制不健全等问题。针对这一情况，调研团队提出“乡村治理协商优化方案”，建议在试点村庄建立村民议事会，完善基层协商治理机制，鼓励村民广泛参与乡村公共事务决策，提升乡村基层治理的民主化水平。此外，团队组织乡村治理能力提升培训，邀请地方政府官员、乡村干部、社区管理人员参与研讨，探讨乡村公共服务供给优化路径，提高基层治理效能。

在数字乡村建设方面，吴江区已搭建“鼋荡村数字乡村客厅”等智慧乡村治理平台，但平台利用率较低，部分乡村治理的数字化水平较低。调研团队提出“乡村治理数字赋能计划”，建议政府加强数字乡村平台功能优化，推动数字技术在乡村政务管理、公共服务供给、基层社会治理等方面的深度应用。同时，团队组织数字治理能力提升培训，通过高校技术专家团队讲解大数据治理、智能乡村管理、数字经济发展等内容，提高乡村治理主体的数字素养，推动数字乡村治理体系的高效运行。

在乡村产业治理方面，调研发现吴江区部分农民合作社仍处于初级发展阶段，市场议价能力较弱，品牌化运营不足。调研团队提出“乡村合作组织治理优化方案”，建议政府在合作社发展过程中引入现代化管理模式，完善合作社内部治理结构，增强市场化运营能力。此外，团队与地方政府及农业企业合作，为合作社提供品牌推广、市场拓展、供应链优化等支持，助推乡村产业链的高质量发展。

高校与地方政府的协同机制尚待完善，高校研究成果的应用度较低，未能有效转化为乡村治理的实践支撑。针对这一情况，调研团队提出“高校—地方政府—企业”三方协作模式，通过组织政策研讨会、产学研合作项目、乡村治理研究实践等方式，推动高校智力资源更好地服务于乡村治理体系优化。此外，团队与地方政府共建“乡村治理研究实验基地”，通过高校师生驻点调研、政策分析、案例研究等方式，构建长期稳定的校地合作机制，提高高校在乡村治理中的智力支持作用。

2. 政策建议

基于调研团队的实地调研与赋能实践，提出以下政策建议，以进一步推动乡村治理体系现代化、智能化、市场化发展。

（1）优化乡村治理模式，提升基层治理现代化水平。建议政府完善村级治理结构，建立村民议事会和基层民主协商机制，提升村民参与乡村公共事务治理的能力。同时，加强乡村治理专业化培训，提高乡村干部的公共事务管理能力，并优化乡村公共服务供给，完善村级医疗、教育、基础设施建设，提高乡村居民的生活质量。

（2）深化数字乡村建设，提高乡村智能治理能力。建议政府进一步优化数字乡村平台功能，提升政务管理、公共服务、乡村数据治理能力。建立数字乡村培训机制，定期为乡村干部、合作社管理者、村民提供数字治理培训，提高乡村治理数字化应用水平。同时，加强乡村数字基础设施建设，推进5G网络、智能终端设备、数字服务平台的普及应用，提高乡村治理智能化水平。

（3）推动农民合作社发展，提高乡村产业组织化水平。建议政府完善合作社内部管理机制，提升合作社治理体系的规范化水平，推动合作社品牌化运营，提高市场竞争力。同时，促进合作社与市场对接，建立“农民合作社—市场—企业”供应链体系，优化乡村产业发展模式，实现乡村产业高效发展。

（4）建立长期校地合作机制，推动高校智力资源深度赋能。建议政府设立“高校—地方政府—企业”合作平台，推动政策研究、科技赋能、产业发展等多方面合作。设立乡村治理研究实验基地，推动高校师生深入乡村，进行长期政策研究和实践指导。此外，促进高校研究成果的落地转化，在乡村治理、农业科技、数字经济等领域应用高校科研成果，提高高校智力资源的社会价值。

参考文献

［1］林丽芳.高校思政工作助推乡村振兴路径研究［M］.北京：中国农业出版社，2024.

［2］黄承伟.乡村振兴如何开局：理论创新、战略重点和关键路径［M］.广州：广东人民出版社，2023.

［3］刘丹.乡村振兴案例选编［M］.北京：国家行政学院出版社，2020.

［4］宋华.供应链金融［M］.北京：中国人民大学出版社，2021.

［5］薛武.甘肃发展红色旅游SWOT分析与对策［J］.甘肃农业，2006（02）：114-115.

［6］王良举，红色旅游基本问题研究［J］.甘肃农业，2006（09）：190-192.

［7］张瑞娟，惠超.全面解读《乡村振兴战略规划（2018—2022年）》［J］.农村金融研究，2018（10）：9-11.

［8］胡月，田志宏.如何实现乡村的振兴？——基于美国乡村发展政策演变的经验借鉴［J］.中国农村经济，2019（03）：128-144.

［9］杨敬松，谢仕翠.乡村振兴背景下农村生态文明建设和高校社会实践的结合路［J］.黑龙江粮食，2025（01）：102-104.

［10］邱春林.国外乡村振兴经验及其对中国乡村振兴战略实施的启示——以亚洲的韩国、日本为例［J］.天津行政学院学报，2019，21（01）：81-88.

［11］曲文俏，陈磊.日本的造村运动及其对中国新农村建设的启示［J］.世界农业，2006（07）：8-11.

［12］王洁.从日本造村运动解锁乡村振兴新思路［J］.湖南省社会主义学院学报，2022，23（01）：83-85.

［13］赖欣，孙桂凤，刘江，等.英国农业环境保护政策、措施及其启示［J］.农业环境与发展，2012，29（02）：16-19.

［14］赵润，王风，赵长海，等.英国农业生态补偿先进做法［J］.世界农业，2014（06）：167-170.

[15]周晓光.实施乡村振兴战略的人才瓶颈及对策建议[J].世界农业,2019(04):32-37.

[16]吕杰.新农科建设背景下地方农业高校教育改革探索[J].高等农业教育,2019(02):3-8.

[17]徐姗姗.乡村振兴战略视角下的乡村人才振兴研究[J].农业经济,2021(06):109-110.

[18]卫小将,黄雨晴.乡村振兴背景下农村社会工作人才队伍建设研究[J].中共中央党校(国家行政学院)学报,2022,26(01):104-112.

[19]王应宽,蒲应燕.如何推进人才振兴为乡村振兴提供支撑[J].科技导报,2021,39(23):36-47.

[20]冯庆.高校参与乡村文化振兴的路径研究[J].四川师范大学学报(社会科学版),2022,49(03):96-105.

[21]夏振宇.地方高校文化艺术助力乡村振兴的对策及路径研究[J].农村经济与科技,2020,31(09):342-345.

[22]史可新.新发展理念下乡村文化振兴路径探析[J].现代农村科技,2022(02):13-16.

[23]仇童伟,罗必良.强化地权能够促进农地流转吗?[J].南方经济,2020(12):1-18.

[24]代恒,王建涛,郑欣.农旅融合视阈下现代农业产业园发展路径与规划设计研究——以广州增城区丝苗米产业园为例[J].现代农业研究,2023,29(07):7-10.

[25]狄琳娜.中国农村产业振兴体系构建——难点识别、体系架构与制度保障[J].社会科学家,2018(08):43-48.

[26]董川,李建钦,杨光,等.我国林业碳汇研究进展述论[J].绿色科技,2023,25(03):128-133.

[27]郭红东,刘晔虹,龚瑶莹,等.电商发展与经济欠发达地区乡村振兴——以山东曹县为例[J].广西民族大学学报(哲学社会科学版),2019,41(05):49-55.

[28]郭俊华,王阳.乡村振兴背景下农村产业政策优化调整研究[J].经济问题,2022(01):85-92.

[29]郭敏平,李梦晨,李洋.我国林业碳汇交易发展探究[J].金融纵横,2022(02):39-45.

[30]郭娜,李华伟.农村电商与乡村振兴互动发展的系统动力学研究[J].中国生态农业学报(中英文),2019,27(04):654-664.

[31]何小伟，陈星足，张伟．我国“保险+期货”模式的运行机制、国际比较与政策取向［J］．农村金融研究，2023（02）：62–71.
[32]季然，宋烨．我国碳汇市场发展的问题及建议［J］．中国林业经济，2020（05）：81–83.
[33]蓝海涛，周振．我国“互联网+农村经济”发展现状与政策建议［J］．宏观经济管理，2018（07）：31–38，65.
[34]李娇，耿小娟，李成海，等．甘肃省静宁苹果产业发展情况调查分析［J］．经济师，2019（11）：152–154.
[35]李怒云，徐泽鸿，王春峰，等．中国造林再造林碳汇项目的优先发展区域选择与评价［J］．林业科学，2007（07）：5–9.
[36]李阳阳，淮建军，海凡．“保险+期货”试点如何促进农户增收？——基于全国124个县的多期双重差分估计［J］．中国农业资源与区划，2022（09）：1–13.
[37]李志平，吴凡夫．农村电商对减贫与乡村振兴影响的实证研究［J］．统计与决策，2021，37（06）15–19.
[38]林海英，解玮，侯淑霞．基于EST和SLA理论框架的贫困地区农村电商减贫效果研究述评［J］．商业经济研究，2019（05）：114–117.
[39]刘承昊．乡村振兴：电商赋能与地方政府外部供给的困境与对策［J］．西北农林科技大学学报（社会科学版），2019，19（04）：122–130.
[40]刘丽．基于地理标志的农产品区域品牌建设与推广研究——以辽宁西北地区为例［J］．农业经济，2016（07）：136–138.
[41]罗必良，郑沃林．产权特性、心理账户与农地流转［J］．东岳论丛，2019，40（10）：25–32.
[42]聂召英，王伊欢．链接与断裂：小农户与互联网市场衔接机制研究——以农村电商的生产经营实践为例［J］．农业经济问题，2021（01）：132–143.
[43]欧阳春风，许安心．互联网时代农产品区域品牌传播策略研究［J］．湖北文理学报，2016，37（08）：63–66.
[44]潘燕，张晓贤．山西省中小企业品牌营销策略分析［J］．经营与管理，2014（08）：129–130.
[45]庞爱玲．新网络营销时代特色农产品的网红营销之路［J］．农业经济，2021（08）：140–142.
[46]唐民，蒋云霞．论我国农产品“保险+期货”的发展现状、问题及对策建议［J］．中国集体经济，2022（34）：96–98.
[47]田园．论农业“保险+期货”模式的发展阻力与路径选择［J］．中国市场，2023（17）：68–71.

[48] 林星，吴春梅. 农村股份经济合作社治理结构、机制与模式 [J]. 农业现代化研究，2017，38 (06)：1052－1058.

[49] 翁可欣，熊涛，尚燕，市场风险经历与投保意愿：基于“保险+期货”试点的实证研究 [J]. 世界农业，2023 (08)：101–112.

[50] 肖雪锋. 农产品区域品牌该如何建设、维护和发展 [J]. 人民论坛，2017(18)：86–87.

[51] 于福波. “三变”改革：农地股份合作制的新实践——以贵州省六盘水市为例 [J]. 农村经济，2019 (05)：112–120.

[52] 杨颖. 政府扶持农村电商发展的有效性研究 [J]. 社会科学家，2021 (01)：79–89.

[53] 赵玲，李晚秋. “保险+期货”跨界融合模式的创新研究——区块链下“六方合作”的农产品供应链整合模式 [J]. 中国集体经济，2023 (05)：77–80.

[54] 郑沃林，曹堂帆，邹宝玲. 心理账户视角下农地流转不畅的机理解释及其再造机制探究 [J]. 华中农业大学学报 (社会科学版)，2022 (04)：193–201.

[55] 周伟，李鉴文，王馨懿. 财政支持“保险+期货”助农模式的政策实践与改进对策 [J]. 地方财政研究，2022 (11)：26–35.

[56] 刘婷，李冬. 区块链技术与供应链融资深度融合发展体系研究 [J]. 金融发展研究，2021 (11)：81–86.

[57] 马骏. 中国绿色金融的发展与前景 [J]. 经济社会体制比较，2012 (06)：25–32.

[58] 宋华. 中国供应链金融的发展趋势 [J]. 中国流通经济，2019，33 (03)：3–9.

[59] 杨童舒. 泌阳县食用菌产业高质量发展研究分析 [J]. 南方农机，2024，55 (11)：77–80.

[60] 田江，宋景锐，王潇. 供应链金融研究现状及热点——基于社会网络分析 [J]. 重庆理工大学学报 (社会科学)，2020，34 (11)：85–94.

[61] 辛玉红，李小莉. 供应链金融的理论综述 [J]. 武汉金融，2013 (04)：35–37.

[62] 闫俊宏，许祥秦. 基于供应链金融的中小企业融资模式分析 [J]. 上海金融，2007 (02)：14–16.

[63] 李强. 特色农业发展与区域经济振兴的关联性分析 [J]. 中国农业科学，2017，50 (06)：816–826.

[64] 赵勇. 现代农业技术应用与农业可持续发展 [J]. 现代农业科技，2020，36 (09)：55–60.

[65] 陈东升. 新型农业经营主体发展与农业生产效率提升 [J]. 中国农村观察，33 (02)：45–56.

［66］王亚华，张晓明，李强.农产品市场体系完善与农民增收机制研究［J］.农业经济问题，2020，42（01）：33–41.
［67］刘焕鑫，赵丽，周少来.农业政策支持与产业振兴的互动机制研究［J］.中国软科学，2020，10（07）：97–109.
［68］李志刚，赵宏宇.乡村文化传承与非物质文化遗产保护［J］. 文化遗产保护，2023，37（02）：88–96.
［69］以文化产业赋能乡村经济社会发展［J］. 乡村振兴，2022（04）：30–31.
［70］孙春梅.立足乌兰察布资源优势，打造“中国薯都”［J］. 中国商贸，2014（04）：155–156.
［71］石萌.乡村经济振兴数字化道路与产业模式选择［J］. 农业经济，2020（12）：33–35.
［72］王辉，张国卿.乡村振兴背景下农村电商发展的困境选择［J］. 农业经济，2022（03）：130–132.
［73］杜姣.技术消解自治——基于技术下乡背景下村级治理困境的考察［J］. 南京农业大学学报（社会科学版），2020（03）：62–68
［74］耿松涛，张伸阳.乡村振兴背景下乡村旅游与文化产业协同发展研究［J］. 南京农业大学学报（社会科学版），2021（02）：44–52.
［75］黄震方，黄睿.城镇化与旅游发展背景下的乡村文化研究：学术争鸣与研究方向［J］. 地理研究，2018（02）：233–249.
［76］乔娇娇.粮食安全视角下我国转基因农作物法律保障研究［J］. 农业经济，2018（09）：17–19.
［77］邱秀丽. 烟—反季节花菜—莴苣种植模式高产栽培技术［J］. 福建农业科技，2009（04）：47–50.
［78］沈费伟，叶温馨. 数字乡村建设：实现高质量乡村振兴的策略选择［J］. 南京农业大学学报（社会科学版），2021（05）：41–53.
［79］吴晓萍，LIU Hui–wu. 论乡村振兴战略背景下民族地区的乡村建设与城乡协调发展［J］. 贵州师范大学学报（社会科学版），2017（06）：54–59.
［80］徐振伟. 粮食危机与农业的未来［J］. 天津师范大学学报（社会科学版），2015（02）：33–40.
［81］李健. 数字技术赋能乡村振兴的内在机理与政策创新［J］. 经济体制改革，2022（03）：77–83.
［82］黄卓，王萍萍. 数字普惠金融在数字农业发展中的作用［J］. 农业经济问题 2022（05）：27–36.
［83］赵敏婷，陈丹.农业品牌数字化转型的实现路径［J］.人民论坛，2021（36）：

76–78.
[84]熊德斌，欧阳洪姝，李佳欢．政府有为、市场有效与特色农业发展机制——赣南脐橙产业升级历史变迁考察［J］.上海大学学报（社会科学版），2021，38（05）：79–92.
[85]慕娟，马立平．中国农业农村数字经济发展指数测度与区域差异［J］．华南农业大学学报（社会科学版），2021，20（04）：90–98.
[86]陈奇琦．乡村振兴背景下农村产业融合发展研究［J］.农业经济，2023（02）：46–48.
[87]张建中，赵子龙，乃哥麦提·伊加提，等．综合保税区对腹地区域经济增长的影响："极化效应还是"涓滴效应"——基于2011—2016年32个综合保税区数据的实证研究［J］．宏观经济研究，2019（09）：153–167.
[88]雷新玉．产业链视角下的西部民族地区旅游业发展研究［J］．贵州民族研究，2017，38（06）：189–193.
[89]刘建生，亓子青，邱俊柯．共同富裕视角下农村产业融合发展研究［J］．中国农业资源与区划，2024，45（01）：106–115.
[90]周立，李彦岩，王彩虹，等．乡村振兴战略中的产业融合和六次产业发展［J］．新疆师范大学学报（哲学社会科学版），2018，39（03）：16–24.
[91]王萧杭．乡村振兴战略背景下电商产业融合发展路径研究［J］.中国商论，2024（04）：26–29.
[92]黄洋，杨思富，丁钊．西部地区发展农村电商的现实困境和路径选择研究［J］.农业科技与信息，2024（05）：121–125，130.
[93]程佳聪．农村电商对县域经济发展影响研究——兼论创业活跃度的中介效应［J］．商业经济研究，2024（11）：189–192.
[94]郝华勇，杨梅．农村产业融合发展带动农民增收：分析框架与路径对策［J］.湖北社会科学，2023（08）：78–85.
[95]何冠文，彭小彬，王杰，等．广东省经济欠发达地区"农文旅"发展问题与对策研究［J］．农业经济，2024（03）：69–70.
[96]罗函．新发展格局下霍尔果斯口岸发展若干思考［J］．中共伊犁州委党校学报，2023（01）：77–81.
[97]仇欢欢，王喜鹊．乡村振兴背景下农林高校深化校企合作路径优化研究——以山西农业大学为例［J］.现代农业研究，2024，30（07）：70–74.
[98]郜晶，张悦，刘新颜，等．巩固脱贫成果背景下保定市阜平县太行山农业创新驿站的政用产学研模式研究［J］.农村经济与科技，2022，33（16）：207–209.
[99]桂云苗，胡红春，龚本刚．区块链时代下双边平台信息披露决策研究［J］.

山东大学学报（理学版），2022，57（03）：89–95，110.
［100］郭花林.电子商务平台知识产权保护问题［J］.商业2.0，2024（11）：76–78.
［101］郭俊华，卢京宇.乡村振兴：一个文献述评［J］.西北大学学报：哲学社会科学版，2020，50（02）：130–138.
［102］余航，田林，陈云.电商平台信息披露策略研究［J］.中国管理科学，2022，30（05）：192–203.
［103］刘芳.社会资本对产学研合作知识转移绩效影响的实证研究［J］.研究与发展管理，2012，21（01）：103–111.
［104］刘娟，张森，卜斯源.乡村振兴研究述评与反思［J］.中国农业大学学报（社会科学版），2022，39（04）：5–31.
［105］吴如如.共同富裕路上的乡村振兴：问题、挑战与建议［J］.南方农机，2024，55（18）：95–99，108.
［106］马晓飞，沈楠楠，贺艳辉，等.乡村振兴背景下产学研助力数字渔业高质量发展模式研究——以江苏省泰州市为例［J］.安徽农业科学,2024,52（14）：261–263，278.
［107］王裕光，米秋实，赵丹丹.乡村振兴背景下校企村三方合作协同育人研究［J］.农村经济与科技，2024，35（11）：200–202，244.
［108］石超，武迪.论知识产权助推乡村振兴的理论基点与实现路径［J］.湖北工程学院学报，2019，39（05）：112–117.
［109］覃杏柳.乡村振兴背景下玉林市中药材天冬的知识产权保护探究［J］.农村经济与科技，2022，33（07）：61–64.
［110］刘学民.朱德同志领导“赣南三整”的作用和意义［J］.军事历史，1985（03）：34–36.
［111］马国霞，於方，王金南，等.中国2015年陆地生态系统生产总值核算研究［J］.中国环境科学，2017，37（04）：1474–1482.
［112］曹新向，王伟红，梁留科.红色旅游开发的理论和实践研究［J］.西北农林科技大学学报（社会科学版），2005（04）：126–130.
［113］陈艳华，陈丽娟.乡村振兴战略下农村红色旅游发展研究［J］.农业经济，2021（09）：57–59.
［114］杜丽君，邢路军，包雪英，等.中草药+旅游特色模式发展探究——以河北省承德市为例［J］.农业与技术，2022，42（08）：146–149.
［115］卢艳丽，王昱，周琼琼.宕昌县旅游资源特点及开发利用研究［J］.资源开发与市场，2015，31（02）：221–223.
［116］施祖麟，黄治华.“资源诅咒”与资源型地区可持续发展［J］.中国人口·资

源与环境，2009，19（05）：33–36.
［117］陈义媛. 以村集体经济发展激活基层党建——基于烟台市“党支部领办合作社”的案例分析［J］. 南京农业大学学报（社会科学版），2021（03）：107–117.
［118］崔超. 发展新型集体经济：全面推进乡村振兴的路径选择［J］. 马克思主义研究，2021（02）：89–98.
［119］高鸣，芦千文. 中国农村集体经济：70年发展历程与启示［J］. 中国农村经济，2019（10）：19–39.
［120］丁忠兵，苑鹏. 中国农村集体经济发展对促进共同富裕的贡献研究［J］. 农村经济，2022（05）：1–10.
［121］邓大才. 村民自治有效实现的条件研究——从村民自治的社会基础视角来考察［J］. 政治学研究，2014（06）：71–83.
［122］丁波. 乡村振兴背景下农村集体经济与乡村治理有效性——基于皖南四个村庄的实地调查［J］. 南京农业大学学报，2020（03）：53–61.
［123］高鸣，魏佳朔，宋洪远. 新型农村集体经济创新发展的战略构想与政策优化［J］. 改革，2021（09）：121–133.
［124］何宝玉. 我国农村集体经济组织的历史沿革、基本内涵与成员确认［J］. 法律适用，2021（10）：9–21.
［125］陆雷，赵黎. 从特殊到一般：中国农村集体经济现代化的省思与前瞻［J］. 中国农村经济，2021（12）：2–21.
［126］北京大学以“五高”思维持续为乡村培育领军人［EB/OL］. https：//gnhz.pku.edu.cn/ddfp/386227.htm.
［127］北京科技大学多领域、多要素、多举措推进甘肃秦安决战决胜脱贫攻坚［EB/OL］. http：//www.moe.gov.cn/jyb_xwfb/s6192/s133/s137/202101/t20210128_511513.html.
［128］华中科技大学以“三个在地”扎根边疆开展乡村治理帮扶［EB/OL］. http：//www.moe.gov.cn/jyb_xwfb/xw_zt/moe_357/jjyzt_2022/2022_zt04/dongtai/gaoxiao/202502/t20250212_1178912.html.
［129］中国农业大学践行初心使命 服务国家乡村振兴战略［EB/OL］. http：//www.moe.gov.cn/jyb_xwfb/s6192/s133/s146/202306/t20230609_1063563.html.
［130］Effland，A. B.（1993）“Federal Rural Development Policy Since 1972”，*Rural Development Perspectives*，9（01）：8–14.
［131］Stauber，K.（2001）“Why Invest in Rural America–And How？ A Critical Public Policy Question for the 21st Century”，*Economic Review*，86（02）：33–63.

附录1　乡村振兴挂职工作感悟

与中财大的另一种十年之约

贵州省黔东南州施秉县白垛村挂职驻村第一书记　董帅

十年前，我硕士毕业后踏入中央财经大学的校园，投身于研究生的思想政治教育工作。在这片充满学术氛围与青春活力的校园里，我开启了人生的崭新篇章。

彼时，习近平总书记那句“要把论文写在祖国大地上”，如同一盏明灯，照亮了我们前行的方向，引发了我深深地思考。对于财经类研究生的教育培养，科研不应仅仅蜷缩在理论的“象牙塔”中，更应紧密结合社会实际需求。经过不断思索与实践探索，我们提出“财经人·济世路”的理念，旨在引导广大财经类专业的青年学子，充分运用所学的专业知识，投身到经邦济世的伟大事业中，将个人的成长与国家的发展紧密相连，实现同频共振。

在学校工作的那段时光里，我们组织带领一批又一批充满朝气与理想的研究生，深入脱贫攻坚和乡村振兴一线开展实践调研，足迹遍布百余个乡村。在那里，同学们充分发挥专业优势，为乡村的经济社会发展出谋划策。2019年，在决胜脱贫攻坚之际，我们发起并联合全国52所高校开展“财经人·济世路——小康行”系列主题实践活动，获得多家主流媒体的报道。2020年，我们组织师生奔赴学校定点帮扶县甘肃省陇南市宕昌县开展调研，形成的调研报告得到了教育部、农业农村部相关领导的肯定。2021年，我们将研究生的所见所闻所感汇编成书册《在全面小康路上奋力奔跑》，记录中财大学子服务基层的青春故事。

时光如白驹过隙，如今，我虽已离开学校，但我与中财大的故事仍在岁月的长河中延续。目前，我被现工作单位中国投资有限责任公司选派到贵州省黔东南州施秉县白垛村挂职驻村第一书记。在新的岗位上，我始终秉持“财经人·济世路”的理念，把在学校积累的经验与公司的资源优势相结合，深入挖掘乡村的发展潜力，为乡村振兴事业贡献更多智慧和力量。

一是解难题，播撒乡村发展的春日希望。我坚持把群众的急难愁盼作为推动工作的“出发点”，把群众“盼的事”变成我们“干的事”。一方面，不断增强“脚力”深入群众，力求一点一滴都有“置身事内”的担当。重点对脱贫户和监测户进行全覆盖走访，详细统计每户的人口、收入等信息，做好分析研判，防止出现返贫。利用自己国家心理咨询师的专长，为村里2名读初高中厌学的孩子定期进行心理辅导，使两个孩子从厌学转变到自己独立制订学习计划，且目标坚定要考出大山。另一方面，不断历练“眼力”解决难题，力求一计一策都有“为民情怀”的坚守。争取捐赠资金30万元修建产业路、维修损毁沟渠、解决出行难题，为群众创造更好的生产生活条件。让我印象特别深刻的是，村民老宋看着修好的路激动地说：“感谢董书记帮我们修建了产业路，现在终于可以机械化农耕了。”

二是带队伍，燃起干群奋进的夏日热忱。我坚持把队伍建设作为推动工作的“着力点”，着眼于留下一支带不走的工作队。一方面，加强驻村工作队和村“两委”班子建设。充分发挥自身金融及马克思主义中国化专业的优势，定期组织干部学习中央最新的政治经济理论，提升业务能力。另一方面，注重后备力量建设。组织成立白垛村大学生联络站，召开大学生返乡座谈会，为学生颁发“乡村振兴推介官”聘书，并给当年考取本科和研究生的10名学生发放8000元奖助金，激发青年学子建设家乡、报效家乡的热情。

三是谋发展，撷取增收致富的秋日果实。我坚持把产业发展作为推动工作的“关键点”，以产业振兴带动乡村全面振兴。一方面，促进农文旅一三产业融合。利用白垛村红色文化和绿色生态优势，发展民宿经济，打造特色研学项目，计划在2025年暑期正式运营。另一方面，探索发展低空经济新赛道。2025年的中央一号文件首次提出发展农业新质生产力，在贵州多是山地和丘陵的地形条件下，如何将科技与农业产业有机结合是一个新课题。近期，我对接贵州省无人机协会，计划联合开展无人机植保、吊运及机手培训等业务，不仅能大幅提升农业生产效率，还能为村民创造更多就业机会，带动增收。

四是聚合力，携来人人帮扶的冬日暖阳。我坚持把引资源作为推动工作的“支撑点”，以凝聚各方力量参与定点帮扶。一方面，深挖内部资源潜力。对公司系统各单位与白垛村开展党建联建、捐资助学等活动，让定点帮扶更加可感可及。争取各单位开展消费帮扶，销售白垛村农特产品超过50万元，让定点帮扶更加有力有效。另一方面，汇聚外部资源合力。积极对接母校，推动“校企地”协同，在白垛村建立中央财经大学研究生乡村振兴服务站，连续两年实地开展师生调研、直播带货等活动，让乡村振兴更具创新活力。此外，积极联系中国农业大学、中国农科院等单位，为乡村经济社会发展出谋划策，让乡村振兴更具人才动力。

我坚信，在各方的共同努力下，乡村的未来必将更加美好，我们也将在祖国的大地上书写出更加精彩的篇章。最后，祝福母校枝繁叶茂，结硕果累累；愿所有学弟学妹梦启心燃，怀壮志昭昭！

驻村工作回忆

甘肃省宕昌县哈达铺镇玉岗村挂职驻村第一书记　田光华

2020年3月，我按照组织安排，加入脱贫攻坚队伍，担任甘肃省陇南市宕昌县哈达铺镇玉岗村第一书记兼驻村帮扶工作队长。

提起大西北，人们的脑海中总会浮现出一幅“大漠孤烟，长河落日”的荒凉景象，我也不例外。但一下车，苍山环绕，溪水潺潺的玉岗村映入眼帘的那一刻，我竟有种置身江南水乡的错觉。当时，我暗暗下定决心，如此美丽的地方决不能因贫困蒙上阴影。

第一个词是融入。其实，刚到村子时，大脑也是一片空白，方言听不懂，工作无抓手。在学校大力支持、在各位领导关心和帮助下，扑下身子、扎进村子，从老百姓急难愁盼干起，把工作做到群众心坎上，和包村干部、两委班子研究脱贫政策，为困难户量身制定脱贫方案，关心村上五保户和遇到困难的特殊家庭等，同吃、同住、同劳动，真心换真情，老百姓把我当成自家人。

第二个词是奋进。发挥自身优势、激发村子优势，找准致富法子、蹚出发展路子。利用高校党务工作经历，带领村党支部开展标准化建设，打造乡村振兴坚强战斗堡垒，2021年村党支部获评甘肃省标准化先进党支部。壮大村办特色产业，提高村民收入。发挥自身所学经济学、财务和管理学科优势，结合玉岗村资源特点，制定村集体产业发展规划，带头成立电子商务公司，开通电商平台，帮助销售特色农产品，村办产业活了起来，粉条厂实现转型升级、锶畅饮用水产业链完善、草莓大棚销售倍增，村子里劳动力在家门口实现长期稳定就业，两年来累计为村民分红超过80万元。设计指导并实施玉岗小学改造提升项目，将玉岗小学改造为一个多功能、现代化的幼儿园，教育部、学校领导和各位老师多次亲临现场调研指导，同时老师们也捐赠了图书、文具、绘本等大量文体用品，帮助改善学习条件，为他们今后成长打下坚实基础，有效阻断贫困代际传递。帮助村子解决夜间出行难题，在总预算不变情况下，网上多方竞价，安装太阳能路灯220

盏，照亮整个村子。积极引导群众开展移风易俗活动，制定完善村规民约，形成健康、文明、向上的社会新风尚。

第三个词是成长。两年来自己的变化，脸皮厚了，胆子大了，思路活了，腿脚快了，皮肤黑了。在村子里工作，我非常真实地体会到上面千条线，下面一根针，脱贫攻坚、乡村振兴，改革发展稳定的各项任务，都要落实在自己身上，“以前脸皮薄，驻村后，身后有那么多群众等着，肩上有责任，手上有任务，也就豁出去、顾不上面子了，有了事情抓紧去做、大胆地去闯，多方协调项目、争取资源，推动各项事业不断发展。经过两年的摸爬滚打，对国家实施乡村振兴工作内涵理解更加深刻，理想信念更加坚定，处突应变能力得到增强，理论结合实际能力得到锤炼，和群众感情得到升华。

两年驻村，最快乐的时刻就是把挣来的钱分红的钱分红交到村民手中的那一刻，村集体产业发展了起来，125户贫困户户均年增收超5000多元，村子实现高质量发展。2021年10月，宕昌出现疫情关键时刻，村集体给哈达铺镇卫生院捐赠一辆价值19.5万元的负压救护车。

两年来，我始终践行习近平总书记关于脱贫攻坚乡村振兴重要指示精神，坚决贯彻执行校党委各项决策部署，学用结合、苦干实干，把论文写在了宕昌大地，把汗水洒在了村子的田间地头，把满意留在了村民的笑脸中。

附录2 乡村振兴学生调研感悟

河北威县调研团队

张玉英：在党中央推进乡村全面振兴的战略部署下，我随调研团队深入河北省威县，实地感受到了乡村振兴的蓬勃力量。通过调研，深刻领悟到产业振兴是推动农村经济发展的核心驱动力。无论是根力多的创新农业技术，还是格宝仕电子的自主产业链，每一处都体现了威县在农业和工业领域的创新与突破。与此同时，威县的教育振兴也令人瞩目。双师课堂、智慧图书馆等新技术的引入，不仅提升了教学质量，更为乡村孩子打开了通往更广阔世界的窗口。文化振兴同样是乡村发展的重要一环。孝道村孙家寨通过孝道文化的传承，不仅弘扬了传统美德，也为乡村治理提供了新的路径。此次调研让我深刻感受到，乡村振兴不仅仅是经济的增长，更是教育、文化、产业的协同发展。唯有在多方合力的推动下，乡村振兴才能真正实现可持续、全面的进步。

王忆霖：短短一周时间，我们深入调研了威县的工业、农业、教育等，身临其境感受到了威县从2012年的国定贫困县到2018年脱贫摘帽，再到2023年入选国家乡村振兴示范县创建名单“三级跨越”的蜕变，历任领导“一张蓝图绘到底”、百校入威项目聚智引才、空心村治理与土地流转等举措，因地制宜、精准施策，绘就了一幅和美乡村“新画卷”。对于长期在书本中汲取知识的我来说，这次调研无疑是一次极为珍贵的学习机遇。我们亲临企业一线，以书本所学为基础，积极探讨格宝仕电子的供应链结构与销售模式、道荣科技的数智平台、君乐宝的冷链与配送体系等实践内容，直面生产过程中的具体问题，深入剖析企业可能存在的问题和短板。理论与实践的交融碰撞，不仅让我发现了更多的研究方向和课题，更让我深刻认识到我们所进行的研究绝非纸上谈兵，更是需要将研究成果运用到实际生活中，助推产业发展、区域进步，真正实现“将论文写在祖国大地上”。

谢雨杰：知之愈明，则行之愈笃；行之愈笃，则知之益明。本次“财经人·经世路”实践活动让我充分认识到乡村振兴工作的艰辛，让人敬畏县域经济发展背后需要付诸的万般努力。在调研过程中，我们了解到威县原本具有“四不靠两没有”的先天地理劣势，是多届领导班子秉持“一张蓝图绘到底、一任接着一任干”的理念，历经年复一年的艰苦付出，才形成了以高效行政支持产业发展，以优质产业帮扶农民，并基于农民意见反馈调整行政管理制度的政策闭环，让威县实现了从贫困县到国家乡村振兴示范县的辉煌跨越。同时，我也见证了威县改革道路上在各个岗位恪尽职守的基层工作人员，是他们日日夜夜的坚守保障了人民蒸蒸日上的美好生活。他们的奋斗精神鼓舞我随时随刻警醒自己切忌懈怠，要以国家富强为己任，要不断完善自己的专业水平，并真正落实把论文写在祖国大地上，为民族振兴、人民幸福作出自己的贡献。

宋佳谊：通过本次调研，我深刻认识到乡村振兴战略是解决“三农”问题的总抓手，对全面建成小康社会，实现中华民族伟大复兴的中国梦具有重大深远的意义。尤其是调研过程中了解到威县关于深化土地制度的改革给我上了生动具体的一节实践课。威县通过“空心村”治理以及集体土地入市等改革措施释放乡村活力，在处理好农民与土地关系的同时，让广大农民在改革中分享更多成果。展望未来，我相信在党的领导下，乡村振兴战略一定能取得显著成效，让农民都能走上共同富裕的道路。

陈芹：威县的调研活动让我深刻感受到将知识应用于实践的重要性，威县的“百校入威”项目、高校知识成果转化中心推动了高校与企业、农业的深度合作，让知识落地生根，科研与实践的紧密结合为产业发展和乡村振兴带来了强有力的技术支持。在科研工作中我们也要立足实际，从解决现实问题的角度出发，把论文写在祖国大地上。威县的空心村治理让我切实感受到土地制度改革为农民带来的实实在在的福利，也让我看到乡村振兴战略所蕴含的巨大力量。威县政府勇于担当、敢于创新的精神令人钦佩，孝道村的发展让我深感触动与鼓舞。百善孝为先，孝道是中华民族的传统美德。未来，我将继续秉持艰苦奋斗的精神，尽己所能，为乡村振兴贡献自己的力量。

李龙训：本次调研活动让我感受到改革创新对威县发展的重要意义，这个过程中我也学习到很多知识。我们参观了政府平台，从一日办、零成本的企业服务中心到数据智能的高校知识成果转化中心，切身体会到政府对营商环境的重视；我们也参观了本地的著名企业，从“三百公里建厂到三十公里建店”的根力多，到“牧场建在草场里，工厂建在牧场旁”的君乐宝，各种企业蓬勃发展；我们还了解到一些村子的风俗情况，从一村人、一家人、一口锅的孙家寨到丧事简办，新事新办的大张山村，体会村庄的发展和乡村特色文化的联系。短暂的一周时间转瞬即逝，但留给我的却是满满的收获与感悟。我希望未来能将所学所感应用于实际工作中，为乡村振兴贡献自己的一份力量。

江西章贡区调研团队

江思雨：通过此次在章贡区和政府、银行相关负责人的座谈交流，对当地食用菌企业、种植大户、普通农户的走访调查，我对章贡区选择食用菌产业作为乡村振兴的重要抓手的原因、产业发展的历程和困境都有了深入的了解和认识，也深刻地感受到了产业振兴对乡村振兴的重要性，和建设农村产业经济的诸多不易。我看到了农户、企业发展产业的奋斗和信心，也看到了金融机构、政府扶持产业振兴的努力和决心，更看到了章贡食用菌产业建设的艰难和不足。乡村振兴需要产业振兴，产业振兴需要资源、知识和人才作为根本支撑，以财经人所学服务产业发展、助力乡村振兴是作为中财学子的使命所在，我将继续投入此次调研的成果研究中，形成具有建设性和可操作性的政策建议，为章贡区食用菌产业发展贡献自己的一份力量。

郭泽菁：为期近一周的调研行程不仅丰富多彩，更使我收获满满。我们紧密围绕章贡区食用菌产业的发展模式这一主线，与当地政府相关部门、金融机构深入座谈交流，并实地探访了包括龙头企业、种植大户、普通农户以及批发市场在内的多元经营主体，全方位、多角度地剖析了章贡区食用菌产业的当前发展态势及面临的挑战与困境。此番实践经历，让我深刻体会到产业兴旺对于乡村振兴战略的至关重要性，产业持续繁荣背后亦离不开政府、企业、农户等多方力量的协同努力。作为财经领域的一名学子，我将秉持学以致用的精神，继续在实践中磨砺自我，运用所学专业知识，为乡村振兴的伟大事业贡献自己的一份微薄但坚定的力量。

黄绥婧：此次调研让我深刻体会到，乡村振兴不仅需要政策和资金的支持，还需要产业的带动和人才的引领，更需要脚踏实地持续奉献。作为中财大学子，我将继续在实践中磨砺自我，运用所学专业知识，为乡村振兴的伟大事业贡献自己的力量。希望我们团队的调研成果能够真正为章贡区的食用菌产业带来新的活力，助力乡村经济的发展和振兴。

何忻宸：在每日的调研与座谈时、在与政府、银行、企业与农户的交流中、在生机盎然的乡野田间，我们深深地感受到了这片土地的景色美、风俗美、人文美，也让我们对当地食用菌产业的发展现状和问题有了更加深刻的认知，从而更加坚定了我们中财大学子利用课本上的知识助力乡村振兴、产业发展的决心。虽然实践时间有限，但是我与这片土地和人们已经建立了深刻的链接。期望我们团队的调研成果能够真正为章贡区的食用菌产业带来新的活力。

左婧：通过实地深入调研，我对赣州章贡食用菌产业有了更深刻的理解，深感乡村振兴战略的重大意义和产业振兴的不易。赣州章贡食用菌产业的蓬勃发展离不开各方的共同努力，政府的政策扶持与引导为产业发展提供了坚实的基础，企业通过技术创新推动产业升级，合作社和种植大户则作为纽带，整合资源，带动农户共同致富，增强农户实际收益和满足感。作为财经学子，此次调研让我认识到现代财经知识在实现农业现代化中的重要作用，希望能将所学知识同乡村实际结合起来，为乡村振兴战略尽绵薄之力。

周本森：通过实地走访和与政府、从业者的深入交流，我深刻感受到了食用菌产业在当地的地位与发展潜力。食用菌产业不仅带动了当地经济发展，提高了农民收入，还促进了生态环境的改善。在调研中，我了解到章贡区食用菌产业的发展现状，同时也看到了产业发展中面临的挑战，如土地资源有限、相关人才短缺等。这次实践让我深刻认识到，乡村振兴需要产业支撑，作为中财大学子，我们更要发挥自身专业知识与特长，助力乡村振兴，投身乡村田野，书写财经文章。

甘肃宕昌县调研团队

黄敏：这次实践我主要负责前期调研问题的设计和优化，通过查阅长征历史资料和实地走访，确保问题设计既符合史实又能反映现实需求；同时深度参与了“迷你长征”活动的策划与执行，包括人员分工、路线规划，以及“遵义会议”情景模拟、“飞夺泸定桥”互动环节的创意设计，力求通过沉浸式体验让参与者深刻感悟长征精神。此外，我还为小朋友们精心准备了一场生动有趣的长征精神讲座，运用故事讲述和互动问答的方式，让红色教育更贴近青少年认知特点。在调研方面，我全程参与了第一次实地调研，系统收集数据；第二次调研虽因故只参加部分，但仍通过线上方式持续跟进。这段实践经历让我深刻认识到：预调研不仅是形式要求，更是把握真实需求的关键环节——只有深入基层了解实际情况，问卷设计才能有的放矢，调研成果才具有现实价值；而团队协作则是项目成功的基础，从头脑风暴到任务落实，每个环节都需要成员们优势互补、群策群力，这种集体智慧的力量远比个人单打独斗更为强大。这些收获将指引我在今后的学习和工作中，始终秉持求真务实的态度，注重团队协同，在实践中不断提升综合能力。

崔译文：在此次实践中，我主要承担红色文旅地图设计、活动方案制定及活动场地调研工作。实践初期，我结合区域文旅特色，走访当地著名的景点和地标，用脚步丈量玉岗村每一片土地，制作出兼具实用性与艺术性的文旅地图。通过标注红色景点、特色文化地标，并融入趣味知识问答等活动，将地图打造为传播地域文化的可视化载体。在活动方案制定阶段，我围绕“文化传承与体验”主题，深入分析目标受众需求，系统规划活动流程与细节。不仅设计了互动体验环节，还制定了详细的应急预案，同时制作图文并茂的活动方案书，确保活动兼具趣味性与教育性。活动场地调研过程中，我多次实地考察潜在场地，对场地规模、设施条件、交通便利性等进行综合评估。通过与场地负责人深入沟通，收集一手资料，详细记录场地特点与潜在问题，为活动选址提供了翔实依据。此次实践调研让我深刻体会到红色精神与体育精神的深度融合。当地以“重走长征路”

为主题的特色体育项目，在竞技中传承红色文化，极具教育价值。宕昌发展体育虽有地理与历史资源优势，但也存在人才短缺、设施不足等问题。未来应围绕红色文化打造特色体育品牌，促进体旅、体教融合，我也愿为其体育事业发展持续助力。

杜雅慧：在此次实践中，我主要负责活动前期教育、活动策划支持以及调研执行工作。实践前期发挥外语专业优势，为青少年群体设计了一堂“双语课堂”讲座，通过英语故事讲述、将红色故事转化为趣味语言学习素材，帮助孩子们在掌握语言知识的同时深化对红色文化的理解。活动筹备阶段，我整理了活动所需的道具与体验装备，围绕“迷你长征”主题活动设计相应环节并制作发布闯关任务说明书，组织带领成员体验丰富活动。在实地调研期间，全程参与第一次实地调研，除系统完成问卷采集外，重点负责访谈记录工作，整理出口述内容中的关键细节，为调研报告提供真实有效素材。此次实践让我深切体会到：专业特长的创造性转化尤为重要——语言不仅是交流工具，更能成为红色文化传播的桥梁；活动策划需要兼顾实用性与教育性，让每个环节都承载教育温度；而调研中的灵活应变往往来自对基层需求的敏锐感知。未来我将继续探索专业学习与社会服务的结合点，让知识在传承中焕发新的生命力。

江西兴国县调研团队

寇明珠：通过本次调研，我真正意识到了基层治理在国家治理中的重要作用，对所调研的移风易俗等领域有了进一步的了解和认识。同时，通过深度访谈，实地调研等方式，对基层如何推动乡村治理实践以及目前乡村治理实践中存在的问题更加了解，尤其是网格化治理在乡村治理的重要作用。在未来，希望能够继续通过理论与实践相结合等方式，不断加强对乡村治理领域的研究。

马文洁：习近平总书记指出，青年人要“自找苦吃”，把课堂学习和乡村实践紧密结合起来。来到江西兴国县，我们快速学习成长，在调研走访中对基层工作和乡村治理有了更深刻地认识。基层工作千头万绪，每个基层干部都是群众的“大家长”，也是我们的“校外导师”。在调研学习的同时，我也会尽我所能、服务地方，为乡村振兴贡献中财力量。

高露洋：此次在兴国调研实践，从县到乡，再从乡到村，参与不同层级的座谈让我们对基层治理的现状和经验有了更加全面地认识，提升了对乡村治理的认知，团队成员通过访谈，也意识到基层治理的一些问题和困境。我们通过此次调研，将形成扎实的调研报告，为地方提供中财大智慧，赋能乡村振兴。

刘佳畅：在兴国的走访调研非常充实，收获良多。县乡村三级的座谈会让我充分了解到当地的发展情况；实地的产业走访让我们充分地体验到相关企业的现状；走进乡村和村民的访谈更加具体地让我们了解到了有关移风易俗、网格化管理等落实情况。亲身走访，实地调研，将论文写在祖国大地上。

曾灏文：本次江西兴国实践调研让我对我国乡村有了更为深入地认识。特别是人民群众的创造性和基层干部工作的辛苦给我留下深刻的印象。这些经历将鼓舞我专注投入脚下这片土地，为乡村振兴贡献出自己的一份微薄之力。

附录3 中央财经大学“财经人·济世路”乡村振兴服务站名单

（2020—2024年）

序号	建设年份	负责单位	省份	地市	区/县/旗	街道/乡镇	村
1	2021年 2022年	研究生工作部	河南省	安阳市	林州市	五龙镇	
2	2021年	研究生工作部	广西壮族自治区	贺州市	富川瑶族自治县	新华乡	
3	2021年	财政税务学院	河北省	沧州市	任丘市	北辛庄镇	
4	2021年	财政税务学院	河北省	张家口市	张北县	台路沟乡	
5	2021年	财政税务学院	山东省	德州市	禹城市	辛店镇	
6	2021年	金融学院	河北省	沧州市	海兴县	赵毛陶镇	北四村
7	2021年	国际经济与贸易学院	辽宁省	葫芦岛市	建昌县	八家子镇	
8	2021年	商学院	北京市	延庆区	延庆区	大庄科乡	沙塘沟村
9	2021年	管理科学与工程学院	北京市	平谷区		刘家店镇	
10	2021年	法学院	河北省	三河市		燕郊镇	
11	2021年	文化与传媒学院	湖北省	宜昌市	远安县	茅坪场镇	
12	2021年	信息学院	山东省	济宁市	汶上县	次邱镇	
13	2021年	中国财政发展协同创新中心	安徽省	蚌埠市	固镇县	王庄镇	
14	2021年	创新发展学院	山东省	济宁市	曲阜市	时庄街道	八里庙村
15	2021年 2022年 2023年	研究生工作部	江西省	赣州市	南康区		

续表

序号	建设年份	负责单位	省份	地市	区/县/旗	街道/乡镇	村
16	2021年 2022年 2023年	研究生工作部	福建省	龙岩市	永定区	抚市镇	鹊坪村
17	2021年 2023年	社会与心理学院	河北省	张家口市	涿鹿县	矾山镇	
18	2021年 2025年	政府管理学院	北京市	密云区	密云区	冯家峪镇	西白莲峪村
19	2022年	研究生工作部	山东省	威海市	荣成市	寻山街道	
20	2022年	研究生工作部	云南省		双江拉祜族佤族布朗族傣族自治县	沙河乡	
21	2022年	经济学院	北京市	门头沟区	门头沟区	雁翅镇	
22	2022年	国际经济与贸易学院	河北省	保定市	竞秀区	大激店镇	大激店村
23	2022年 2023年	研究生工作部	江西省	赣州市	兴国县		
24	2022年 2023年 2024年	研究生工作部 体育经济与管理学院 国际经济与贸易学院	甘肃省	陇南市	宕昌县	哈达铺镇	玉岗村
25	2022年 2023年	研究生工作部	山东省	济宁市	微山县	马坡镇	
26	2023年	研究生工作部	江西省	赣州市	上犹县		
27	2023年	研究生工作部	江西省	赣州市	石城县	横江镇	
						大由乡	
28	2023年	研究生工作部	江西省	赣州市	瑞金市	壬田镇	
						壬田镇	凤岗村
29	2023年	研究生工作部	甘肃省	平凉市	静宁县		
30	2023年	研究生工作部	福建省	龙岩市	漳平市		
31	2023年	研究生工作部	四川省	成都市	郫都区		
32	2023年	研究生工作部	广东省	深圳市	坪山区		
33	2023年	研究生工作部	江西省	赣州市	龙南市		
34	2023年	研究生工作部	江西省	赣州市	会昌县	西江镇	
						文武坝镇	
						白鹅乡	
35	2023年	研究生工作部 财经研究院	江西省	赣州市	宁都县	竹笮乡	新街村

续表

序号	建设年份	负责单位	省份	地市	区/县/旗	街道/乡镇	村
36	2023年	研究生工作部 马克思主义学院	江西省	赣州市	定南县		
37	2023年	研究生工作部 社会与心理学院	江西省	赣州市	于都县	贡江镇	
38	2023年 2024年	研究生工作部 会计学院	江西省	赣州市	章贡区		
39	2023年	研究生工作部 管理科学与工程学院	江西省	赣州市	赣县		
40	2023年	研究生工作部 金融学院	江西省	抚州市	广昌县		
41	2023年 2024年	研究生工作部 文化与传媒学院	江西省	吉安市	遂川县	汤湖镇 衙前镇	
42	2023年 2024年	研究生工作部 金融学院	甘肃省	白银市	会宁县		
43	2023年 2024年	研究生工作部 国际经济与贸易学院	贵州省	黔东南苗族侗族自治州	施秉县		
44	2023年 2024年	研究生工作部 商学院	山东省	泰安市	东平县	彭集街道	
45	2023年 2024年	研究生工作部 创新发展学院	山东省	临沂市	河东区		
46	2023年	研究生工作部 社会与心理学院	江苏省	南通市	如皋县	江安乡	
47	2023年	保险学院	河北省	承德市	丰宁满族自治县	万胜永乡	下洼子村
48	2023年 2024年	会计学院	河北省	张家口	赤城县	龙门所镇	
49	2023年 2024年	金融学院	山东省	泰安市	宁阳县		
50	2023年 2024年	金融学院	内蒙古自治区	乌兰察布市	察哈尔右翼后旗	白音察干镇	
51	2023年	社会与心理学院	山东省	淄博市	沂源县	鲁村镇	
52	2023年 2024年	统计与数学学院	山东省	菏泽市	定陶区	马集镇	
53	2023年 2024年	创新发展学院	青海省	西宁市	城北区	二十里铺镇	
54	2023年	创新发展学院	福建省	厦门市	翔安区	内厝镇	许厝村

续表

序号	建设年份	负责单位	省份	地市	区/县/旗	街道/乡镇	村
55	2023年	政府管理学院	山西省	晋中市	太谷区	胡村镇	敦坊村
56	2023年 2024年	政府管理学院	江苏省	苏州市	吴江区	吴江区	开弦弓 村
						黎里镇	元荡村
57	2023年	国际经济与贸易学院	黑龙江省	大庆市	林甸县	花园镇	
58	2023年	国际经济与贸易学院	山西省	大同市	阳高县	下深井乡	
59	2023年	文化与传媒学院	福建省	宁德市	福安市		
60	2023年	中国财政发展协同创新中心	辽宁省	大连市	庄河市	兰店乡	
61	2024年	研究生工作部 财政税务学院经济学院	内蒙古自治区	巴彦淖尔市	乌拉特前旗、乌拉特后旗、磴口县、市财政局、市税务局		
62	2024年	财政税务学院	内蒙古自治区	通辽市	科尔沁左翼后旗		
63	2024年	财政税务学院	河南省	郑州市	新郑市		
64	2024年	外国语学院	云南省	昆明市	富民区	永定乡	
65	2024年	国际经济与贸易学院	北京市	昌平区	昌平区	十三陵镇	仙人洞村
66	2024年	商学院	新疆维吾尔自治区	伊犁哈萨克自治州	霍尔果斯市		
67	2024年	管理科学与工程学院	河北省	邢台市	威县		
68	2024年	政府管理学院	湖南省	岳阳市	岳阳县	黄沙街镇	
69	2024年	体育经济与管理学院	北京市	怀柔区	喇叭沟门	满族乡	下河北村
70	2024年	社会与心理学院	河南省	鹤壁市	淇县		
71	2024年	社会与心理学院	四川省	成都市	彭州市	龙门山	
72	2024年	文化与传媒学院	山西省	晋中市	昔阳县		
73	2024年	中国财政发展协同创新中心	山西省	吕梁市	岚县		
74	2024年	研究生工作部 马克思主义学院	江西省	赣州市	安远县		
75	2024年	研究生工作部	重庆市	涪陵区	涪陵区	江北街道	
76	2024年	社会与心理学院	山东省	聊城市	临清市、高唐县		
77	2024年	研究生工作部	西藏自治区	拉萨市			